中国社会科学院
社会学研究所
博士后文集

第十一卷

全面建成小康社会，共享民生发展

Establishing an All-around Moderately Prosperous Society and

Sharing the Fruits of Development on People's Livelihood

主 编/孙壮志
副主编/黄丽娜 谭旭运

社会科学文献出版社
SOCIAL SCIENCES ACADEMIC PRESS (CHINA)

总　　序

　　我国博士后制度是改革开放以后设立的。1984 年 5 月 21 日，著名物理学家李政道向邓小平同志建议，借鉴国外的博士后制度，在中国设立博士后科研流动站，小平同志当即表示赞成。1985 年，国务院下发文件，设立博士后流动站，实施博士后制度。

　　我国第一个文科博士后流动站，就是 1988 年在北京大学设立的社会学博士后流动站，是由中国社会科学院社会学研究所的首任所长费孝通先生主持的。中国社会科学院社会学博士后流动站，则成立于 1999 年。1999 年至今，10 多年过去了，已经招收了近百名博士后，他们多数都已经出站，成为各行各业的领军人物。实践证明，中国博士后制度对于选拔、培养优秀人才，促进人才流动，创出高水平的科研成果发挥着独特的作用。

　　2006 年，中国社会科学院社会学研究所博士后流动站举办了"第一届中国社会学博士后论坛"。此后，举办这个论坛成为一项制度，坚持每年举办一次，至今已先后在北京、武汉、厦门、沈阳、重庆等地成功举办了十届。与我国其他文科博士后流动站的论坛相比，中国社会学博士后论坛有这样几个特色。

　　第一，参加人员的广泛性。参加论坛的，既不限于在站的博士后，已经出站的博士后参加论坛的热情也很高；也不限于本站的博士后，其他高校的社会学博士后也有不少人参加；还不限于社会学的博士后，其他学科的博士后往往也来参加；而且不限于博士后，博士后的合作导师也满怀兴趣地参加。这样就使这个论坛成为一个高水平的学术交流平台。

　　第二，论坛会上会下交流方式多样。这个论坛以中国社会科学院社会学博士后联谊会为依托，联谊会还设立了地区分会，他们积极参与论坛的组织工作，除了邀请著名学者发表主题演讲、组织专题分论坛之外，还组织会下的讨论会和会后的社会调查。很多博士后反映，通过这个论坛活动，所有的博士后都能够不分站内站外，不分学科专业背景，充分深入地交流，并能发现很多平时自己本学科容易忽略的问题，扩大了自己的学科知识面，同一个社会问题可以得到不同学科视角的诠释和理解。

第三，学术成果丰硕。论坛参加者以文入选，要提交合乎学术规范的高质量学术论文，而且论文的题目要贴近论坛的主题。而论坛的主题，往往是不同发展阶段我国社会发展的重大现实问题。这样，每年论坛之后，都有一批高质量的涉及社会发展重大现实问题的博士后学术论文，我们选择其中的优秀论文结集出版，就形成现在这个社会学博士后论文集的系列。我们希望再经过十几年的努力，这个论文集系列，能够记载我国的巨大社会变迁，也记载社会学博士后的学术足迹。

改革开放30多年来，在建立社会主义市场经济的过程中，我们要处理的一个核心议题，就是政府与市场的关系。随着市场经济的深入、经济体制改革的深化和社会结构的巨大变迁，社会问题开始凸显。在这种情况下，政府、市场和社会三者之间的关系，成为我们要处理的一个新的核心议题。在这个核心议题的探索中，社会学承担着责无旁贷的学术使命和研究重任。但愿中国社会学博士后论坛的这个论文集系列，也能为担当这一学术使命贡献一份力量。

是为序。

目　录

第一部分　社会管理体制
转型与创新

贫困问题的根源、治理经验及公共政策选择

孟翔飞

摘　要： 贫困问题既是一个历史性的沉重话题，又是一个时代性的复杂问题。其问题具有复杂性，成因也是多方面的，治理经验亦呈多元性。本文通过追溯贫困问题产生的复杂根源，比较差异化的国际治理经验，提出了贫困治理的系统化政策：调整分配政策，积极扩大中产阶级规模；进行"精准"与造血式扶贫；建立多元化治理模式；逐步完善社会保障制度；建设"泛城市化"的城乡一体化；建设专门的金融支持体系；构筑"分享"的社会文化。

关键词： 贫困　贫困治理　贫困线　公共政策选择

一　贫困问题的根源

（一）关于贫困的界定

贫困从来就不是一个过时的话题，它是人类文明所面临的痼疾，伴随着人类社会的产生，一直未曾消失。什么是"贫困"？通常依据家庭收入来定义贫困，如收入低于一个国家或者地区的平均收入，或生活费用介于一天1美元和2美元之间的水平。然而，这种定义并不能反映出贫困的多维性。人们的贫困不仅是因为收入低，还可能来自不够充足、稳定或危险的社会境地。比如，住房过度拥挤、质量差或不安全；无法获得安全的饮用水，缺乏

必要的卫生环境或教育；缺少安全的社会环境；公民的基本政治、经济社会和传统权利受到歧视，得不到法律规范的保护等（联合国人居署，2006：35~36）。因此，贫困的定义既可以是绝对的，又可以是相对的。前者"指向绝对的物质匮乏或不平等"（杨立雄、谢丹丹，2007）。后者则指贫困不再是基于最低的生理需求，而是意味着遭受社会排斥或者剥夺。资源决定了人们获得正常社会生活水平的条件以及参与正常社会活动的机会；由于穷人缺少足够的资源，他们所应拥有的条件和机会被相对剥夺，从而处于贫困状态，即相对贫困，从这个意义上说，贫困在任何阶级社会都会存在。

与贫困概念相对应，贫困识别也体现出多元性。通用的贫困识别理论包括绝对贫困线、相对贫困线、主观贫困线和其他贫困线制定理论。其中，绝对贫困线测量方法包括预算标准法、食物支出份额法、马丁法和食物-能量摄取法。相对贫困线测量方法包括预算标准法、社会指标法、扩展线性支出系统法和收入法。主观贫困线测量方法是指通过问卷方法制定主观贫困线来测量贫困状况。其他贫困线测量方法是指通过混合贫困线和国际贫困线两种贫困线的制定来测量贫困状况（池振合、杨宜勇，2012）。

上述研究代表着研究者不同的侧重及价值取向，比如绝对贫困线测量方法中预算标准法关注贫困人群的基本生存消费价格，食物支出份额法关注食物总支出份额，食物-能量摄取法关注收入与人体能力摄入的关系。而相对贫困线测量方法则更关注以社会公认的生活方式或生活水平作为划定贫困与否的界限。主观贫困线测量方法通过了解群体成员对自身福利情况来划定贫困线。而混合贫困线测量方法则瞄准了绝对贫困线和相对贫困线理论所存在的弱点，通过技术性调整，一方面解决绝对贫困线测量方法无法反馈维持人基本需求的标准在不同社会不同阶段或同一社会不同阶段的差异性问题，另一方面排除相对贫困线测量方法中包含的过多人为因素。国际贫困线测量方法则是作为测算全球贫困人口而使用的贫困线测量方法，这里所使用的是世界上最贫穷国家的贫困标准。虽然这种方法的科学性有待考量，但是它因为简单易行而被广泛使用。根据世界银行 2015 年 10 月份发布的报告，最新国际贫困线为每天 1.90 美元。

（二）穷人为什么会穷

历史地看，造成穷困生活的原因很多，概括起来，既有社会（包括社会结构）因素，又有个体因素。随着社会高度城市化，经济社会形态变化，贫困的原因会越来越呈现多样性。

1. 社会不公平

目前，世界范围内日益加剧的社会不公平和某些地区持续性的贫困问题严肃地提醒着人们："即使是现在，减贫已经成为国际政策议程的重要议题且各国政府都通过各种方案治理贫困，贫困和不平等仍被证明是极为棘手的难题。"（郭烁，2011）社会不公平可以被视为现阶段大多数国家贫困存在的根本原因。无论在超级大国美国，还是在发展中的南非，权力、财富以及其他资源分配的不平等都加剧着贫富差距，禁锢着贫困人群摆脱贫困的希望。

美国前总统奥巴马在一次演讲中指出："（美国）最富有的 10% 的人口不再是拿走全部收入的 1/3，而是拿走了一半。过去，首席执行官的平均薪资水平大约是普通工人的 20 倍至 30 倍，如今已高达 273 倍。"（廖政军，2014）美国经济学家们普遍担忧，低产和中产阶级在资源分配上的无能为力，拉大了其与少数富贵阶层的消费差距，使其生活水平停滞不前；而股市中占美国人口 10% 的富人掌控其中 80% 的财富则意味着，股市收益仍将被富人专享，并侵蚀正在好转的美国经济。华盛顿大学社会福利系教授马克·兰克在其《美国贫困成主流》一文中提到：贫困终究是国家在经济和政治层面出现失败的结果，大多并非个人原因造成。他甚至一针见血地指出，"如今贫困已成为美国的主流，而对于我们很多人来讲，问题不是我们是否会经历贫困，而是何时经历"（廖政军，2014）。

在南非，目前为穷人创造的就业机会大多是低技能、低薪水的岗位，这很难从根本上改变穷人的经济地位。在南非最大的城市约翰内斯堡，对比强烈的画面形象地诠释着贫富差距与社会不公。在城市的北部迪普思卢特黑人贫民窟的只有 8.8 平方公里的区域里"蜗居"着近 35 万人口，一间 16 平方米的房子挤住着 5 个人，一间公用厕所由 70 人共用。而从这里向南驱车不到 10 分钟，即到达南非有名的高尔夫球场社区。在这里，家家都是独门独户的别墅；小区里，高尔夫球场、游泳池、网球场、足球场、俱乐部一应俱全；一条小溪穿过社区，风景宜人（倪涛，2015）。

诺贝尔经济学奖得主、美国哥伦比亚大学教授约瑟夫·施蒂格利茨在其《不平等现象在所有层面增多》一文中指出："在 19 世纪自由主义及其后来的追随者看来，既然市场由竞争所决定，那么每个经济参与者的收入与其各自的社会贡献有关——经济学家将其称为'边际产品'。"（约瑟夫·施蒂格利茨，2016）然而"银行向领导层成员发放巨额分红，而这些人却引领企业走向破产并令经济走向崩溃边缘，说到底，这很难和给一个人的报酬与其社会贡献存在一定关系的信念统一起来"。因此，我们的判断是"很多关于市场经济学的假说都建立在承认竞争模式的基础上，承认在该模式下边际收益与社会贡献相符。这个视角导致了公共部门对于干预犹豫不决：如果市场本质上是有效和公平的，那么即便是最好的政府也没有什么可以做的。但是如果市场是在剥削基础上的，那么政界不干预的理由就消失了。事实上在这种情况下，与当权派势力的斗争不仅仅是为了民主的斗争，也是一场提高效率和共同富裕的斗争"。

2. 工业变革

恩格斯在《英国工人阶级现状》中指出，英国工业革命推动了整个市民社会的变革。机器"剥夺"了手工业者和自耕农、佃农们的生计，迫使他们背井离乡，拖家带口，来到城市，寻求更好的生活。"小工业创造了中间阶级，大工业创造了工人阶级。""'美好的旧时代'的人数众多的小中间阶级已经被工业摧毁，从他们当中一方面分化出富有的资本家，另一方面分化出贫穷的工人。"（《马克思恩格斯文集》第 1 卷，2009：406）

尽管现代的经济学家和社会学家们不一定赞成恩格斯的理论，但是，不可否认的事实是：贫困人口大规模地向城市集聚的直接原因是工业化和城市化的交互影响。农村人口为了更高的收入，参与到工业体系中，他们中的年轻人为了追求更好、更加自由的城市文明逐渐地来到城市。然而，面对工种限制、流动就业成本高、福利保障缺乏等因素的影响，在工业化和城市化的催生作用下，这群农民工兄弟很大一部分成了城市贫困阶级。20 世纪 90 年代以后，随着社会主义市场经济体制的建立，特别是在 1997 年国务院发出《关于在全国建立城市居民最低生活保障制度的通知》以后，大城市贫困人口（居民最低生活保障对象）中第二、三类人员迅速增多，成为贫困人口的主体（魏津生，2013）。相对于传统的城市贫困人口，经济市场化转轨造成的下岗失业人员以及农村流动人口中的贫困人口被统称为城市"新贫困人口"。

3. 资源诅咒

资源，无论上天的恩赐，还是祖辈的基业，都是就特定人群而言的。就经济发展而言，获得资源就会获得更多的发展机会。但世间万物，"有无相生，难易相成"。凡事，有利就有弊。"祸兮，福之所倚；福兮，祸之所伏。"（《老子》第五十八章）1993 年，英国学者 Richard M. Auty 提出了"资源的诅咒"（Resource Curse）理论，即丰裕的资源对一些发展中国家的经济增长并不是充分的有利条件，相反是一种限制。类似辽宁抚顺、本溪、阜新等资源型城市经济的一个共同的特点就是它们"从事"的是曾经的朝阳产业，而这些产业现在已经成为夕阳产业。杰里米·里夫金（Jeremy Fifkin）在《第三次工业革命》的开篇就写道："我们的工业文明正处在十字路口。曾经支撑起工业化生活方式的石油和其他化石能源正日渐枯竭，那些靠化石燃料驱动的技术已陈旧落后，以化石燃料为基础的整个产业结构也运转乏力。"（杰里米·里夫金，2013：序言）传统工业模式的衰退给以其为生存条件的工人阶级的社会地位和社会关系带来了巨大的挑战。

电影《钢的琴》就是这个时期工人阶级的一个剪影。主人公陈桂林原是东北一家国有钢铁企业的工人，伴随着 20 世纪 90 年代国有企业改革的深入，他同那个时代的人一样，下岗了。幸好，他会拉手风琴，在与几个下岗同事商量后，他们建了一个草台班子，靠红白喜事中的零活养家糊口。艰难的日子中，他的妻子跟一个卖假药的商人离家出走了，在他与妻子争夺女儿抚养权时，女儿提出谁能给她买架钢琴就跟谁。为了获得女儿的抚养权，这位下岗失业的父亲踏上了用钢铁艰辛造琴的路程。

电影中的陈桂林代表着曾经令中国人骄傲的工人阶级，他们工资较高、受人尊重、技术过硬，为中国经济的腾飞立下了汗马功劳。然而，一场企业改革把正值壮年的他们抛向了社会，使他们重新回到了工作的起点。同时，记录他们光辉岁月的厂房、机器被废弃、荒芜，电影中那两个象征产能和效益的烟囱更是在爆破中灰飞烟灭，他们精湛的技术和无穷的创造力顿时失去了用武之地。正如陈桂林所言：本来是要像桂林山水一样甲天下的，却成了一个夹生的人。

4. 贫困文化

贫困文化是指穷人共有的行为规范和价值观。这一思想是由人类学家奥斯卡·刘易斯（Oscar Lewis）在对墨西哥贫民窟居民研究的基础上提出的，也是全世界许多城市穷人的共同点。刘易斯认为，当几代人都经受经济剥夺之苦时，就会产生一种适应这种剥夺的文化，从而克服贫困的极端环境。这种文化的特点包括：屈从意识、怀疑权威、无规划或没有实现既定目标的能力。这种文化代际相传，子孙后代都接受了这种亚文化的基本价值观和态度，从而从心理上不能充分利用一生中可能出现的变化条件或者增长机会。贫困文化的概念对 20 世纪 60 年代开展的反贫困社会计划有着重要影响。这些计划中有许多是旨在改变穷人的个人素质（包括文化价值观）的，以使他们能更有效地参与职业市场的竞争。

5. 社会排斥

社会排斥理论被应用于贫困研究，最早起源于英国学者 Townsen 等人提出的"社会剥夺"概念。20 世纪 90 年代初，这一概念进一步发展成社会排斥理论和社会排斥分析框架，它们主要用来研究失业、贫困、两极分化等问题（唐丽霞、李小云、左停，2010）。曾群和魏雁滨曾对有关排斥维度的观点进行了总结，认为社会排斥可以分为经济排斥、政治排斥、社会关系排斥、文化排斥和社会福利排斥等。多层次的不利因素使社会的贫困人群，陷入缺乏维持最低标准生活的能力，进而被排斥出主流社会（曾群、魏雁滨，2004）。

很多人认为，全球化与经济发展能够消解这种隔阂。但事实恰恰相反，城市社区的标签化作用越来越凸显。尽管各国政府都在努力消除人们对贫民区的歧视，但是地方政府、房地产开发商、媒体和消费者的利益与行动的结合产生了"门禁机器"（Gating Machine），隔离社区已经成为一种普遍现象，并且没有改善的迹象。由此，贫民区与社会排斥的力量相互作用，形成了一个"贫困陷阱"——进入贫困的恶性循环。

6. 个人因素

富兰克林曾说："贫穷本身并不可怕，可怕的是自己以为命中注定贫穷或一定老死于贫穷的思想。""可怜之人必有可恨之处"，人们经常用因果来解释富贵贫贱。穷人贫穷的原因中其个人因素也不容小觑。在美国，长期以来，人们一直认为穷人应该对他们自己的不幸负责。按照这个观点——被社会科学家通常称为"责怪受害者"的例子——任何人都有通过努力工作得到发展的同样的机会。如果一个人贫穷，那么他个人肯定在某方面不成功。

（三）关注贫困

对于贫困的帮扶与否，存在着两个方面的声音。一方面，认为社会不幸和贫困是不可避免的，造成贫困的责任不在社会而在个人，因而不应进行救济，特别是不应进行公共援助，比如早期美国政府和美国人在经济自由放任主义和社会达尔文主义影响下曾形成的观点。另一方面，则认为关注贫困是人类的基本道德要求和社会发展的必然要求，对弱势群体应该充满同情和关爱，并努力改善他们的生存状态。

纵观我国历史，反贫济贫的思想和实践比比皆是。儒家、道家、墨家和法家等都提出过许多蕴含着丰富的关注社会贫困弱势群体的思想主张，其中以儒家思想为主，儒家思想的核心是"仁"。孔子提出了"仁莫大于爱人"

的观点，孟子提出"恻隐之心，仁之端也"。西周及汉代通过奖励物资、定期减免赋税来消除丧失劳动能力人群的后顾之忧。宋元时代及以后，开办"经济广场""惠民药房"广济穷人。我国具备悠久的救济贫困人群传统，具备强烈的人道主义价值观，具备消除社会冲突、追求社会和谐的强烈愿望。在当今社会，政府的社会保障建设及各种慈善组织、非政府组织（NGO）、民间组织、爱心人士的涌现，构建了一个强大的全社会支持网络，这一网络正是这些传统、价值观和社会发展追求的延续和体现。由此可见，对待贫困，我们不能漠视，不能被动，而应积极主动，有所作为，因为这既是良知的必然选择，也是社会共荣的必经之路。

习近平高度重视反贫困工作，1992 年即出版了《摆脱贫困》一书。习近平同志强调，中国把每年的 10 月 17 日设立为"扶贫日"，要弘扬中华民族扶贫济困的传统美德，动员社会各方面力量共同向贫困宣战。消除贫困，改善民生，逐步实现全体人民共同富裕，是社会主义的本质要求。贫穷不是社会主义。如果贫困地区长期贫困，面貌长期得不到改变，群众生活水平长期得不到明显提高，那就不能体现我国社会主义制度的优越性，那也不是社会主义。全面小康是全体中国人民的小康，不能出现有人掉队的情况。习近平在参加十二届全国人大三次会议江西代表团审议时深刻指出："决不能让老区群众在全面建成小康社会进程中掉队，立下愚公志、打好攻坚战，让老区人民同全国人民共享全面建成小康社会成果。这是我们党的历史责任。"

二　国际治贫经验和教训

贫困与治贫一直相生相伴，无论福利资本主义国家还是社会主义国家，都在想方设法解决贫困这一重大问题。纵观世界多国的治贫历程，英国的福利国家模式、美国的"补充型"社会保障模式、新加坡的"私有化"社会保障模式，为我们提供了最具示范意义的治贫经验，将为我国的扶贫攻坚提供重要的参考和借鉴。

（一）英国的福利国家模式

英国是世界上最早建立社会救助制度的国家，并形成了社会救助制度的"英国典范"。英国的福利制度始于 1536 年颁布的《亨利济贫法》，当时，英国的"圈地运动"和封建制度的瓦解，让大批的失地农民、无业工人流离失所，原有的宗教机构、慈善机构救助乏力，政府开始主动介入贫困问题的解决上来，"法令规定：地方官员有义务分发教会收集的支援捐赠物资，用来救济穷人、残疾人、病人和老年人。允许地方公共基金为身体健全、能够从事工作的人们提供工作"（庄园，2009：13）。1601 年，英国颁布的《伊丽莎白济贫法》，标志着英国社会保障制度正式建立。1942 年的《贝弗里奇报告》则为英国福利型社会保障制度的建立奠定了思想基础。"《贝弗里奇报告》指出，贫困、无知、疾病、肮脏和懒惰是抑制英国社会进步、经济发展和人民生活的五大障碍，国家要采取措施解决上述问题。"（国际司，2013）在贝弗里奇思想的指导下，英国相继颁布了《国民保险法》《国民卫生保健服务法》《家庭补助法》《国民救济法》《教育法》《老年年金保险法》《失业保险与健康保险法》《妇女儿童福利法》《寡妇孤儿及老年年金法》《国民健康保险法》《家庭津贴法》《失业法》等一系列法律，最终形成了"从摇篮到坟墓"的全方位的社会福利制度。英国也因此成为世界上社会保障法律制度最完备的国家。完善的社会法律制度使英国实现了社会保障制度的系统化和对公民保障权利的全面保障，从而成为社会的"减震器"和"稳定器"，构成了一个社会安全网，起到稳定社会、缓和社会矛盾的作用。

但与此同时，由于福利支出越来越多，福利收支不平衡，公共财政负担开始加重。到了 20 世纪 70 年代，英国经济持续萎缩、失业人口不断增加，企业不愿投资，而社会福利优厚；再加之国有企业垄断、庞大的工会势力以至影响社会运作，英国染上了著名的"英国病"，也催生出一系列社会问题。

"一个 56 岁的英国男子菲利波特，一辈子几乎没有工作过，和老婆及情妇一起生了 17 个孩子，一直都是靠相关的社会福利过日子。他非常精明，利用英国福利制度的各种弊端和漏洞，从这个体系中每年得到了近 7 万英镑。而对一个正常纳税人来说，要得到这样的纯收入，每年的税前工资必须超过 10 万英镑，这在英国属于收入最高的 2%。2012 年 5 月，因为情妇要把 5 个孩子带走，将导致他们的福利金大减，菲利波特夫妇决定纵火烧屋，并嫁祸给前女友。结果害人不成，却导致 6 个孩子活活被烧死。最近，这对夫妇被判处无期徒刑。"（赵灵敏，2013）

为了重振英国国力，英国前首相撒切尔夫人一方面通过私有化，压制工会的力量；另一方面尽力削减福利开支。例如"改革之前，国民保险基金提供居民的疾病津贴。1982 年的社会保障法打破了这种传统，该法规定，病人最初 8 周疾病津贴的责任由雇主承担，雇主的这一部分支出可以从国家给企业提供的社会保险税率减免等优惠中获得补偿"（黄卫邦，2015：12）。

这些举措在当时取得了立竿见影的效果，一定程度上恢复了英国的活力。然而，到了今天，英国的社会福利制度似乎又回到了以高成本为代价的 20 世纪 70 年代的社会福利制度。卡梅伦政府面对再次降临的"福利困境"再度实施改革。改革的基本宗旨就是对救济金设置上限，其不能超过工薪家庭的平均收入，以杜绝过度依赖福利的陋习，提升竞争力。但这些举措也备受争议。负责这项事务的英国就业与养老金事务大臣史密斯由于公开表示"一个星期有 53 英镑就能活"遭到民间的强烈抨击，数万人在互联网上签名抗议（赵灵敏，2013）。

（二）美国的"补充型"社会保障模式

美国实行"补充型"社会保障模式，相对于英国的福利国家模式，它以市场和家庭为主，以国家为辅来满足个人自身需要，具有非常明显的市场化特征。美国社会保障模式的发展大致经历了四个阶段。

第一个阶段是建国之初到 20 世纪 30 年代。受自由放任主义和社会达尔文主义思想的影响，这一阶段突出强调市场的自动调节功能，政府仅扮演"守夜人"的角色，政府在反贫困方面所承担的责任和发挥的作用相对较少，社会保障的功能主要由教堂、爱心互助团体以及捐赠团体来完成。

第二个阶段是 20 世纪 30 年代到 60 年代。经济危机的频繁发生，对美国政治、经济各方面的破坏性影响极大，工矿企业破产倒闭，农业经营效益滑坡，绝对贫困人口数激增至上千万。作为大萧条时期对美国民众需求的反应，政府陆续采取了多项措施。1915 年阿拉斯加州首次颁布《老年雇员退休金法》，1923 年蒙大拿州颁布《老年雇员退休金法》。1933 年罗斯福总统提出"新政"方案。1935 年美国国会通过《社会安全法》，这项法案的主要内容之一就是大范围的针对穷人的公共援助项目。这项法案将鳏寡孤独者、儿童、妇女以及老年退休、残疾与失业人员补偿纳入社会福利体系中，形成针对性强、多类别的救助体系。该法案在美国福利政策史上具有十分重要的意义，标志着关注和救助贫困者的责任由地方政府、民间组织转向了联邦政府，而贫困也不再仅仅是个人问题，同时也成为结构性和制度性问题。但那时候，无论从项目数量还是支出水平上衡量，美国的社会保障水平总体仍落后于其他西方国家。

第三个阶段是 20 世纪 60 年代到 70 年代中期。20 世纪 30 年代的大萧条，让西方传统经济学就业理论的核心萨伊定律失灵，该理论认为"供给会自动创造需求"，"反对自由放任，主张国家干预"的凯恩斯理论在这种情形下登场，为政府干预经济、涉足公共事业提供了重要的理论支撑。20世纪60年代，伴随美国经济快速增长，民权运动迭起，美国的各项社会福利制度开始全面扩张。1964年，约翰逊总统宣布向贫困开战（War on Poverty）。1964年，美国颁布《食品券法》，用以解决低收入家庭的日常生活问题。1965年，美国国会颁布了《初等和中等教育总纲》，主要目的是帮助贫困地区发展学校教育。1965年7月，美国颁布《医疗保险法》。经过近40年的高速发展，到20世纪70年代中期，美国已经建成了完整的、种类繁多的、多层次的社会保障体系。

第四个阶段是20世纪80年代至今。20世纪80年代到90年代，美国传统的福利政策，受到了来自各方面的质疑和批评。很多评论者认为，福利政策在帮助儿童、年轻人和父母方面收效甚微。第一，由于联邦政府向贫困者提供无限期现金救济，这滋长了穷人游手好闲的恶习，他们形成了一个永久性底层阶级。第二，大量的福利支出，却未换来儿童贫困发生率的下降，其甚至还在持续上升。第三，伴随着社会人口的老龄化和医疗手段的现代化，养老基金和医疗保险费用不断激增带来了巨大的社会保障财政赤字，社会福利政策改革迫在眉睫。1996年，克林顿政府颁布了《个人责任和工作机会协调法案》，这次改革是美国福利政策的一个转折点。2002年，布什政府提出了《为自立而工作法案》，该法案一方面重点强调通过就业自食其力，减少福利依赖，严格限制救济金领取者的救济时间和工作时间；另一方面，大幅减少用于直接资助贫困家庭的资金补助的比例，转而大力增加鼓励和帮助人们参加工作、自谋生路的资金比例。第四，改善家庭结构，培养健康的婚姻关系，减少非婚生子女的数量。这是美国福利制度改革的关键尝试。1996年改革中，联邦政府首次对非婚生子女问题做出了回应，赋予各州大量的自主权并通过利用联邦资源来降低非婚生子女出生率，增加双亲家庭子女数量，加强父亲与子女的关系建设，检查强制性抚养子女的情况，要求母亲们继续学业并且生活在家庭中。布什担任总统期间，美国联邦政府每年为各州提供数亿美元资金，用来建立和推动相关项目以提高已婚家庭子女出生率，降低非婚生子女出生率，鼓励各州以创新方式营造健康的婚姻关系。经过改革与调整，以调动工作动机、提升工作能力、强化社会保险为特征的美国现代社会保障制度的基本轮廓已经成形。

然而，2007年美国次贷危机再度给美国的经济带来了强大的冲击，情况非常类似20世纪30年代的金融风暴。私营保险也遭到了巨大的损失，美国损失高达3.3万亿美元。在此种背景下，时任美国总统奥巴马意图以医改为突破口，进一步完善美国的社会保障制度。在奥巴马医改之前，美国与北欧国家、英国等福利国家最大的不同在于，美国政府只负责 65 岁以上老人的医疗保险，其他公民的医疗保险都是由商业保险来负责的，美国没有面向全民的"国民医疗保险制度"。而 2010 年国会通过的医改法案，打算在今后 10 年内投入 9400 亿美元，把 3200 万没有医疗保险的美国民众纳入医保体系中，至此美国医保覆盖率预计将从 85% 提升至 95%，几乎实现全民医保。然而，金融危机后遗症导致的经济发展失速仍然困扰着美国政府并影响着其政策走向。"据监督有关计划信托人的年度评估，2012 年为超过 5000万老年和伤残人士提供医疗保险的老年残障健康保险（Medicare），其最大规模的基金预期到 2024 年将无法完全满足营运所需；同时，为超过 4500 万退休者提供帮助的社会保障信托基金，到 2033 年可能将无法履行全部责任，这个情况较去年的评估提早了三年出现。"（曾舒珩，2012）

（三）新加坡的"私有化"社会保障模式

新加坡社会保障制度的核心是中央公积金制度（Central Provident Fund，缩写为 CPF）。该制度开始于 1955 年 7 月，建立之初主要是为了解决职工的养老问题。此后，伴随着经济社会的发展和国民收入水平的提高，新加坡政府不断扩大公积金用途，逐渐建立综合性、多层次的社会保障体系。该制度不仅解决了国民养老、医疗、住房等社会问题，大大改善了国民的生活水平，而且促进了经济的繁荣发展，使国民能够安居乐业。中央公积金制度主要包括三个方面的特征。

一是强制会员制。新加坡政府主张"人民的事由人民自己掏钱"，从保障资金的来源上强调个人对自己的福利保障要承担足够的责任（郭伟伟，2009）。中央公积金制度属于个人账户储存基金模式，所有新加坡公民和永久居民都是公积金局的会员，无论雇主还是雇员都必须按月薪收入的一定比例强制缴纳公积金。因此，会员的公积金额度与他本人工作报酬紧密相连，所享受的保障待遇与其个人账户上的存款直接挂钩。该做法有力地弱化了民众对政府的依赖意识，弘扬了自食其力、自立自强的优良精神，有利于建立新的国民意识。

二是用途广泛。民众可以在退休养老、住房、医疗、教育领域使用中央公积金。中央公积金局为此分别推出：保障晚年生活的"最低存款计划""最低存款填补计划"；确保医疗救治的"保健储蓄计划""健保双全计划""保健基金计划"；保障居者有其屋的"组屋计划"；解决学有所教的"教育计划"。上述综合性社会保障体系为国民提供了全面的社会保障，提升了国民生活质量，缓解了危及稳定的重大社会问题，有利于维护民族和谐、保持社会稳定。

三是注重家庭的社会价值。在新加坡，家庭作为社会的中流砥柱，其作用被不断强调并凸显。各项救助计划主要根据家庭来制订并通过援助家庭的方式进行，同时与志愿福利组织、私人企业等建立紧密的合作关系（汪朝霞、史巍，2009）。例如，新加坡政府利用东方人孝老爱亲的文化传统，在养老保险上注重家庭养老保险，"最低存款填补计划"规定公积金会员可在父母年龄超过 55 岁，而公积金存款少于最低存款额的情况下，自愿填补父母的退休户头，填补金额是最低存款额和他的父母年龄达 55 岁时退休账户结存额之差，此外，会员也可以为配偶填补退休账户，以保障其晚年生活。再如，住房和教育援助计划要求，申请者必须是已婚夫妇，有一个或两个子女；夫妻双方中一方是新加坡居民，另一方必须是新加坡居民或在新加坡拥有永久居住权；家庭月收入低于 1500 新元；妻子的年龄在 35 岁以下；丈夫从事有报酬的工作。另外，这一计划也可以扩大到孀居的对象。

不过，久负盛名的中央公积金制度，在 2014 年也遇到了来自本国民众的质疑和抱怨。2014 年 6 月 7 日，在一向风平浪静的新加坡，发生了一场以本地标准来看堪称"大规模"的群众示威性活动：据报道，6000 多人在新加坡唯一被允许进行公开示威的芳林公园集会，抗议国家的公积金养老制度，批评政府运作公积金制度的手法不透明，给的利息太低，其不能满足新加坡人的养老需求（王江雨，2014）。这实则反映了，新加坡"私有化"社会保障模式的弊端，这种制度的设置不能很好地体现社会保障的公平性和互济性特征。不过，这次事件并不代表民众对公积金制度的全盘否定，事实上抗议者们也清楚制度本身的巨大优势，因此，他们并不要求废除公积金体系，只是希望政府在运作人民的储蓄时更透明，让人民更多知情，并允许民众将 CPF 存款用于其他方面（包括教育投资等），且允许 55 岁以上的人将存款全部提出。

三　政策选择

中国治贫减贫成就举世瞩目，为世界减贫事业做出了巨大贡献。根据世界银行 1.25 美元/天的贫困标准，1981~2010 年，全球贫困人口从 19.38 亿下降至 12.12 亿，全球贫困人口减少 7.26 亿。其中，中国的贫困人口由 8.35 亿降低到 1.57 亿，中国贫困人口减少 6.78 亿。全球贫困人口数量减少的 93.4% 来自中国。"中国在减贫方面的成就令人瞩目，没有人会对此表示质疑，甚至可以说中国是世界上最成功的典范……但现在，减贫工作看起来并不像过去那么简单。一方面，当前很多贫困人口生活在山区、偏远地区和环境艰苦地区，这就需要重新打造一项成本更加高昂的扶贫政策，而且扶贫有可能会与保留具有社会文化特色的生活方式产生冲突。另一方面，城市贫困呈现另一种生态，需要不同的政策操作。"（胡利奥·里奥斯，2015）

我国脱贫工作已进入攻城拔寨的"冲刺期"。按期实现让 7000 多万农村贫困人口摆脱贫困的既定目标，时间紧、任务重。面对如此严峻的反贫困形势，我国需要在原有反贫困经验的基础上，重新解读反贫困的经典理念，构建可持续发展的共享社会、公平社会。

（一）贫困陷阱

杰弗里·萨克斯提出了贫困陷阱的机理以及外国（国家）援助如何有助于克服贫困陷阱的如下模型（杰弗里·萨克斯，2007）。

图 1 表明了家庭储蓄、资本积累以及经济增长的基本机制，图 2 表明了贫困陷阱作用的机制。在图 1 中，我们先从图左边的家庭开始。家庭收入被分为消费、纳税以及家庭储蓄。反过来，政府将其税收收入分成公共预算和政府投资。通过家庭储蓄和政府投资，经济中的资本存量得以增加。更高的资本存量引发经济增长，这又反过来提高了家庭收入——在图 1 中用从经济增长到家庭收入的反馈箭头表示。图 1 表明，人口增长和资本折旧对资本积累有着负向的影响。在一个"正常的"经济体中，因为家庭储蓄和政府投资能够快于资本折旧和人口增长，所以上述机制可以顺利运行并使经济增长。

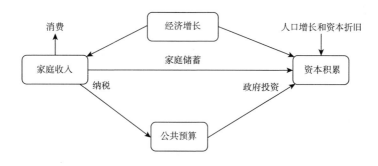

图 1　资本积累的基本机理

在图 2 中，上述过程断裂，贫困陷阱出现了。我们再一次从图的左边开始描述，但是现在的家庭是贫困家庭。为了维持生存，家庭所有的收入被用作消费。在现在的经济中，没有税收和家庭储蓄，然而资本折旧和人口增长过程依然无情地发生着。结果是人均资本存量的下降以及人均收入增长率成为负值。上述过程导致了家庭在未来的进一步贫困。图 2 描绘了由下降的收入、零家庭储蓄和零公共投资预算以及由此引起的人均资本存量下降所组成的恶性循环。当贫困家庭数量足够多（如形成人数众多的贫困区）时，这种情况就会发生。

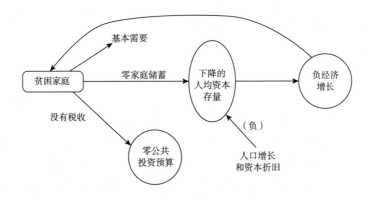

图 2　贫困陷阱

图 3 则给出了问题答案，它表明了官方发展援助（ODA）形式的对外援助是有助于开始资本积累、经济增长和提高家庭收入的过程。对外援助通过 3 个渠道起作用。一小部分援助直接给予家庭，主要表现为诸如旱灾时的食品援助之类的紧急人道主义援助的形式。更多的援助提供给受援助国的财政部门以用于公共投资。还有一部分援助通过农业信贷项目直接资助私人企业（例如，农民的经营），或者直接通过外部援助计划为私有小企业和农业的改善提供融资。如果外国援助足够多、持续的时间足够长，那么资本存量就足以提高到维持家庭生存以上的水平。此时，贫困陷阱就被打破了，图 1 描述的机制开始发生作用。通过家庭储蓄和由家庭所提供的税款所进行的公共投资，经济增长过程就变得自我可持续了。从这种意义上说，外国援助不是一次性的福利分配，而是一种彻底消除贫困陷阱的投资。

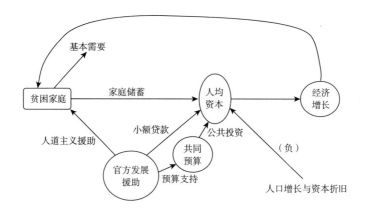

图 3　ODA 在打破贫困陷阱中的角色

（二）系统化的贫困治理政策

冯玉忠曾经把中国经济模式转轨的任务概括为"四治"——治穷、治愚、治懒、治短。治穷，就是用市场经济富裕国家、富裕民众，提高经济实力及经济竞争力；治愚，就是开启民众，加大教育投入，提高人力资本质量，发展知识经济；治懒，即通过改革分配体制，试行多劳多补，提高竞争力，挖掘劳动者的创造潜力；治短，就是治理经济活动中的短期行为，使整个国民经济的运行沿着可持续的方向发展（孟翔飞，2003）。治穷居"四治"任务的首位，中国经济模式转轨成功的关键之一就是实现对贫困的治理。

治理贫困要把握贫困问题的根源，"解铃还须系铃人"。单一的公共政策无法达到对贫困问题的有效治理，系统化的治理政策是新形势下治理贫困问题的必然选择。根据前面的分析，本文提出了治理贫困问题的七大系统化政策：调整分配政策，积极扩大中产阶级规模；进行"精准"与造血式扶贫；建立多元化治理模式；逐步完善社会保障制度；建设"泛城市化"的城乡一体化；建设专门的金融支持体系；构筑"分享"的社会文化。

1. 调整分配政策，积极扩大中产阶级规模

亚里士多德曾提出著名的政治学观点：在一切城邦中，所有公民包括极富阶级、极贫阶级和两者之间的中产阶级。中产阶级是社会的稳定之源，因为中产阶级比起富人和穷人品性更加温和、心态更加平和，缺少野心、富于理性。像亚里士多德所赞颂的典型的中产阶级代表梭伦那样，他是以贫富仲

裁者的身份登上政治舞台的，他说，"我拿着一只大盾，保护两方，不让任何一方不公正地占据优势"，"我制订法律，无贵无贱，一视同仁，直道而行，人人各得其所"（毛勤勇，2005）。目前，以 2015 年 CHFS 调查数据测算，我国中产阶层的人口数量为 2.04 亿人，他们掌握的财富总量为 28.3 万亿美元，财富总量和人口数量均超过美国和日本，跃居世界首位。然而，中国中产阶层的富裕程度和人口数量占比远低于发达国家，这使我国财富分配结构呈"金字塔形"。中国在走向真正的中产阶层国家的道路上，任重而道远。在十八届五中全会闭幕后，2015 年 11 月，新加坡国立大学东亚研究所所长郑永年在接受中国经济网记者采访时表示，避免"中等收入陷阱"是中国的一大要务。如果中国陷入"中等收入陷阱"，那么中国就会变成像菲律宾、马来西亚、泰国等一样的国家。但如果中国经济增速保持 6.5% ~ 7%，那么在下一阶段中国进入高收入社会时，其所面临的很多问题就会解决。因此，摆在中国人面前的任务非常清楚，那就是必须进入小康社会，加大社会投资，扩大中产阶层规模。

2. 进行精准扶贫与造血式扶贫

2014 年，中央确定了精准扶贫的战略，核心内容是做到"真扶贫、扶真贫"（黄承伟、覃志敏，2015）。这个战略是对以往扶贫工作战略的发展与补充。中国是人口众多的发展中国家，为有效兼顾国家财政与扶贫帮困，公平、高效的扶贫工作应在精细处见功夫。运用科学有效的方法和程序，针对不同的贫困地区、不同的致贫原因，采用精确识别、精确帮扶、精确管理的治贫方式，建立起包括扶贫资金与资源使用、扶贫工作与考核和扶贫资源分配与相应减贫干预方式等在内的扶贫体系。

切断贫困的代际遗传，将"输血式"扶贫转向"造血式"扶贫。通过"治愚、扶智"，真正让脱贫人口自立自强、自力更生。为此，应重视贫困家庭人口优生优育问题，避免因疾病等导致的贫困；重视人口素质问题，加大教育扶贫力度，在促进第三方教育资源向贫困地区倾斜，充分发挥义务教育在扶贫中的重要作用时，注意提升贫困家庭教育能力，帮助其建立积极、有益、健康的亲子关系；扩大职业教育覆盖面，促进贫困家庭子女的非农就业。

3. 建立多元化治理模式

在注重运用传统的生活补贴和社会救助等手段的同时，充分重视就业对治理贫困的重要意义，鼓励受助人群自力更生、自食其力。因此，为实现就业最大化，不仅需要加大在就业培训、提供公共信息服务等方面的财政投入，还要暂时将福利资助与扶贫工作相衔接，调动起受助人群主动工作、努力工作的积极性。推进各级政府加大对贫困地区基础设施、医疗、卫生、教育等社会事业的投入力度，构建专项扶贫、惠农政策扶贫、行业扶贫、社会各界扶贫等多方力量、多种模式有机结合、互为支撑的"大扶贫"的新格局。

4. 逐步完善社会保障制度

我国在社会保障制度改革过程中颁布了一些办法、规则等，但还没有一部完整的关于社会保障的法律，这使得在具体操作中许多问题找不到解决的法律依据，这是我国社会保障制度改革中的一个弱点。对此，我们应该重视具体法规的立法工作，建立多形式、多层次的社会保障制度，并在条件成熟时，确立社会保障的基本法，逐步实现社会保障的规范化、法制化。同时，还要保障相关的法律法规能够得到切实的执行，并进一步完善我国社会保障法律体系。

5. 建设"泛城市化"的城乡一体化

城镇化不仅是一个人口学的概念，还应该是一个社会学的概念。只要农户能够通过其经济社会活动融入城市生活中，就应该被看作实现了"城市化"。同样，如果一个城市的家庭移居到了乡村，那么我们当然会把他们视作农村人口。因此，问题的关键是，"城市化"不是一个人口统计的概念，而是一个社会融入的概念。积极鼓励农村人口参与城市经济活动，让在乡村生活的农村人口也可以通过多种途径融入社会生活，体验并分享城市文明，获得城市化的完整的社会保障。

6. 建设专门的金融支持体系

资金是扶贫济困的关键要素。反贫困实践表明，单靠本国有限的财力很难应对复杂的社会贫困问题。在贫困治理过程中，需要进一步吸纳国际资本以及社会力量，以实现贫困治理的社会化应对。对于我国来说，应合理利用联合国、国际红十字会等组织提供的反贫困援助和低息贷款，应动员国内的其他社会力量，在政府的正确引导下，积极助力反贫困工作，这不仅有助于积累专项的贫困治理资金，还有利于我们获得更多的国际经验，"他山之石，可以攻玉"，专门的金融支持体系可以使贫困问题得到有效治理，促进经济社会的和谐发展。

7. 构筑"分享"的社会文化

现代社会是一个相对富足的社会，是一个过度消费的社会。这个社会的主要特征就是商品的充裕。但充满讽刺的现实是在一个商品琳琅满目的社会中，竟然有数量巨大的贫困人口。一方是贪得无厌的人群，另一方是被贫困压得喘不过气来的人群。从理性主义出发，建设一个社会分享的机制和文化极其重要。其重要性不仅体现在贫困阶层一方的生活中，而且对富裕阶层的健康生活更有意义。"分享"的社会文化即分享食物，分享健康，分享幸福。

参考文献

池振合、杨宜勇，2012，《贫困线研究综述》，《经济理论与经济管理》第 7 期。

方清云，2012，《贫困文化理论对文化扶贫的启示及对策建议》，《广西民族研究》第 4 期。

国际司，2013，《国际司：英国社会保障制度概述》，http：//gjs. mof. gov. cn/pindaoliebiao/ cjgj/201304/t20130409_ 813504. html，最后访问日期：2016 年 6 月 21 日。

郭烁，2011，《反对贫困与不平等——结构变迁、社会政策与政治》，《清华大学学报》（哲学社会科学版）第 4 期。

郭伟伟，2009，《改善民生、促进社会和谐的成功实践——透视新加坡社会保障制度》，《东南亚纵横》第 11 期。

黄承伟、覃志敏，2015，《论精准扶贫与国家扶贫治理体系建构》，《中国延安干部学院学报》第 1 期。

黄卫邦，2015，《英国福利制度改革与启示》，外交学院硕士学位论文。

〔西班牙〕胡利奥·里奥斯，2015，《中国减贫工作又遇新挑战》，《参考消息》10 月 20 日第 16 版。

〔美〕杰弗里·萨克斯，2010，《贫穷的终结——我们时代的经济可能》，邹光译，上海人民出版社。

〔美〕杰里米·里夫金，2013，《第三次工业革命》，中信出版社，序言。

景晓芬，2004，《"社会排斥"理论研究综述》，《甘肃理论学刊》第 2 期。

联合国人居署，2006，《贫民窟的挑战》，中国建筑工业出版社。

廖政军，2014，《"美国梦"是否渐行渐远?》，《人民日报》2 月 7 日。

《马克思恩格斯文集》第 1 卷，2009，人民出版社，第 406 页。

马广海，2004，《社会排斥与弱势群体》，《中国海洋大学学报》（社会科学版）第 4 期。

毛勤勇，2005，《亚里士多德论中产阶级与社会稳定和冲突》，《天府新论》第 5 期。

孟翔飞，2003，《中国经济模式转轨与产权制度改革》，高等教育出版社。

倪涛，2015，《南非减贫，要"输血"也要"造血"》，《人民日报》3 月 17 日。

钱志鸿、黄大志，2004，《城市贫困、社会排斥和社会极化——当代西方城市贫困研究综述》，《国外社会科学》第 1 期。

唐钧，2002，《社会政策的基本目标：从克服贫困到消除社会排斥》，《江苏社会科学》第 3 期。

唐丽霞、李小云、左停，2010，《社会排斥、脆弱性和可持续生计：贫困的三种分析框架及比较》，《贵州社会科学》第 12 期。

汪朝霞、史巍，2009，《新加坡政府的社会救助计划》，《国外社会科学》第 3 期。

王江雨，2014，《新加坡人为什么抱怨公积金?》，《南风窗》第 13 期。

魏津生，2013，《中国大城市的贫困人口问题研究》，http：//www.360doc.cn/article/1241083_ 277039024.html。

吴理财，2001，《论贫困文化（上）》，《社会》第 8 期。

杨立雄、谢丹丹，2007，《"绝对的相对"，抑或"相对的绝对"——汤森和森的贫困理论比较》，《财经科学》第 1 期。

〔美〕约瑟夫·施蒂格利茨，2016，《不平等现象在所有层面增多》，《瑞士商报》5 月 16 日。

曾舒珩，2012，《从罗斯福新政到奥巴马医改看美国社会保障制度的启示》，《中共乌鲁木齐市委党校学报》第 4 期。

曾群、魏雁滨，2004，《失业与社会排斥：一个分析框架》，《社会学研究》第 3 期。

赵灵敏，2013，《撒切尔之后，"英国病"顽疾难去》，《华夏时报》4 月 15 日。

庄园，2009，《〈贝弗里奇报告〉与英国福利国家的建立》，山东大学硕士学位论文。

周怡，2002，《贫困研究：结构解释与文化解释的对垒》，《社会学研究》第 3 期。

作者简介

孟翔飞　男

所属博士后流动站：中国社会科学院社会学研究所

合作导师：折晓叶

在站时间：2007.10～2010.12

现工作单位：辽宁公安司法管理干部学院

联系方式：xiangfeim@ 126.com

试论我国慈善监管的转型[*]

陈为雷

摘　要： 近年来我国慈善监管理念、目标、体制等已开始转型，《中华人民共和国慈善法》（以下简称《慈善法》）的颁布肯定并进一步推进了这种转型。具体来说，慈善监管转型包括：监管理念从严格控制到分类控制，再到培育发展；监管目标从维持秩序到保障权利；监管架构从"登记管理+业务主管+相关部门"到"主管部门+相关部门"；准入监管制度从双重许可制转向直接登记制；监管手段从"刚性"监管转向"柔性"监管；监管方式从年检制转向年报制；监管关注点从登记要件到内部治理和工作绩效。

关键词： 分类控制　双重许可制　直接登记制　"刚性"监管　"柔性"监管　年检制　年报制

一　监管理念转型：从严格控制到分类控制，再到培育发展

在我国慈善事业的不同发展阶段，慈善监管理念不同，其经历了从严格控制到分类控制，再到培育发展的转型。

---

[*] 本文系教育部人文社会科学研究青年基金项目（项目编号：14YJC840002）和中国博士后科学基金面上资助项目（资助编号：2014M550117）的阶段性成果。

（一）严格控制

计划经济时期的慈善监管贯穿着严格控制的理念。严格控制理念的理论基础是实证法学和全能国家理论。按照实证法学，政府规定了慈善组织的资格、组织形式、组织宗旨，没有得到政府许可的慈善组织是非法组织。在严格控制理念下，慈善组织监管的进路是一种组织的进路，政府垄断组织合法性的资源，设置慈善组织准入的门槛，控制、引导慈善组织的发展。全能国家理论对国家安排社会生活的能力充满自信，确信国家可以合理安排社会生活，自然也可以安排社团和非政府组织的事务。在这种理念指导下，国家不但计划经济，而且计划社会。

我国慈善监管还深受历史及现实条件的影响。从历史来看，结社是民众反抗统治者的一种工具，往往带有浓厚的"民反官"的色彩。在政府眼中结社会导致社会秩序混乱，特别是结社自由中蕴含的个人表达和行动能量的乘积效应使其包含着政府无法控制的巨大社会力量，这种力量可能在某些情况和条件下对社会稳定构成威胁。受此影响，1949年新中国成立后，政府对旧有的慈善机构进行接收、改造和调整，从而巩固新生政权，维护整个社会秩序。1950年政务院制定的《社会团体登记暂行办法》解决了一系列关于社会团体的问题。从现实来看，改革开放后的一段时间，我国处于经济社会转型时期，以进行经济建设来保持社会稳定是国家的发展大计，在此背景下我国需要一个具有高度权威的政府，以尽量克服地方分散主义，优化资源配置。受这一"秩序中心主义"观念的影响，我国从维护和保障社会秩序稳定的角度出发，对社团和结社自由采取了抑制政策（盖威，2010：150~151）。

（二）严格控制向分类控制转型

1989年国务院颁布了《社会团体登记管理条例》，重申并具体规定了由登记管理机关和业务主管部门共同负责对核准登记的社会团体进行监督管理。1998年10月国务院颁布了修订的《社会团体登记管理条例》和《民办非企业单位登记管理暂行条例》，在制度上对双重管理体制做出了明确规定。不同于此前的严格控制理念，它体现和贯彻了分类控制的理念。秉持这种理念主张，政府为了自身利益，根据慈善组织的挑战能力和提供的公共物品，对不同的慈善组织采取不同的控制策略。这是一套国家利用"非政府方式"，在新的经济环境中，对社会实行全面控制、为社会提供公共物品的新体制（康晓光、韩恒，2005）。

　　分类控制与我国慈善组织"先发展、后管理"的现实密切相关，是面对大量已经成立并得到相关政府部门支持的慈善组织，在推行统一登记制度时，政府部门之间彼此妥协的结果（刘培峰，2012）。政府既要发展慈善组织，又要对其加以管理，这时政府首先强调管理责任。而管理就要有权限和责任，尤其是要尽量规避风险和责任，把风险和责任降到最低，在这种情况下，双重管理可起到分担责任、规避风险的作用。双重管理还体现了部门与部门之间利益的妥协。一些慈善组织是由政府相关部门支持成立的，在这种情况下，一下子斩断这些部门同这些组织的联系，等于侵犯了这些部门的利益。在法律法规出台的过程中，这些部门就要积极争取自己的利益，双重管理就是部门妥协的结果。从监管分工角度看，主管部门具有专门技术和专业上的优势，对慈善组织的业务比较熟悉，可以较好地监控慈善组织的活动，并在必要时给予指导。登记管理部门则负责对慈善组织的形式要求进行审查，看其是否具备形式上的各种要件，起到把关者的作用。这样双管齐下，不仅可以实现各自的目标，而且能够把风险降到最低。但是也存在着非预期后果，这就是过度监管和监管缺位，不利于慈善组织的培育和发展。在很多情况下，一些部门对慈善组织的发展采取不理不睬的政策，既不支持也不反对，并且不登记、不注册，这迫使大量的慈善组织转而向工商部门登记。俞可平估计，在中国实际存在的慈善组织可能超过 300 万个，且年均增长率在8%~10%。这意味着，近九成民间组织处于"非法状态"，这使得大量的慈善组织游离于政府监管之外，处于非法地位，这严重制约了慈善组织的发展（谭日辉，2014）。

（三）从分类控制向培育发展转型

　　近几年来，双重管理理念开始被突破，监管理念由分类控制转向培育发展。需要说明的是，这里的发展不是普遍发展而是一种分类发展，因此这种理念也可被称为分类发展理念。如前所述，在中国，政府对慈善组织的控制在于担心慈善组织这种体制外力量会危及自身的统治，因此存在控制需求。与此同时，政府又存在对慈善组织的资源需求，政府希望通过慈善组织来获取更多的体制外资源。在前一阶段，在政府的偏好结构中，控制需求优先于资源需求。在政府执政能力不断提高、民众对政府的福利需求不断增大，特别是慈善组织主动采取"依附"策略以及慈善组织在福利制度中发挥的作用越来越重要的情况下，政府对体制外力量威胁自身统治的担心会下降，而推动慈善组织发展的积极性会增强。这时政府的慈善监管理念就会转变为培育发展。

政府培育发展慈善组织的最主要形式是不断供给有利于慈善组织发展的制度。进入 21 世纪以来，慈善事业得到了国家的全面认可。2004 年党的十六届四中全会提出："健全社会保险、社会救助、社会福利和慈善事业相衔接的社会保障体系。"2005 年国务院政府工作报告提出"支持慈善事业发展"，慈善事业首次出现在政府文件中。2006 年党的十六届六中全会提出"发展慈善事业，完善社会捐赠免税减税政策，增强全社会慈善意识"；"发展和规范各类基金会，促进公益事业发展"。2007 年党的十七大报告明确肯定慈善事业是社会保障体系的补充。2010 年党的十七届五中全会提出"大力发展慈善事业"。2012 年党的十八大报告提出要"支持发展慈善事业"。2013 年党的十八届三中全会提出"完善慈善捐助减免税制度，支持慈善事业发挥扶贫济困积极作用"。2015 年党的十八届五中全会强调："支持慈善事业发展，广泛动员社会力量开展社会救济和社会互助、志愿服务活动。"为了促进慈善事业发展，2014 年 11 月 24 日国务院专门发布了《关于促进慈善事业健康发展的指导意见》，该意见指出：鼓励支持与强化监管并重，推动慈善事业健康发展。2016 年 3 月 16 日第十二届全国人民代表大会第四次会议通过的《慈善法》第一条明确规定，"发展慈善事业""共享发展成果"，这不仅为慈善事业的健康发展提供了法律依据，而且为多层次社会保障体系的建设提供了动力。

二　监管目标转型：从维持秩序到保障权利

（一）维持秩序

秩序有范围大小之分，大范围的秩序即整个社会的秩序，小范围的秩序是慈善事业领域的秩序。在慈善事业发展过程中，慈善监管的首要目标在于维持慈善事业和社会秩序。慈善事业是由不同的慈善活动参与者参与的社会事业。只有通过慈善监管，首先保证慈善事业的发展秩序，才能最终保证整个社会的秩序。在现代社会，政府作为公众利益和社会利益的代表，其重要职能在于维护社会秩序。霍布斯在《利维坦》中写道：最高的权力有足够的理由怀疑非政府的结社，后者通过对组织技巧的教育和建立一种共同体的感觉，能够对国家的权力构成挑战（转引自王名、刘培峰等，2004：41）。美国思想家钱宁（William Ellery Channing）认为：在公众中，少数几个人就能煽动起大家的强大而激烈的情绪，具有巨大的优势。他进而指出，他们是我们的宪政政府内部的异常的"政府"，应当对它们倍加留心（转引自Peter Frumkin，2005）。慈善组织在满足社会公共需求中是一个独立的力量，既有与政府合作的一面，也有与政府对立的一面，慈善组织既可以为弱势群体提供特定的公益服务，也可以代表特定群体的利益，慈善组织与国家之间的关系既有和谐的一面，也有冲突的一面。因此，对政府来说，它考虑整个社会的秩序，考虑如何维持这种秩序，考虑如何保持社会的稳定与和谐。从本质上说，保障政治稳定和社会秩序，是国家发展慈善事业的核心目标，也是政府对慈善进行监管的重要目标之一。正如波齐所言："国家总是代表自己作为对社会进行全面管理的核心，超越地方主义，凝聚所有的个人、从社会中建构权力。"（贾恩弗朗哥·波齐，2007：126）

（二）保障慈善活动参与者的基本权利

近年来，随着慈善事业的发展和公民权利意识的提升，人们越来越多地关注参与慈善事业的权利。公民有参与慈善事业的自由，这种自由受国家宪法的保护。慈善监管的一个目标在于规范慈善活动参与者的活动，维护慈善组织和慈善活动参与者的基本权利。在当今社会，一方面，慈善组织介入社会生活的深度和广度在不断扩大，慈善组织的规模和能力在不断扩大，故实施监管以维护和保障捐赠人、受赠人及其他慈善活动参与者的权利，对规范慈善组织的活动至关重要（刘培峰，2012）。另一方面，慈善事业既是具有道德色彩的社会建设，也是社会分工发达背景下的社会事业，它需要慈善组织来推动，需要捐赠人、志愿者、受益人广泛参与。如果这些参与主体的合法权益得不到有效保障，那么慈善事业将失去组织依托和人力、物力、财力的支撑，也将失去群众基础。《慈善法》第一条就明确规定："保护慈善组织、捐赠人、志愿者、受益人等慈善活动参与者的合法权益，促进社会进步，共享发展成果。"《慈善法》从法律角度明确规定，要保护各慈善活动参与者的合法权益，这需要在今后的具体监管工作中贯彻落实。

三　监管架构转型：从"登记管理+业务主管+相关部门"到"主管部门+相关部门"

（一）"登记管理+业务主管+相关部门"的监管架构

登记管理。为了加强对慈善组织的管理，1988年民政部就成立了社团管理司，专门负责社团登记管理工作。1997 年，社团管理司更名为社会团体和民办非企业单位管理司。根据 1998 年国务院办公厅印发的民政部"三定方案"，民办非企业单位登记管理工作由民政部负责。国务院制定的《社会团体登记管理条例》《民办非企业单位登记管理暂行条例》规定，国务院民政部门和县级以上地方各级人民政府民政部门是本级人民政府的社会团体、民办非企业单位登记管理机关。《基金会管理条例》第六条规定，国务院民政部门和省、自治区、直辖市人民政府民政部门是基金会的登记管理机关。

业务主管。《社会团体登记管理条例》《民办非企业单位登记管理暂行条例》规定，国务院有关部门和县级以上地方各级人民政府有关部门、国务院或者县级以上地方各级人民政府授权的组织，是有关行业、学科或者业务范围内社会团体、民办非企业单位的业务主管单位。《基金会管理条例》第七条规定，国务院有关部门或者国务院授权的组织，是国务院民政部门登记的基金会、境外基金会代表机构的业务主管单位；省、自治区、直辖市人民政府有关部门或者省、自治区、直辖市人民政府授权的组织，是省、自治区、直辖市人民政府民政部门登记的基金会的业务主管单位。2000 年民政部发布了《关于重新确认社会团体业务主管单位的通知》，该通知进一步明确了社会团体的业务主管单位，包括：国务院组成部委、国务院直属机构、国务院办事机构及地方县级以上人民政府的相应部门和机构；中共中央各工作部门、代管单位及地方县级以上党委的相应部门和单位；全国人大常委会办公厅、全国政协办公厅、最高人民法院、最高人民检察院及地方县级以上上述机关的相应部门；经中共中央、国务院或地方县级以上党委、人民政府授权作为社会团体业务主管单位的组织；军队系统的社会团体的业务主管单位的问题由总政治部明确。社会团体业务主管单位的管理职责为：负责社会团体筹备申请、成立登记、变更登记、注销登记前的审查；负责社会团体的思想政治工作、党的建设、财务和人事管理、研讨活动、对外交往、接受境外捐赠资助；监督、指导社会团体遵守宪法、法律、法规和国家政策，依据章程开展活动；负责社会团体年度检查的初审；负责协助登记管理机关和其他有关部门查处社会团体的违法行为；会同有关机关指导社会团体的清算事宜。

相关部门。《社会团体登记管理条例》第三十条规定，社会团体必须执行国家规定的财务管理制度，接受财政部门的监督；资产来源属于国家拨款或者社会捐赠、资助的，还应当接受审计机关的监督。《民办非企业单位登记管理暂行条例》第二十二条规定，民办非企业单位必须执行国家规定的财务管理制度，接受财政部门的监督；资产来源属于国家资助或者社会捐赠、资助的，还应当接受审计机关的监督。这表明财政部门和审计机关是这两类慈善组织的行政监管主体。《基金会管理条例》第三十七条规定，基金会应当接受税务、会计主管部门依法实施的税务监督和会计监督。一些地方也通过立法对慈善组织的监管主体做出了规定，如《宁夏回族自治区慈善事业促进条例》第六条规定，县级以上人民政府民政部门负责促进慈善事业发展的组织、协调、指导和监督工作；审计机关应当对慈善组织募集资金收支情况进行审计监督。

综上，从有关慈善组织的法规的内容看，行政监管权主要由民政部门、业务主管部门和其他有关部门行使。民政部门是登记管理部门，业务主管单位对慈善组织的登记成立、年检等实施监管，其他部门如税务部门、财政部门、审计部门也享有一定的监管权，海关和侨务部门在特定条件下也是慈善组织监管的行政主体。

（二）"主管部门+相关部门"的监管架构

《慈善法》第六条规定："国务院民政部门主管全国慈善工作，县级以上地方各级人民政府民政部门主管本行政区域内的慈善工作；县级以上人民政府有关部门依照本法和其他有关法律法规，在各自的职责范围内做好相关工作。"这一规定确定了中国慈善事业的监管架构，即"主管部门+相关部门"的监管架构。民政部门是慈善工作的主管部门，有关部门应在各自职责范围内做好相关工作。其含义包括以下几个方面。

民政部门主管。如上所述，国务院关于慈善组织等级管理的三部行政法规指出，民政部门是慈善组织的登记管理机关，2014 年 11 月国务院下发的《关于促进慈善事业健康发展的指导意见》首次提出，民政部门是"慈善事业主管部门"。《慈善法》则从法律角度进一步明确规定，民政部门是慈善工作的主管部门，这是在明确授权、明确责任。其中，国务院民政部门主管全国慈善工作，县级以上地方各级人民政府民政部门主管本行政区域范围内的慈善工作，这是惯例，是基于确保慈善领域法制统一、政令畅通的需要。这种按照行政区划来确立监管主体的法律规定，决定了地方各级民政部门必须承担起监管本区域所有慈善活动的职责。换言之，不仅要监管在本地注册登记的慈善组织及发生在本地的慈善活动，而且要监管不在本地注册登记却在本地开展慈善活动的慈善组织的活动，它体现的是严格的属地监管原则。在法律起草过程中，有人建议参照英国、新加坡、新西兰等国家的做法成立慈善委员会，将其作为对慈善组织进行监管的统一的监督管理机构。考虑到民政部门长期以来在慈善组织的管理方面积累了丰富的经验，因此，由民政部门继续统一负责慈善组织的监管工作是符合中国国情的（阚珂，2016：18）。

有关部门做好相关工作。《慈善法》规定的"慈善"是"大慈善"，涵盖教育、科学、文化、卫生、体育、生态环境等多项社会公益事业，不同领域都有相应的行业行政主管部门。实践中，慈善活动会牵涉多方利益与复杂的法律关系，亦与多项公共政策紧密相关，虽然民政部门负有主管之责，但如果没有相关部门的协同，《慈善法》就很难得到全面贯彻实施。鉴于此，《慈善法》第六条规定，县级以上人民政府有关部门依照本法和其他有关法律法规，在各自的职责范围内做好相关工作。这是对于慈善组织、慈善信托及慈善活动有关联的行政部门的概括性规范。相关部门参与慈善事业监管的依据有两种情形。

一是《慈善法》规定了相关部门的相应责任。例如，《慈善法》第十八条规定，慈善组织终止，应当进行清算；不成立清算组或者清算组不履行职责的，民政部门可以申请人民法院指定有关人员组成清算组进行清算。第四十一条规定，捐赠人拒不交付的，慈善组织和其他接受捐赠的人可以依法向人民法院申请支付令或者提起诉讼。第三十八条规定，慈善组织接受捐赠，应当向捐赠人开具由财政部门统一监（印）制的捐赠票据。第四十三条规定，国有企业实施慈善捐赠应当遵守有关国有资产管理的规定，这必然要求国有资产监管部门承担相应的责任。第五十条规定，本法未规定的，适用《中华人民共和国信托法》的有关规定，这必然需要信托监管部门承担相应的责任。第八十五条规定，慈善组织开展本法第三条第一项、第二项规定的慈善活动需要慈善服务设施用地的，可以依法申请使用国有划拨土地或者农村集体建设用地，这与国土部门直接相关。第八十六条规定，国家为慈善事业提供金融政策支持，此为金融监管部门的职责。第八十七条规定，各级人民政府及其有关部门可以依法通过购买服务等方式，支持符合条件的慈善组织向社会服务，此为财政部门的职责。第八十八条规定，国家采取措施弘扬慈善文化，培育公民慈善意识，此为教育部门及新闻监管部门的职责。第一百零三条规定，慈善组织弄虚作假骗取税收优惠的，由税务机关依法查处。第一百零四条规定，慈善组织从事、资助危害国家安全或者社会公共利益活动的，由有关机关依法查处，由民政部门吊销登记证书并予以公告。此为公安机关、国家安全机关职责所在。第一百零七条规定，自然人、法人或者其他组织假借慈善名义或者假冒慈善组织骗取财产的，由公安机关依法查处。第一百零九条规定，违反本法规定，构成违反治安管理行为的，由公安机关依法给予治安管理处罚；构成犯罪的，依法追究刑事责任，等等。由此可见，要保证慈善事业规范有序发展，上述相关部门必须依法履职，尽到职责。

二是《慈善法》未涉及的相关部门，依照其他法律法规亦具有相应的责任。例如，海关对境外捐赠或者境内对境外的捐赠，负有进出口关税等方面的监管之责；教育、科学、文化、卫生、体育、环保等多个部门对从事这个领域的慈善组织与活动者，亦应当依据自己的法定职责负起相应的监督之责。不过，这些部门的监督应本着"不扰乱本行业发展"的原则，依法负责慈善组织开展的与本行业相关的业务督查，不设障碍、不介入慈善组织内部管理，同时确保慈善组织开展的相关活动遵守行业法律规定和行业规范，不扰乱行业发展，一些特殊领域尤其如此，如宗教界和国家安全领域（郑功成，2016：37~39）。

四　准入监管制度转型：从双重许可制到直接登记制

（一）双重许可制

一般而言，慈善组织的设立有许可主义和准则主义两种模式。在许可主义模式下，"许可"是慈善组织存在的前提和基础。没有许可，慈善组织就无法登记，自然不可能成为合法的社会组织。准则主义模式即慈善组织只需按照法定的条件和程序登记即可取得合法资格。我国对慈善组织的设立实施行政许可制度。在《慈善法》实施前，依据国务院颁布的《社会团体登记管理条例》《民办非企业单位登记管理暂行条例》《基金会管理条例》三大条例及其他相关法律法规，我国实行的是双重管理体制，即慈善组织在申请成立时必须先获得业务主管部门的批准，然后才能到登记管理机构申请登记。在双重许可制度下，一些慈善组织无法或不愿到民政部门登记，转而到工商部门或其他部门登记或者干脆不登记。这种慈善组织的管理模式影响了慈善组织本应具有的独立性和自治性，扼杀了部分慈善人士的爱心公益活动，成为慈善事业发展的瓶颈。

（二）直接登记制

中国部分地区先行先试，早在 2008 年就已经开始改革"三大条例"关于双重许可的规定。例如，2008 年 9 月，深圳市规定，公益慈善类社会组织可直接登记注册。2013 年 4 月 1 日起，北京市区两级民政部门全面接受公益慈善类社会组织的直接登记申请。此外，浙江、上海等地也建立了公益慈善类社会组织直接登记的新体制。2013 年 3 月 14 日第十二届全国人民代表大会第一次会议通过的《国务院机构改革和职能转变方案》中明确提出："重点培育、优先发展行业协会商会类、科技类、公益慈善类、城乡社区服务类社会组织。成立这些社会组织，直接向民政部门依法申请登记，不再需要业务主管单位审查同意。" 2015 年 1 月 1 日开始实施的《广州市社会组织管理办法》第七条规定："民办非营利教育培训机构、民办非营利医疗机构、民办社会福利机构、民办博物馆等法律、行政法规规定需经前置审批的社会组织，应当先经业务主管单位同意，取得相应许可证书或者批复文件后向登记管理机关申请成立登记。前款规定之外的其他社会组织可以直接向登记管理机关申请成立登记。" 慈善立法吸收了社会组织登记改革的成果，取消了双重许可制，代之以直接登记制。即申请成立慈善组织时只需要向民政部门申请，各级民政部门是慈善组织的登记部门，也是行使慈善业务监管权力的部门。登记后的慈善组织获得了合法的主体资格，可以以慈善组织的名义从事慈善活动，符合公开募捐资格条件的，依法获得公开募捐的资格。慈善组织地位的获得也为慈善组织享有税收优惠奠定了基础。

五　监管手段转型：从"刚性"监管到"柔性"监管

"刚性"监管手段是指传统的行政管理手段，主要有行政命令、行政处罚、行政强制、行政征收、行政许可等，此前我国慈善监管大都是"刚性"监管，如前述行政许可就是其中之一。"柔性"行政监管手段主要是指近些年兴起的且逐渐为行政机关及行政相对人所认可的新型监管手段，主要有行政指导、行政奖励、行政合同、行政约谈等（崔冬，2015：94～95）。为了调动慈善组织的积极性，近年来行政机关加大培育扶持慈善组织的力度，越来越多地采取以上"柔性"监管手段去培育慈善组织。

（一）以行政指导手段引导慈善组织规范发展

行政指导是行政机关基于国家的法律、政策的规定而做出的，旨在引导行政相对人自愿作为或者不作为，以实现行政管理目的的一种非职权的行为（姜明安，2011：308）。行政指导通常采取指导、鼓励、奖励、劝告、建议等方式，以行政相对人的自愿接受为前提，不具有强制性是其典型特征。慈善组织的民间性、独立性决定了行政机关不能完全依靠强制性手段实现行政目的，况且单纯的强制性手段的效果并不好。相对温和的行政指导，更容易为慈善组织所接受。需要指出的是，行政指导行为必须是合法行为，不具有合法性的行政指导不具有存在的基础。行政指导要以慈善组织的自愿接受为条件，不得以强制手段迫使慈善组织接受。

（二）以行政给付手段扶持、培育慈善组织

行政给付是行政主体为保障相对人的生存权和受益权，维持和促进国家与社会的稳定和发展，依法或依政策向生存困难并符合法定保障条件的相对人，提供物质、精神等各方面保障的行政活动及相关制度（柳砚涛，2006）。在慈善领域，行政给付行为主要有政策支持、行政资助、行政奖励和行政约谈。

政策支持包括两个方面。一是税收优惠，在对待慈善组织问题上，行政机关主要是给予慈善组织必要的政策倾斜，给慈善捐赠的个人或企业提供税收优惠政策。行政机关出台相应的减免税政策，可以激发公众参与慈善捐献的积极性，引导公众进行慈善捐助。二是在政府购买公共服务时优先考虑慈善组织。只要慈善组织完全符合公共服务提供者的资质条件，具有成为公共服务提供者的可能性，政府就可以购买慈善服务，而政府购买慈善服务本身也是一种支持慈善组织发展的方式。

行政资助是行政给付的一种，是包括行政机关在内的各种资助主体实施的以公共利益为目的、对特定的私法主体给予的助成性的利益的行政行为（尤乐，2010）。政府给予慈善组织资金资助也是比较普遍的做法，如英国政府就给予慈善组织大量的资金支持（杨团，2013：344）。行政资助是一种直接投入的资助方式，财政部门把资金划入慈善组织，给予那些筹集资金能力较弱的民间慈善组织以一定的资金支持。政府资助慈善组织开展慈善公益活动，也是在间接地实现服务社会的职能。

行政奖励是指行政主体为实现行政目标，通过赋予物质、精神及其他权

益，引导、激励和支持行政相对人实施一定的符合政府施政意图的非强制性的行政行为（傅红伟，2003：34）。行政奖励可以是物质上的，也可以是精神上的，以精神奖励为主（张慧平，2013）。通过设立行政奖励，给予那些为慈善事业做出重大贡献的慈善活动参与者以物质的或精神的奖励，既可以鞭策获奖的慈善活动参与者，又可以对其他慈善活动参与者起到一种示范和导向作用。行政奖励还可以充分挖掘慈善活动参与者的潜力，最大限度地调动慈善活动参与者的积极性、主动性和创造性，促进慈善事业的繁荣（郑功成等，1999：90~91）。中华慈善奖是行政奖励在慈善领域中运用的典范，是我国慈善领域的最高奖项，由民政部组织、评选和表彰，主要表彰在赈灾、扶老、助残、救孤、济困、助学、助医以及支持文化艺术、环境保护等方面做出突出贡献的个人、机构，也表彰优秀慈善项目。

行政约谈是指在具体的执法监督过程中，由行政机关邀请特定的相对人，在平等的基础上沟通交流，以达到宣传教育、沟通协调和预防违法行为发生的效果。2016年8月中共中央办公厅、国务院办公厅印发的《关于改革社会组织管理制度促进社会组织健康有序发展的意见》提出，"强化社会组织发起人责任"，"民政部门会同有关部门建立社会组织负责人任职、约谈、警告、责令撤换、从业禁止等管理制度"。民政部制定的《社会组织登记管理机关行政执法约谈工作规定（试行）》提出，社会组织登记管理机关对发生违法违规情形的社会组织，可以约谈社会组织的理事长（会长）、副理事长（副会长）、秘书长（院长、校长等），指出问题，提出改正意见，督促社会组织及时纠正违法违规行为。对同一案件涉及多家社会组织的，可以个别约谈，也可以集中约谈。2017年2月16日，民政部社会组织管理局按规定约谈了轻松筹平台相关人员，就其存在的个人求助信息审核把关不严、对信息真实客观性和完整性甄别不够等问题要求其立即整改，做好信息审核和风险防范工作。2017年2月24日上午，汕头市民政局启动行政执法集中约谈程序，对53家2013年度至2015年度未参加年检、年检不合格或组织架构松散、运作不规范的市级社会组织进行集中约谈，要求有问题的社会组织限期整改、注销，强化社会组织内部治理，规范社会组织运作，建立社会组织正常淘汰机制，推动汕头市社会组织健康有序发展。

（三）以行政合同手段实现政府与慈善组织的合作监管

行政合同也称行政契约，是现代行政中合意、协商等民主精神的体现。现代慈善理念认为，行政机关与慈善组织不应是上下级的行政隶属关系，二者应当是合作伙伴关系。在行政机关与慈善组织之间引入行政合同，通过订立行政合同可以最大限度地发挥行政机关和慈善组织的优势。行政机关可以通过监督合同履行，实现对慈善组织的有效监管，既使慈善组织的发展符合国家根本政治方向，又充分调动社会力量发展慈善事业，以弥补我国社会保障体系的不足。实践表明，政府与慈善组织的合作更容易激发慈善组织的主观能动性，同时也可以降低行政成本。

《慈善法》第九章"促进措施"集中体现了本文讨论的上述"柔性"监管手段。例如，第七十七条规定，县级以上人民政府应当根据经济社会发展情况，制定促进慈善事业发展的政策和措施。县级以上人民政府有关部门应当在各自职责范围内，向慈善组织、慈善信托受托人等提供慈善需求信息，为慈善活动提供指导和帮助。第七十九条规定，慈善组织及其取得的收入依法享受税收优惠。第八十条规定，自然人、法人和其他组织捐赠财产用于慈善活动的，依法享受税收优惠。企业慈善捐赠支出超过法律规定的准予在计算企业所得税应纳税所得额时当年扣除的部分，允许结转以后三年内在计算应纳税所得额时扣除。境外捐赠用于慈善活动的物资，依法减征或者免征进口关税和进口环节增值税。第八十一条规定，受益人接受慈善捐赠，依法享受税收优惠。第八十二条规定，慈善组织、捐赠人、受益人依法享受税收优惠的，有关部门应当及时办理相关手续。第八十三条规定，捐赠人向慈善组织捐赠实物、有价证券、股权和知识产权的，依法免征权利转让的相关行政事业性费用。第八十四条规定，国家对开展扶贫济困的慈善活动，实行特殊的优惠政策。第八十五条规定，慈善组织开展本法第三条第一项、第二项规定的慈善活动需要慈善服务设施用地的，可以依法申请使用国有划拨土地或者农村集体建设用地。慈善服务设施用地非经法定程序不得改变用途。第八十六条规定，国家为慈善事业提供金融政策支持，鼓励金融机构为慈善组织、慈善信托提供融资和结算等金融服务。第八十七条规定，各级人民政府及其有关部门可以依法通过购买服务等方式，支持符合条件的慈善组织向社会提供服务，并依照有关政府采购的法律法规向社会公开相关情况。第八十九条规定，国家鼓励企业事业单位和其他组织为开展慈善活动提供场所和其他便利条件。第九十条规定，经受益人同意，捐赠人对其捐赠的慈善项目可以冠名纪念，法律法规规定需要批准的，从其规定。第九十一条规定，国家建立慈善表彰制度，对在慈善事业发展中做出突出贡献的自然人、法人和其他组织，由县级以上人民政府或者有关部门予以表彰。

六　监管方式转型：从年检制到年报制

（一）年检制

目前民政部门对慈善组织的管理采取的是年检制度，即民政部门作为慈善组织的登记管理机关依法按年度对慈善组织遵守法律、法规、规章和章程及开展活动情况实施监督管理。慈善组织的年检制度在《社会团体登记管理条例》《民办非企业单位登记管理暂行条例》《基金会管理条例》《基金会年度检查办法》《民办非企业单位年度检查办法》等法规、规章中有相应的规定。慈善组织年检的内容包括财务情况检查和非财务情况检查，前者是对慈善组织财务状况、资金来源和使用情况（含年度审计）等进行年度检查，后者是对慈善组织开展的工作和活动进行年度检查。年度检查结果分为合格、基本合格和不合格，完成年度检查后，登记管理机关应当向社会公告年度检查结果。

（二）年检制向年报制转型

年检是对慈善组织依法监督管理的一种有效方法，通过年检有利于社会公众直接了解和评价慈善组织。但是，由于只重年检和慈善组织的设立门槛，忽略了全过程的监督，我国慈善监管实际效果并不理想，因为它会增加守法者的运行成本，并且无法保证让违法者得到惩治。此外，由于登记管理机关力量有限、手段不足，年度检查并没有完全达到预期目的，有时还流于形式。年检制度已经不能适应国家治理方式现代化和行政管理方式创新的要求。在实践中，我国一些地方的商业登记制度已经取消了年检制度，实行年度报告公示制度。《广州市社会组织管理办法》借鉴了商事登记制度改革的做法，取消了年检制度，建立了社会组织的年度报告制度。《广州市社会组织管理办法》第四十四条规定："社会组织实行年度报告制度，社会组织应当于每年 3 月 31 日前提交年度报告书，除社会组织负责人换届或者更换法定代表人之外，年度报告不需要提交财务审计报告。"

《慈善法》根据简政放权、放管结合的要求，并在吸收地方立法经验的基础上，在第十三条中规定："慈善组织应当每年向其登记的民政部门报送年度工作报告和财务会计报告。报告应当包括年度开展募捐和接受捐赠情况、慈善财产的管理使用情况、慈善项目实施情况以及慈善组织工作人员的工资福利情况。"《慈善法》没有规定慈善组织的年检制度，而是规定了年度报告制度，即慈善组织应当每年向其登记的民政部门报送年度报告，为登记管理机关了解、监督慈善组织提供基础信息，这是慈善组织的法定义务。年度报告具有备案属性，不需要民政部门出具结论，这样可以减少过去年检制度下的"盖图章"式的流于形式的监督。慈善组织的年检制度改为年度报告制度（含年度工作报告和财务会计报告），是进一步落实慈善组织自主性的表现，它不代表对慈善事业监督的放松，而是使监督方式发生了变化，更强调依法对慈善组织与慈善活动进行全过程的监督。慈善组织的年度工作报告和财务会计报告属于慈善组织信息公开的内容，应当每年向社会公开。具有公开募捐资格的财务会计报告须经审计。慈善组织未依法报送年度工作报告包括未在限期内完成年度报告、财务会计报告的报送和在报告中隐瞒真实情况、弄虚作假的，由民政部门予以警告、责令限期改正；逾期不改正的，责令限期停止活动并进行整改（郑功成，2016：64~65）。

七　监管关注点转型：从登记要件到内部治理和工作绩效

　　随着慈善组织数量的增加和影响力的增强，社会公众越来越关注慈善组织的管理绩效和公信力。为了适应新形势的需要，登记管理机关的工作重点发生了转移，由对登记要件和程序的关注逐渐转向对慈善组织法人治理结构和组织行为的重视。慈善组织评估就是根据慈善组织的特征，以特定统一指标体系为评估标准，遵循规范的科学方法和操作程序，通过定性和定量的对比分析，对慈善组织一定时间段的组织管理情况、业务活动情况和通过活动所产生的社会效益及影响等做出客观、公正和准确的判断。2007年以来，民政部先后出台了《关于推进民间组织评估工作的指导意见》《全国性民间组织评估实施办法》《社会组织评估管理办法》等政府部门规章和政策文件，我国初步建立了包括慈善组织在内的社会组织评估制度框架。2015年5月，民政部还出台了《关于探索建立社会组织第三方评估机制的指导意见》，阐述了第三方机构对社会组织进行评估的总体思路和基本原则，明确了第三方评估机构资格条件、组织形式、选择方式、活动准则和民政部门的监管职责，以及相应的资金保障机制，规范了第三方评估的信息公开和结果运用，明确了第三方评估工作的组织领导等。《慈善法》第九十五条规定，民政部门应当建立慈善组织评估制度，鼓励和支持第三方机构对慈善组织进行评估,并向社会公布评估结果。《慈善法》从法律层面上确立了慈善组织评估制度,这既是对近年来民政部门开展社会组织评估工作经验的总结,也为今后开展慈善组织评估工作指明了方向。

建立慈善组织评估制度,开展慈善组织评估工作,无论对慈善组织自身发展,还是对政府管理以及社会公众的知情和监督,都具有重要意义。第一,开展慈善组织评估可以实现“以评促建”的目标,有利于加强慈善组织自身建设,完善慈善组织的法人治理结构,促进慈善组织运行和管理水平的提升,实现慈善组织自我管理、自我完善和自我监督。第二,开展慈善组织评估有利于政府管理部门全面了解慈善组织的运作状况,进而有针对性地进行监管,促进政府监管方式的科学化和规范化,也有利于为政府向慈善组织转移职能和购买服务提供依据,充分发挥慈善组织在社会治理和公共服务中的积极作用。第三,开展慈善组织评估有利于开拓社会公众与慈善组织的制度化沟通渠道,强化社会对慈善组织的检查和监督,更好地动员、利用社会力量对慈善组织进行多方位监督(于建伟,2016:255~256)。通过对慈善组织的评估监督,发现慈善组织存在的问题并及时加以纠正,有利于增强慈善组织的透明度,提高社会公信力,加强慈善组织的能力建设,增进社会对慈善组织的了解和沟通,优化政府管理部门对慈善组织的监督管理,促进政府监督方式的科学化和规范化。

参考文献

崔冬,2015,《慈善组织行政规制研究》,吉林大学博士学位论文。

傅红伟,2003,《行政奖励研究》,北京大学出版社。

盖威,2010,《市民社会视角的中国社团立法研究》,复旦大学博士学位论文。

《国务院关于促进慈善事业健康发展的指导意见》,国发〔2014〕61号。

胡锦涛,2007,《高举中国特色社会主义伟大旗帜　为夺取全面建设小康社会新胜利而奋斗——在中国共产党第十七次全国代表大会上的报告》,新华社,10月24日。

胡锦涛,2012,《坚定不移沿着中国特色社会主义道路前进　为全面建成小康社会而奋斗——在中国共产党第十八次全国代表大会上的报告》,新华社,11月17日。

〔美〕贾恩弗朗哥·波齐,2007,《国家:本质、发展与前景》,陈尧译,上海世纪出版社。

姜明安主编,2011,《行政法与行政诉讼法学》,北京大学出版社。

阚珂主编,2016,《中华人民共和国慈善法释义》,法律出版社。

康晓光、韩恒，2005，《分类控制：当前中国大陆国家与社会关系研究》，《社会学研究》
　　第 6 期。

康晓光等，2011，《依附式发展的第三部门》，社会科学文献出版社。

刘培峰，2012，《非营利组织管理模式的思考》，《北京师范大学学报》（社会科学版）
　　第 2 期。

柳砚涛，2006，《行政给付研究》，山东人民出版社。

民政部，2010，《社会组织评估管理办法》，中华人民共和国民政部网站，http：//
　　www. mca. gov. cn/article/yw/shjzgl/fgwj/201507/20150700850191. shtml。

民政部，2012，《关于印发全国性公益类社团、联合类社团、职业类社团、学术类社团
　　评估指标的通知》，中华人民共和国民政部网站，http：//www. mca. gov. cn/article/
　　yw/shjzgl/fgwj/201605/20160500000278. shtml。

民政部，2016，《关于印发〈社会组织登记管理机关行政执法约谈工作规定（试行）〉的
　　通知》，中华人民共和国民政部网站，http：//www. mca. gov. cn/article/gk/wj/
　　201604/20160400882203. shtml。

《民政部关于重新确认社会团体业务主管单位的通知》，2000，民发〔2000〕41 号。

《民政部社会组织管理局约谈轻松筹平台》，2017，中华人民共和国民政部网站，
　　http：//www. mca. gov. cn/article/zwgk/gzdt/201702/20170200003294. shtml。

庞承伟主编，2011，《社会组织行政执法》，中国社会出版社。

《汕头 53 家“问题”社会组织被约谈》，2017，南方网，http：//st. southcn. com/content/
　　2017-02/24/content_ 165874676. htm。

谭日辉，2014，《社会组织发展的深层困境及其对策研究》，《湖南师范大学社会科学学
　　报》第 1 期。

王名、刘培峰等，2004，《社会组织通论》，时事出版社。

杨团主编，2013，《中国慈善发展报告（2013）》，社会科学文献出版社。

尤乐，2010，《论行政资助的概念、主体和目的》，《天津行政学院学报》第 5 期。

于建伟主编，2016，《中华人民共和国慈善法释义》，中国法制出版社。

张慧平，2013，《行政奖励概念辨析》，《上海政法学院学报》（法治论丛）第 1 期。

郑功成等，1999，《中华慈善事业》，广东经济出版社。

郑功成主编，2016，《〈中华人民共和国慈善法〉解读与应用》，人民出版社。

《中共中央关于构建社会主义和谐社会若干重大问题的决定》，2006，新华社，10 月
　　18 日。

《中共中央关于加强党的执政能力建设的决定》，2004，《人民日报》9 月 27 日。

《中共中央关于全面深化改革若干重大问题的决定》，2013，新华社，11 月 15 日。

《中共中央关于制定国民经济和社会发展第十二个五年规划的建议》，2010，新华社，10
　　月 27 日。

《中共中央关于制定国民经济和社会发展第十三个五年规划的建议》，2015，新华社，11
　　月 3 日。

《2005 年国务院政府工作报告》，2006，中华人民共和国中央人民政府网站，http：//

www. gov. cn/test/2006-02/16/content_201218. htm。

William Ellery Channing，2005，"Remarks on Associations，" in *Collected Work of William Ellery Channing*（Boston：American Unitarian Association），Quoted in Peter Frumkin，"On Being Nonprofit：A Conceptual and Policy Primer，" Harvard University Press.

作者简介

陈为雷　男

所属博士后流动站：中国社会科学院社会学研究所

合作导师：景天魁

在站时间：2013. 12~2016. 12

现工作单位：鲁东大学法学院

联系方式：chweilei123@ sina. com

调适与整合：中国农村养老保障制度的探索

——基于新疆 M 村的调查研究

赵　茜

摘　要： 随着现代化进程的不断加快，农村经济社会发生巨大变迁，传统的以家庭养老为主的农村养老已无法独自应对这些风险，农村养老出现危机。鉴于此，国家城乡居民养老保险应运而生，为农村居民养老提供了稳定的经济支持，具有重大意义。那么，目前农村地区的居民养老保险是否一劳永逸地解决了农村养老问题？本文以新疆 M 村为田野点，来分析目前农村家庭养老与社会养老的关系及农村地区居民养老保险的适应性问题，从而为我国农村养老保障制度的构建提供本土化的理论指导和实践经验。

关键词： 农村居民　养老保险　家庭养老　社会养老　适应性

一　引言

随着农村养老问题的日益凸显，国家开始探索农村养老问题的解决之策，以实现农村居民"老有所养"。近年来，学者们纷纷对农村地区养老保障的发展、问题和未来道路，进行深入探讨和分析，这为我国农村养老制度的改革与发展，提供了丰富的理论和经验。在此基础上，我国新型农村社会养老保险制度应运而生，这意味着具有现代意义的养老保障制度在农村地区的真正建立，农村养老保障制度迎来了全新的改革和发展阶段。因此，构建一个什么样的农村养老保障制度，成为摆在我们面前的一个重大课题。

对于这一问题的讨论，不同的学者有不同的看法和观点。有的学者认为我国农村应该建立以家庭养老为主的养老保障制度。虽然我国农村地区传统的以家庭养老为主的养老方式已经出现危机，但是，目前我国农村地区经济发展相对落后，家庭养老成本较低（石宏伟、朱研，2008），是与我国农村经济发展相适应的制度安排。此外，与社会养老相比，家庭养老在精神抚慰和生活照料上具有明显的优势，同时，它也是中国传统文化中老年人的精神追求（王红、曾富生，2012），而那种完全寄人类养老于社会化的倾向是人类社会认识过程中的一个误区（戴卫东，2012）。因此，我国农村养老保障制度体系应是多向度、多层次的，要因地制宜地建设，以形成以家庭养老为主的多元化的科学的农村养老保障制度体系（李敬波、张立岩，2009）。

目前学界中比较主流的观点是，我国应建立以社会养老为主体的农村养老保障制度体系。持此观点的学者从我国家庭养老的现状和农村发展的变化进行分析，认为目前我国农村传统家庭养老面临着巨大的危机，如家庭供养资源减少、供养力下降等（本刊编辑部，1997）。此外，随着我国农村经济体制改革，农村养老的现实需求及供给条件都发生了变化（樊海林，1997），这就意味着在农村养老方面我们不应安于现状（马雪彬、李丽，2007），必须改变我国农村家庭养老的地位，而真正解决家庭养老问题就要发展社会养老保障制度（本刊编辑部，1997）。

综上所述，究竟是以家庭养老为主还是以社会养老为主，学者们各抒己见，目前学界对我国农村养老保障制度的路径选择并未达成共识。我国养老保障制度的现实情况是城市养老保障制度早已建立并日趋完善，而农村养老保障制度起步较晚，地区发展不平衡，在制度上具有明显的碎片化和缺位性，这使城乡养老保障制度呈现二元分割状态，并形成巨大反差。如何建立和发展农村养老保障制度成为学者们关注的重点，特别是随着农村家庭养老出现危机后，他们更多地从建立和完善以政府为主导的农村社会养老保险制度的角度重新思考农村养老的未来，这些研究为我国新型农村社会养老保险制度的制定和试点提供了理论基础和实践经验，具有重大的意义。在肯定这些成绩的时候，我们必须清醒地认识到由于学者们希望农村居民与城市居民一样享受同等的社会养老保险待遇，研究重心偏向于社会养老的建立和发展，这无形中对家庭养老的未来发展缺乏深入研究，无疑使危机中的家庭养老制度更加弱化和边缘化。因此，在我国经济新常态下如何看待农村养老保障制度的发展，以及如何认识目前家庭养老与社会养老在农村养老中的地位和作用等问题，都需要我们进一步研究。

二　相关理论及田野点概述

（一）制度实践理论

制度包括为社会生活提供稳定性和意义的规制性、规范性和文化—认知性要素，以及相关的活动与资源（斯科特，2010）。最早将制度划分为正式制度与非正式制度的应当是经济学家诺斯，他认为制度分为正式规则和非正式规则。可见，农村养老保障制度作为一种制度也应包括与保障老年生活有关的一切资源建构下的正式制度与非正式制度。因此，本文的农村养老保障制度包括以家庭成员为资源供给者的家庭养老制度和以国家为资源提供者的社会养老保险制度。

众所周知，中国长期以来具有以家庭为单位进行自我保障的传统，上一代有抚育下一代成长的责任，当上一代年老的时候，下一代同样具有赡养他们的义务，这是传统的家庭养老保障模式，受道德观念束缚，是非正式的，这种家庭养老保障模式在中国农村养老保障中起着举足轻重的作用。

诚然，再好的制度设计，都需要通过高效、良好的实施才能得到体现。而其中，制度的适应性是衡量制度好坏的重要尺度。对于我国居民养老保险制度的适应性有两个评价标准。一是该制度对其他制度的适应性，这表现为其他制度支持该制度的推广，并且该制度与其他制度在价值理念和具体措施上均不冲突。二是制度的现实适应性，即有效性，指保障农村居民养老生活的能力。

（二）相关概念的界定

农村养老保障是社会保障的重要内容，是指政府在农村地区通过合理配置各种可资利用的养老资源，以抵御农村居民在其年老后面临的各种风险和保障他们的基本养老需求，最终使他们"老有所养"。本文的农村养老保障包括物质供养、精神慰藉、生活照料三个方面，三者是有机统一的，缺一不可。可见，农村养老保障的目的就是实现由被动养老向主动养老的转变，由消极养老到积极养老的转化，从而有效化解老龄化风险，为满足农村老年人的基本生活需要提供重要保证。

（三）田野点概述

2012 年底，M 村共有居民 793 户 2304 人，平均每户为 2.9 人。M 村的男性 1293 人，女性 1011 人。该村居民共由 10 个民族组成，其中汉族 915 人，占全村人口的 39.7%；维吾尔族 906 人，占全村人口的 39.3%。该村居民的生产活动主要以农业生产为主，由于离城市较近，年轻人除进行农业劳动外，还在石河子市打工，以获得额外的兼业收入。鉴于以上特点，本文选取该村作为田野点，通过个案访谈和问卷调查对当地居民养老保险的运行状况进行分析，并对维吾尔族和汉族居民养老行为、养老意愿以及现行的养老体系对他们的影响等进行比较研究，以反映目前 M 村养老保险的整体适应性，以及其对不同民族居民的影响，并试图确立符合当地经济、社会和文化发展的养老保障制度。因为 M 村居民的同质性较强，生产活动基本上都是以农业生产为主，兼业为辅，所以本文采取非随机抽样法对 M 村的 200 个村民进行了问卷调查，最终实际有效的问卷为 180 份。

（四）M 村老人基本生活情况

通过对 M 村的调查发现，M 村老人总体上身体状况较好，具有一定的自理能力，在居住方式上也趋于自己（或与配偶）居住为主，并且大部分老人仍在劳动，以农业劳动收入作为主要生活来源。在精神生活方面，由于农村文化设施和文化活动的缺乏，老人精神生活匮乏，并且对于老人来说，来自家庭中子女的精神慰藉更为重要。而现实情况是大多数老人不能与子女居住生活，日常交流对象主要以配偶为主，因此，他们的精神需求无法得到满足。此外，农村老人的主要生活来源是自己的劳动所得，这无疑具有很大风险。随着老人年龄的增长，他们身体逐渐衰弱，不得不停止农业劳动，这使他们的收入削减了一半甚至全部，他们变得无力养老，不得不依赖于子女生活。但是，家庭养老供给的不足，使老人在物质供养、生活照料和精神慰藉三个方面，都无法得到满足，特别是汉族老人的情况表现得更为突出。而由于大部分维吾尔族老人与子女一起居住，在日常生活和交流方面，其更易从子女身上获得相应需求，并且作为主要赡养者，子女也愿意承担养老之责，除给予经济支持外，他们还非常重视与老人的日常交流。可见，维吾尔族的家庭养老要优于汉族的家庭养老。当然这并不是说家庭养老可以解决一切养老问题。对于大部分农村地区来说，由于居民收入相对较低，如果将养老的经济风险全部转嫁给子女，那么势必会加重子代家庭的经济负担，并且过重的经济负担，又会使子代无暇顾及老人的精神需求，甚至出现子代嫌弃或厌恶老人的现象，这一现象在农村已屡见不鲜。

三　M 村养老保障制度的适应性分析[①]

2011 年 7 月，居民养老保险制度在 M 村实施，那么，这一制度在农村地区实施的效果如何？不同的参保主体又会采取什么方式接纳或拒绝该制度？他们的养老意愿是什么？这些都是值得我们深入研究的。

（一）参保人数较少，缴费档次偏低

居民的参保人数，在一定程度上反映了制度的实施情况。对于年满 60 周岁的农村居民来说，参保规定指出他们不用缴费，此外，符合条件的子女也无须缴费，他们可按月领取 100 元的基础养老金。因为当地取消了符合条件的子女必须缴费这项条款，对老人来说，子女不必缴纳的费用完全是一种普惠性的福利补贴，"符合条件的子女无须缴费"是政府对于农村地区养老保险长期缺失的一种补偿性和福利性措施，所以对于农村老人来说，他们的参保积极性非常高。通过表 1 可以看到，受访者中老年人的参保情况最好，年轻人的参保情况次之，参保情况最不好的群体是中年人。此外，从维吾尔族和汉族居民的参保情况差异性来看，居民养老保险制度在 M 村实施以来，维吾尔族居民参保率低于汉族居民参保率，汉族居民参保率高达 92.0%，而维吾尔族居民参保率仅为 76.2%。

表 1　受访者参加居民养老保险情况

单位：%

		是	否
总　计		83.9	16.1
年龄	35 岁及以下	84.2	15.8
	36~45 岁	79.2	20.8
	46~59 岁	74.4	25.6
	60 岁及以上	100.0	0.0

---

① 本部分数据来源于赵茜《实践与反馈：农村社会养老制度的适应性分析》，《云南民族大学学报》（哲学社会科学版）2016 年第 1 期。

续表

		是	否
民族	汉族	92.0	8.0
	维吾尔族	76.2	23.8

此外，M村的居民养老保险制度在缴费档次上采取灵活的方式，以100元为单位，将100~1000元分为十个缴费档次，农村居民可以根据自己的实际经济状况选择缴费档次。制度设计的初衷，就是希望不同收入、年龄的参保者选择不同的缴费档次，以满足他们对养老金的不同需求。那么，实际缴费情况是否如此呢？从总体情况来看，最低缴费档次是主流，占63.3%。汉族参保人员在缴费档次选择上与维吾尔族参保人员相比，虽然以最低缴费档次为主，但是更加多样化。维吾尔族参保人员在缴费档次选择上更加单一，选择最低缴费档次的人员占76.7%，选择1000元缴费档次的占23.3%，而不选择其他缴费档次（见图1）。这主要是因为维吾尔族参保人员相对较少，所以他们在缴费档次选择上也趋于一致。

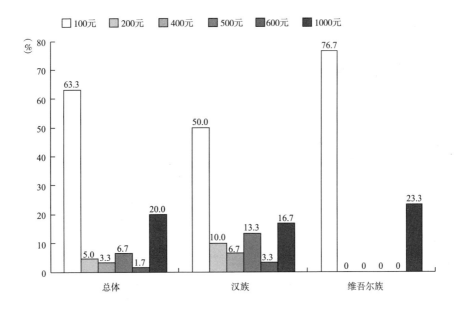

图1　受访者居民养老保险缴费档次选择情况

（二）居民养老保险的宣传效果不佳

制度的推行要得到参与者的支持，必须首先让参与者充分了解该制度的具体内容。M 村居民之所以参保率不高，是因为他们对该制度的了解不充分。通过表 2 我们看到，一半以上的 M 村居民，对养老保险的缴费年限、领取标准和缴费档次有所了解，而对财政补贴标准却只有约 1/3 的人清楚。可见，M 村居民对养老保险的了解已经达到了基本了解的程度，但是，他们对财政的具体补贴标准并不清楚。特别是维吾尔族居民中除了一半以上的人清楚缴费年限外，对于其他养老保险的具体内容，他们都知之甚少。这也在一定程度上说明了维吾尔族参保率低的原因。

表 2　受访者对居民养老保险的知晓情况

单位：%

	知道缴费年限	知道领取标准	了解财政补贴标准	知道缴费档次
汉族	65.8	56.6	28.9	69.7
维吾尔族	57.8	39.3	41.7	38.1
总计	61.6	55.0	35.6	53.1

（三）对养老保险满意度不容乐观

制度只有得到制度实施对象的接纳，才能继续实施。通过调查发现，42.4%的 M 村居民对居民养老保险政策满意，38.0%的 M 村居民认为该政策一般，19.4%的 M 村居民对这一政策不满意。从维吾尔族、汉族居民对居民养老保险的满意率差异来看，维吾尔族居民对这一政策的满意率高于汉族居民对这一政策的满意率，维吾尔居民的不满意率仅为 3.6%，而汉族居民的不满意率高达 47.8%。此外，M 村中有 84.9%的居民认为目前的居民养老保险确实解决了他们的实际问题，缓解了他们的养老压力，但仍需改进。从维吾尔族、汉族居民对居民养老保险的效果评价来看，汉族居民对这一政策更加认可，75.0%的汉族受访者认为其解决了农民的实际问题，而维吾尔族受访者选择这一项的仅占 27.0%（见表 3）。这一结果似乎与上面的结论相矛盾，为何维吾尔族居民对居民养老保险政策的满意率高于汉族居民对这一政策的满意率，但在实际效果的评价上又低于汉族居民对实际效果的评价。其实，出现这一结果并不难理解，对于维吾尔族居民来说，他们在政策实施过程中，参与率低下，对这一政策并没有太多期待，也可能并不指望它能解决自己的养老问题，甚至可以说，在某种程度上，他们可能对这一制度抱有排斥的态度。

表3　受访者对居民养老保险的效果评价

单位：%

	解决了农民的实际问题	较为缓解了养老压力但仍需改进	没有实质性的效果
总计	50.7	34.2	15.1
汉族	75.0	16.7	8.3
维吾尔族	27.0	51.4	21.6

（四）现有养老水平无法很好解决老人的养老问题

从居民对养老金能否满足日常需求的评价来看，有60.2%的人认为目前养老金不能满足老人的日常需求，并且超过50%的维吾尔族和汉族居民都认为目前的养老金无法满足老人的日常需求。可见，居民普遍认为现有的待遇水平不能保障基本的生活需求，希望能够提高待遇。即使有39.8%的受访者认为现有养老金水平能够满足老人的日常需求，这也是对养老的一种最低层次的需求，即只是解决基本的温饱（见表4）。总之，随着经济的快速发展，养老成本的日益增加，100元的养老金仅仅是最低层次的养老保障，根本无法满足老人的日常需求。

表4　受访者对养老金的主观感受

单位：%

	完全能	基本能	基本不能	完全不能
汉族	23.5	11.8	47.1	17.6
维吾尔族	8.5	32.4	40.8	18.3
总计	11.4	28.4	42.0	18.2

综上所述，居民养老保险制度在M村表现出更多的不适应性。汉族居民对未来社会保障制度的建设失望，抱怨现有制度的力度不够，不能解决问题；而对于维吾尔族居民来说，由于家庭养老是主要养老方式，养老有保障，其对目前的居民养老保险制度漠不关心，并且认为它并没有解决实质性

的问题，因此，他们对居民养老保险制度更不抱有太多的期望。因此，养老制度实践与养老文化及观念需要匹配，养老制度实践，需要与养老现实（物质、文化、已有制度）适应，否则会带来问题、困境。

可见，制度创新都应该使该制度适应其特定的历史阶段，单一的以新代旧，非此即彼的制度选择，在复杂的现实前，存在不适应的可能。在制度创新之时，应充分考量当下现实（包括制度、文化、观念的现实），充分考虑新制度的发展可能带来的正向作用和负向作用，考虑正式制度与非正式制度功能的互相匹配，注意引导人们的观念与制度现实匹配，不超前、不滞后。唯有这样，才能促进新制度的发展，进一步挖掘新制度的先进性、优越性，以使制度在未来具有更多的可能性。

四　中国农村养老保障制度的构建

当前我国城乡居民养老保险制度正在全国推广和实施，其在制度上实现了农村居民养老保险的全覆盖，改变了农村家庭养老的单一模式，一定程度上缓解了家庭养老的经济压力，为农村老人的养老提供了部分经济支持，使农村养老保障制度成为具备以个人缴费、政府补贴、集体补助相结合的，与城市居民养老制度相仿的、现代意义上的社会养老保障制度。我们必须肯定，这在我国农村地区是具有划时代意义的。

但是，目前我国经济逐步进入一种持续的、低速发展的阶段，即经济发展进入新常态。对于我国来说，经济发展新常态指的是我国经济发展速度开始转入中低速运行状态，发展方式也转向集约型，经济结构转向调整存量、做优增量并存，发展动力转向新的增长点（张琳，2015）。对于我国农村养老保障制度来说，一方面，这种经济新常态为我国农村养老保障制度的发展提供了稳定的经济环境，有利于制度的推广和发展；另一方面，我国经济结构的调整和经济增速的放缓，势必会影响我国政府在社会保障方面的投入，因此，相对投入不足的农村养老保障制度的发展，必然会受到制约。那么，在我国经济新常态下，如何整合各种养老资源，使之协调发展；如何抓住现有的机遇和正视面临的挑战，逐步解决我国农村养老问题，这是我国政府在农村养老保障制度构建、实践中需要首先解决的问题。

（一）农村社会养老与家庭养老两大养老制度的再整合

随着我国现代化进程的加快，农村地区与城市一样，存在经济、社会、文化等方面的大转型。在这个过程中，农村传统家庭养老制度趋于弱化，在笔者研究的 M 村中，呈现汉族家庭养老制度的式微，汉族老人的养老频现困境。为了应对农村老年人口的养老危机，政府主导下的社会养老保险制度在农村地区普遍被推广和实施。笔者在对大量文献资料进行梳理后发现，社会养老保险制度的实施尚不能解决农村居民的养老问题。笔者的个人实地调研也验证了这一点，特别是当地汉族老人的养老问题尤为严峻。可以说，农村社会养老制度的实施，并没有使农村社会摆脱普遍的养老危机，甚至它的推广加剧了农村家庭养老机制的进一步弱化。在社会养老制度尚未真正意义上确立，发挥切实有效保障作用之前，家庭养老制度的弱化使农村老人养老更加步履维艰。同时，在笔者研究的 M 村中，与汉族老人相比，维吾尔族老人的养老状况要乐观得多，究其根本，正是由于维吾尔族社会中家庭养老主体没有缺位，家庭养老主体的功能没有弱化。在当下，笔者认为在社会养老制度未完全发挥其保障功能之时，应该重申家庭养老这一非正式制度的功能，并给予其应有的重视。

因此，合理有效的农村养老保障制度，必须在政府的主导下实施，一方面努力实现农村社会养老保险制度在农村居民中的全覆盖，使农村居民获得进一步的养老经济保障；另一方面还应该正视家庭养老制度弱化的当下现实，重建家庭养老制度，恢复其在当下养老事业中应有的地位，使其与社会养老制度共同发展，并给予它们同样的重视和政策支持，使家庭养老和社会养老成为农村养老保障制度建设中的"两个支柱"。养老事业两条腿走路，家庭养老和社会养老相互扶持，协调发展，从而实现养老制度的有效运行、养老资源的充分利用，使农村老人拥有抵御养老风险的十足安全感，真正实现农村老年人老有所养，这样才是适应现实的制度实践。

（二）农村社会养老保险制度的调适

中国具有传统家庭养老制度，在过去几千年中家庭作为养老的唯一主体一直承担着养老的职能。农村社会养老制度作为一种新兴的制度，是在工业化和城市化后有意识形成的成文的规定，是依靠政府来组织实施的正式养老制度。两项制度的不同制度属性决定了二者的发展变迁规律不尽相同。社会养老制度是新型的正式制度，政府投入大量的人、财、物力来推动它的发展；家庭养老制度作为一种非正式制度，随着社会的变迁自行演变，总体上走向式微。目前政府在重点推进社会养老制度的同时，在政策支持、舆论上都未能给予家庭养老制度充分的关注。两项制度没有达成默契。甚至随着社会养老制度的出现，部分人认为养老是社会的事，不再是私人范畴的事情。一些老人认为社会养老制度无法保障其物质生活，家庭养老制度无法照料其生活、无法慰藉其精神，这使他们的老年生活孤苦无依。现阶段，我国农村养老保障制度是由政府主导的农村社会养老保险制度与道德约束下的农村家庭养老制度共同组成的，两个制度是互相依存的关系。对于国家和政府来说，正式制度是较容易改变和掌控的，因此，国家和政府往往以正式制度的改变来实现新旧体制的转轨。但是，我们必须认识到，假如这种改变偏离了土生土长的非正式制度，从而导致新的正式制度与已有的非正式制度产生一种"紧张"状态，那么这种正式制度必然是"好看不中用"的（张继焦，1999）。

制度由国家规定的正式制度和社会认可的非正式制度共同构成，正式制度和非正式制度可以互相支持、配合。一些学者认为，非正式制度对于正式制度发挥着支持、补充等作用，因此不能忽视非正式制度的作用（王思斌，2004）。而且，目前的农村社会养老制度只是在一定程度上为农村老年人提供经济上的保障，无法满足老年人生活上的照料和精神上的慰藉等需求。家庭养老作为我国传统的养老方式有着独特的魅力，老年人在家里除得到经济上的支持外，更主要的是获得健康照顾、生活护理和精神慰藉等方面的保障。家庭是老年人生活的主要场所，是其最重要的情感和精神寄托，家庭成员给予老年人的生活照料、精神慰藉是任何其他个人和机构难以替代的。因此，家庭的养老功能在过去、现在和未来都是不容忽视的，必须通过政府干预予以维持和加强。在此，我们建议政府对家庭养老制度给予必要的关注，在当下不能让家庭养老制度这样优秀的养老资源渐行渐远；建议在制度建设、舆论氛围、百姓观念等方面给予家庭养老关照，在强调新型社会养老制度的优越性时，肯定家庭养老的传统优势，使得两种制度互通有无，相得益彰，让这两项养老制度更好地服务于目前的养老事业。

另外，我们的调研实践再次验证了农村社会养老制度经济保障力度不够的现实，其普遍存在社保缴费档次低——最低缴费档次所占比重较大，这样导致的结果就是低缴费低补助的局面，这样的现状亟须改善。

一项好的制度，需要有优秀的实施过程，包括宣贯、执行等，卓越的制度只有顺利实施，才能充分实现制度的目标，制度的优越性才能得以体现。目前，农村居民的文化程度在逐步提高，但仍处于较低水平，特别是中老年人，他们对新制度的接受度是有限的。因此，建议今后的社保宣贯要充分，社保宣贯要选择有信服力的宣贯人员，宣贯人员要对宣贯内容进行亲民的解释，使其通俗易懂，以让农村中的老年人了解制度设计的本意和收益。这样才能有效实施制度，充分调动农村居民的参保意愿，让农村居民有效利用制度资源以切实保障自身利益。

（三）农村家庭养老文化的重塑与家庭养老制度的现实重建

在谈家庭养老文化重塑之前，需要先厘清一个概念。什么是家庭养老？家庭养老是一个由代际经济、政治、心理、情感等关系构成的系统，这个系统受制于制度、自然条件、思想文化等因素（祁峰，2014）。这个概念中的核心是代际系统，也即代际必须有各种纽带联结，才能形成可靠的系统，这样的系统才能有效支撑家庭养老事业。但是，当下代际分离情况较普遍，经济单元分离、居住地分离等导致心理、情感上也有不同程度的分离。因此，要重塑家庭养老文化，首先需要对种种分离拿出解决办法来。就农村青壮劳动力普遍离开村庄，进城务工的现状而言，可以出台鼓励其返乡探亲的相关政策。

此外，对于家庭养老文化的重建，首要任务是倡导我国自古以来的孝道文化。孝道文化除了是中华民族的传统美德以外，还是我国五千年文化的传承。"孝"之所以被传承、被颂扬，是因为"孝"对于社会来说是一种稀缺的资源。在中国家庭养老中孝道作为一种道德准则，对赡养者具有规范和约束的作用，实现老有所养、幼有所教的和谐状态，可以使家庭更加稳定和和睦（赵曼，2012）。因此，我们要大力弘扬中华民族的这种美德。弘扬孝道的方式可以是多种多样的，建议国家和政府可以制定一些促进孝道发展的相关制度，即通过正式制度推动非正式制度的发展，将子女的未来养老待遇与父母的养老待遇有机地结合起来。如，在我国农村地区，村委会积极宣传村民中赡养老人的感人事迹，并对这些孝顺的子女给予一定的现金奖励或增加其养老金（陶纪坤，2015）。

总之，作为一种非正式制度，家庭养老制度的监督仍然主要依靠道德和舆论两种手段，农村地区更是如此。因此，为弘扬我国尊老敬老的美德，国家和政府必须充分利用传统的（电影、电视、宣传栏等）传播方式和现代的传播方式（网络、微信、微博），最终使社会具有一种"爱老、护老、尊老"的良好氛围。与此同时，我们必须从法律上保障老人的权利，对虐老、弃老行为予以惩罚，最终使老年人的权益得到舆论和法律上的双重保护（陶纪坤，2015）。

（四）民族地区家庭养老的保护与社会养老的建设

在现代社会，社会保障已成为各国的基本制度，不仅受经济、政治与道德等因素的影响，而且还深受文化与民族等因素的影响（黄维民、冯振东，2011）。笔者在对 M 村的实际访谈和具体观察中发现，当地的传统文化特别是少数民族的文化，包括宗教文化和一些未成文的行为规范，都会对村民的养老态度和行为产生潜移默化的影响。M 村中的维吾尔族和汉族居民在经济发展水平上基本同步，即使有差异，也是个体性的差异。那么，他们的家庭养老制度何以展现出不同的生命力？对此，我们需要考察文化因素的作用。

对于维吾尔族家庭来说，其养老文化传统一直存在并保持至今。维吾尔族一直保持着尊老敬老的传统美德，老人掌管着家庭中的一切事物，对于子女等晚辈来说，他们必须服从父母等长辈，不能做违背父母意愿的事情。此外，每个维吾尔族家庭中都会有一个家长作为权威的代表，其他家庭成员都得按照他的指令行事。因此，在这种传统习俗的影响下，维吾尔族家庭内不会发生太大的矛盾冲突，即使有也不会影响家庭成员之间的关系（方晓华，2002）。随着农村经济体制改革，农村土地推行承包制，维吾尔族男人结婚后为了获得属于自己的宅地和耕地，大多数选择了另立门户，虽然维吾尔族核心家庭在增加，但是维吾尔族家庭仍保持着自己的传统，即父母身边通常要留下一个最年幼的儿子，如果是独生子的话，那么他们一般是不与父母分开单过的。父母与子女之间"层层负责"，即父母必须抚养子女长大，子女必须赡养父母。在现代社会，母家庭和子家庭相距也不会很远，以方便照顾老人。维吾尔族传统养老文化在维吾尔族年青一代的传承和发扬，使维吾尔族家庭养老仍保持着旺盛的生命力，成为维吾尔族老人可靠的老年保障，子女是老人精神保障的主要供给者。

在这里，我们看到了维吾尔族传统社会中家庭养老文化的承继给维吾尔族老人带来的幸福的生活图景。我们认识到有别于正式制度、法律的文化传统、习俗、家庭规约对子女敬老、养老的积极建设作用，发现了居住格局对养老的影响。而汉族家庭养老的弱化与孝文化及其相关习俗的式微、居住分离等不无关系。M 村维吾尔族老人的养老状态是让人羡慕的，笔者真诚希望 M 村的汉族老人也能像维吾尔族老人那样过上幸福、有保障的晚年生活。

我国幅员辽阔、历史悠久，是一个民族构成多元化的社会，由 56 个民族共同组成了一个统一的中华民族，呈现一种多元一体的民族文化。如何在文化与民族的视角下考虑民族这一重要因素，探讨农村少数民族养老保障的新模式，充分发挥少数民族传统文化中养老的家庭资源、制度性资源与社会民间资源的合力，使我国农村养老保障制度呈现一种多元一体的发展趋势。

这值得我们深入探讨。

在我国少数民族农村社会保障制度建立的初期，应强调发挥政府的主导作用，政府应作为资源增加、资源整合及平衡的"促进者"而发挥作用（杨刚，2011）。同时，笔者建议，在制度实施过程中，决策者应深入考察已有相关制度事实，务必将非正式制度纳入考察范畴，充分利用各民族内部的非正式制度，利用民族内部优秀的养老文化资源，以共同参与养老保障制度建设事业。

参考文献

本刊编辑部，1997，《农村家庭养老能走多远？》，《人口研究》第 6 期。

戴卫东，2012，《家庭养老的可持续性分析》，《现代经济探讨》第 2 期。

樊海林，1997，《中国农村养老模式变迁前景展望》，《人口研究》第 6 期。

方晓华，2002，《论维吾尔族的家庭及其变迁》，《新疆大学学报》（社会科学版）第 3 期。

黄维民、冯振东，2011，《文化视角下的中国西部农村少数民族社会保障研究》，中国社会科学出版社。

李敬波、张立岩，2009，《创新我国农村养老保障制度的对策研究》，《学术交流》第 12 期。

马雪彬、李丽，2007，《从三维视角看我国农村家庭养老功能的弱化》，《贵州社会科学》第 2 期。

祁峰，2014，《中国养老方式研究》，大连海事大学出版社。

〔美〕斯科特，2010，《制度与组织——思想观念与物质利益》，姚伟、王黎芳译，中国人民大学出版社。

石宏伟、朱研，2008，《我国农村家庭养老面临的问题及对策》，《农业经济》第 7 期。

陶纪坤，2015，《农村家庭养老与新农保制度协调发展的途径探索》，《经济纵横》第 2 期。

王红、曾富生，2012，《传统农村家庭养老运行的基础与变迁分析》，《学术交流》第 10 期。

王思斌，2004，《社会学教程》，北京大学出版社。

杨刚，2011，《中国农村养老保障制度研究》，北京师范大学出版社。

张继焦，1999，《非正式制度、资源配置与制度变迁》，《社会科学战线》第 1 期。

张琳，2015，《经济新常态下的社会保障改革：困境与出路》，《理论导刊》第 7 期。

赵曼，2012，《农村社会保障制度研究》，经济科学出版社。

赵茜，2014，《中国农村养老保障制度研究综述》，《商丘师范学院学报》第 11 期。

赵茜，2016，《实践与反馈：农村社会养老制度的适应性分析》，《云南民族大学学报》（哲学社会科学版）第 1 期。

作者简介

赵茜　女

所属博士后流动站：中国社会科学院社会学研究所

合作导师：景天魁

在站时间：2011.12～2016.11

现工作单位：北京科技协作咨询服务中心

联系方式：zhaoqian228@126.com

第二部分　基层社会治理

话语促成的"共谋":以北京市城中村拆迁为例[*]

刘怡然

摘　要：本文以北京市海淀区城中村 A 的拆迁为案例，通过考察村民在拆迁过程中与政府的话语互动，探讨其从抵制拆迁到与政府共谋的立场转变过程及其原因。本文认为，国家将城中村拆迁政策的合法性建立在社会发展与城市规划的知识体系之上，形成一套难以反驳的强势话语体系。基层政府在使用这一套话语体系的同时，也采用多重话语策略推动拆迁计划。村民最初试图以基于故土情结和生计忧虑的"家园"话语抵制拆迁，而后通过生产和传播流言质疑政府的既定拆迁方案和补偿政策。但在与政府的直接对话中，村民的话语无法与政府的强势话语相抗衡，只能转变立场，在服从政府决策的前提下，争取巨额经济补偿，而地方政府对此基本默许，以顺利完成拆迁计划。村民从抵制拆迁到与政府共谋的立场转变，并非因政府使用了强制手段，而是因为无法对抗政府话语的强势地位。

关键词：话语　共谋　拆迁　城中村

当下中国正经历高速的城市化发展过程，与之相伴的是由政府主导规划的大规模拆迁工程。这些工程在实施过程中频繁触发的抗争行为长期以来受

＊　原文刊发于《社会发展研究》2016 年第 2 期。

到学界的关注。然而，现有研究在聚焦拆迁工程引发的各种经济利益纠纷的同时忽视了另一个重要问题，即在每一次的拆迁过程中，大部分原住村民都在政府未采取强制手段的前提下接受了拆迁的安排，即使他们可能并不情愿。对于这一点，不应简单地归因于国家强制力量的不可抗拒。总体而言，政府在拆迁过程中对强制措施的使用十分谨慎。面对拆迁，原住村民最初往往不愿搬走，后来却在国家未采取任何强制措施的情况下，逐渐放弃了原有立场，转而争取更多的经济补偿。可见，原住村民的诉求有一个转变过程，其主要原因并非出于对国家强力的畏惧。那么，在拆迁过程中村民立场为何发生了改变？其间村民与政府是如何互动的？

本文以北京市海淀区城中村 A 的拆迁为案例，通过考察和分析该村拆迁过程中村民和政府的话语实践，尝试对上述问题进行探讨。笔者自2010 年起至 2013 年初每周至少在 A 村调研一天，经历了村落从拆迁前到拆迁结束的整个过程，其间对 102 位原住村民和 40 多位流动人口做了访谈。2013 年拆迁结束后也对搬迁后的村民进行过多次回访。在以往的拆迁研究中，学者们大多注重考察不同利益主体的具体行动，极少关注话语层面的互动，即使谈及宏观政策、拆迁条款以及社会舆论，也未对其中的关键字词、言说逻辑以及其中蕴含的权力关系进行系统深入的分析。笔者认为，话语分析应成为拆迁研究的一个重要视角。在实际拆迁过程中，各方的话语互动贯穿始终。利益主体都需利用话语为其行动建构合法性，故话语实践不仅先于行动实践，通常还引导着后者（当然，话语和行动之间往往并不完全一致），对拆迁进程有重要的推动作用。其间，不同话语的遭遇、交锋和妥协，反映了各方的利益诉求、认知观念与权力策略。本文认为由于村民在拆迁中无法与国家话语抗衡，其开始的诉求被政府构建的一整套知识体系所消解。在抗争的合法性被去除的条件下，大部分村民最终选择了改变立场，从与政府的抗争转化为与其博弈，甚至最终参与到政府的逻辑中与之共谋。

一　理论背景与核心概念

随着我国经济高速发展，城市化进程不断加快，许多位于城市周边的自然村落逐渐变为城中村，而后成为拆迁的对象。这些工程实施过程中频繁触发的矛盾，已引起学界广泛关注。现有拆迁研究主要从冲突论的视角出发，强调行为主体之间的"对抗"或"博弈"关系。研究者普遍认为，拆迁过程中出现的各类矛盾大多属于政府、开发商和被拆迁人经济利益纠纷所引起的冲突，其原因则是拆迁制度不健全，相关法规不明确，这导致基层政府滥用职权（李怀，2005；冯玉军，2007；付伟博，2012；王佳康，2015）。城中村的拆迁工程由政府主持进行，与国家的城市规划直接相关，商业性开发则是城中村改造的主要形式。根据现行土地政策，城中村土地归集体所有，开发商不能向土地使用者直接购买土地的使用权，而是需要由政府先行收回。因此，政府在城中村拆迁过程中扮演着主导性角色，成为村民维权的主要对象（彭小兵、张保帅，2009；唐鸣、邓维立、张丽琴，2012）。

这种被应用于拆迁研究的"抗争"和"博弈"视角，有着较为深厚的学术传统，它被学界广泛应用于研究底层社会维权活动。如李连江和欧博文将农民的抗争活动描述为"依法抗争"（Rightful Resistance），即通过强调中央政府的政策和法规，对地方政府的一些与之相悖的行为进行批判和抵制（李连江、欧博文，1997）。郭于华（2002）则认为斯科特提出"弱者的武器"更符合当代中国农民维权的现状。在斯科特看来，公开的、正式的、有组织的大规模反抗对属于弱势群体的农民来说成本太高且十分少见，而行动拖沓、假装糊涂、虚假顺从、诽谤等一些日常做法才是他们最主要的抗争形式（Scott，1985：34-35）。但于建嵘（2008）认为，中国底层抗争已经过了"弱者的武器"和"依法抗争"的时期，进入了"以法抗争"阶段，农民抗争的诉求从资源性转向了政治性。这一观点受到应星（2007）的质疑，他提出"合法性困境"的概念，强调由于法规和政策的限制，草根群体的维权活动呈现弱组织化和非政治化的倾向。另一些学者则认为，"博弈"比"抗争"更适合描述底层社会的维权行为。吴毅（2007）在"合法性困境"的概念基础上，提出权力-利益结构之网的解释框架，认为农民的维权行动除了受到利益和权利意识等因素的影响外，还受制于身处其中的制度、社会和人际关系网络。通过在这些网络中的博弈，农民在争取权益时，也为自己留下较多的回旋余地，并为诉愿后官民关系的修复预留后路。董海军（2010）试图在这些研究的基础上提出一种整合性的解释框架，认为随着中国市民社会的发展成熟，抗争政治正逐渐走向博弈政治。他提出"依势博弈"的概念，强调行动者的博弈策略取决于他们在场域中的位置，不同位置上具有不同的"势"。底层社会在维权过程中，会策略性地根据自身的"势"进行博弈。

"抗争"和"博弈"的概念有助于我们理解城中村拆迁过程中村民的维权行动，然而这种冲突论的视角将政府与村民置于对立的位置，无法呈现两者之间关系的全貌，更难以解释为何大多数村民最终都接受了被拆迁的命运。在这一点上，一些学者在研究历史上农民与国家关系时提出的"共谋"概念或可为我们提供启示。在《华南的代理人和受害者：乡村革命的协从》（*Agents and Victims in South China：Accomplices in Rural Revolution*）一书的后半部分，萧凤霞（Siu，1989）试图探讨计划经济时代的革命何以在广东的乡村社区中展开。她认为革命过程中，"政治行政机器"逐渐取代了"民间社会"，而乡村共同体逐渐被压缩，最终革命和阶级的话语主导了人们的日常生活。但她认为这不应简单地被视为自上而下的行为，人们的"共谋"（虽然不一定是完全自愿的）在这一过程中起到了重要作用。萧凤霞对"共谋"的定义更偏向于一种顺从，她用此概念强调的是一个项目的运行仅依靠国家单方面的力量是不够的，社会的参与在这一过程中起到至关重要的作用。张小军（2004）对"共谋"概念的运用与萧凤霞有所不同，他通过对新中国成立初期"集体化""大跃进""四清运动"等大规模政治经济运动中农民与国家的关系的探讨得出结论，农民在历次运动中虽然都不乏斯科特所描述的"日常抗争"行为，但这并非真正意义上的反抗，否则那些运动都不会如此顺利地完成。在强制性的国家目标面前，农民不仅无法有效地反抗，而且会在获得利益时瞬间变成"共谋者"。这种共谋并非简单的"被洗脑"和"盲从"，而是在不反对基本秩序的前提下，有策略地为自己寻找生存空间。与萧凤霞不同的是，张小军在运用"共谋"概念时强调农民的这一行为会为其带来利益。然而，他预设了一个前提，即大部分农民是为了获利而主动地参与共谋。

在笔者研究的个案中，绝大部分村民一开始并不愿意拆迁，而是在与政府互动的过程中经历了从抵制到共谋的过程。表面上看，基层政府顺利地完成了拆迁任务，获得了政绩，村民也因服从政府的决策而获取了数额巨大的经济补偿，这可谓一种"双赢"的结果。然而这其实是村民无法满足原有诉求的被动之举，客观上也造成了城市房价的上涨。

值得注意的是，在未使用强制手段前，国家权力与村民之间的互动很大程度上体现在话语层面。话语不仅先于拆迁行为，而且使其具有合法性。对话与话语的应用不仅体现着不同主体对拆迁的认知，还是不同主体之间互动时所使用的重要工具。通过对各层级政府和村民的话语分析可以看出，国家权力的运行以及村民态度从抵制到妥协的改变，最终使村民与国家形成一种实质性的"共谋"关系。

二　中央政府的话语：城市规划知识体系与城中村拆迁合法性的建立

　　虽然城中村拆迁工作的具体执行在各个地方，但它并非孤立的政策，其背后是中央政府城市发展的大政方针和各级政府参照的城市规划知识体系。在福柯（2010）的定义中，知识是一套话语系统，是在不断的口头和书面陈述中逐渐形成的一种话语事实。而谁来言说、如何言说的背后则是一整套权力关系。城市规划和城市发展的知识体系已经成为当代中国发展遵循的重要准则，这与政府的规定、媒体的宣传和学者们的论证紧密相连。

　　1979 年中共中央第一次提出城市化的思想，城市化较快地发展起来。1992～2000 年我国城市化进入政府主导下的全面发展阶段。2000 年 10 月，中共中央在关于"十五"计划的建议中提出："随着农业生产力水平的提高和工业化进程的加快，我国推进城市化条件已渐成熟，要不失时机实施城镇化战略。"（《中共中央关于制定国民经济和社会发展第十个五年计划的建议》，2000）次年，全国人大通过的"十五"计划中称："提高城镇化水平，转移农村人口，有利于农民增收致富，可以为经济发展提供广阔的市场和持久的动力，是优化城乡经济结构，促进国民经济良性循环和社会协调发展的重大措施。"（《中华人民共和国国民经济和社会发展第十个五年计划纲要》，2001）城市化被提升到国家战略高度后，官方话语即将之视为加速经济现代化和社会进步的必由之路，实现国家富强和民族复兴的重要步骤。随着城市化率的迅速提高，政府日益注意到城市化的质量问题，强调"科学"的城市规划的重要性。因此，2011 年的"十二五"规划进一步要求"优化城市化布局和形态，加强城镇化管理，不断提升城镇化的质量和水平……科学编制城市规划，健全城镇建设标准，强化规划约束力"（《中华人民共和国国民经济和社会发展第十二个五年规划纲要》，2011）。

　　中央文件的陈述中，对城市化的论述主要分为两个方面：其一，我国城市化发展关系到经济的持续发展，进而影响到人民生活的福祉和社会的协调发展；其二，城市化的发展应按照"科学"的方式，遵循城市规划的知识体系。前者强调了城市化的合法性，后者则为城市化寻求了一套"正确"的方式。这套方式采用了现代化的视角，建立在"科学"的知识体系之上，拥有不可置疑的权威。像著名建筑师柯布西耶（Le Corbusier，1964）论述的那样，城市中有多少开放空间、多少新鲜空气以及多少阳光都应有明确的计算和规定。在《国家的视角》一书中，斯科特（2004）指出，国家管理社会时有一种运用科学知识的权威来改善人们的生存状态的倾向，并排斥其他不同看法。具体到城市规划中，"国家和城市的规划者努力克服空间的混乱，使之从外面看起来清澈透明"。

在这样一种知识背景下，西方的贫民窟被视为城市的"负担、障碍、污点和垃圾"，我国的城中村亦被政府视为城市发展过程中与规划格格不入、既不美观也不科学的部分，亟待"整治"和"改造"。在中央"十二五"规划有关"推进'城中村'和城乡接合部改造"方针指引下，《北京市城市总体规划（2004-2020年）》中写道："（要）调整改造与城市整体发展不协调的地区、整治'城中村'。采取多种措施，在规划期内全面完成'城中村'的改造，提升城市品质和提高城市整体环境水平。"因为城中村在空间形态上混乱、无序且人口稠密、环境恶劣，所以在一些政府官员口中以及新闻报道中，其被视为城市最阴暗的角落，甚至被比喻为城市的"毒瘤"（乔含冰，2010）、"顽疾"（童丹，2013）或是"伤口"（何树青，2005）。这些词语的运用一方面表明城中村严重阻碍城市的发展；另一方面在病理学意义上将城市比喻为人体，因此，城市空间中的各个部分应该有自己的机能和秩序，而城中村则被视为无用，甚至是对城市有致命威胁的疾病。政府文件中的"整治"等词语则体现着应对城中村这种病予以"治疗"的观点。这一现象也引起了学界的关注，许多城市规划的学者将"城中村"与国外发展过程中出现的"贫民窟"或"棚户区"做对比（周毅刚，2007），并分别从土地利用率、城市发展、治安环境以及社会关系等多个方面就城中村的作用和存在的问题进行探讨，并普遍认为需要通过拆迁才能从根本上解决城中村问题（韩荡，2004；陆海燕，2011；李志生，2002）。

在当代中国发展的过程中，政府所坚持的城市化发展政策建立在一整套知识体系之上。中央政府将城市化进程视为经济发展的必经之路，并树立起科学的权威，使其具有不可抗拒性。地方政府以此为背景，强调城中村是城市发展中产生的"疾病"，需要通过拆迁改造来"治愈"。在合法化城中村拆迁的过程中，这套科学的城市规划体系提供了一种"客观"的知识。通过政府的定义、媒体的宣传和学者的论述，这一逻辑被反复宣传，并构建了一套话语事实。然而这背后却忽略了居住和生活在城中村中的村民对村落的看法和他们的话语。就像雅各布（2006：6）在《美国大城市的死与生》一书中质疑的："为什么良好的环境和社会安排一定要满足秩序或单纯的视觉观念？"那样，居住在其中的村民是否真的愿意接受国家给他们的新空间安排？

三　基层政府动员拆迁的话语策略

在城中村拆迁的具体过程中，各级政府一方面在宣传时通过贴近中央政府的话语建立合法性，另一方面也不断通过词汇上的创新应对不断发展变化的拆迁局面。A村位于北京市海淀区，原是一个风景秀丽的自然村落，但随着北京市区的急剧扩张，该村逐渐失去耕地，蜕变为城中村。在中央政府推进城市化大政方针的指引下，北京市政府在2004~2007年对市建成区内的200多个城中村进行了拆迁；2008年奥运会之后，城中村拆迁的重点转向城乡接合部；2010年，市政府确定了50个亟待拆迁的重点村，计划3年之内拆迁完毕，本文考察的A村就是其中之一。由于地处首都，该村村民有多元的信息来源和较强的权力意识，且拥有较多获取信息的渠道。而基层政府则因承受着比一般地方政府更大的维稳压力和舆论压力，对强制手段的运用格外谨慎。这些因素使得话语在该村拆迁过程中的作用和意义更加凸显。

（一）从"拆迁"到"搬迁腾退"

虽然A村直到2010年才被正式列为拆迁对象，但早在2008年，村内已处处可见红漆涂写的"拆"字标志。北京奥运会前，市政府曾下令迅速拆除许多城中村。其间因时间紧迫而酿成过一些恶性事件。类似事件其实在全国各地的拆迁过程中屡见不鲜，媒体对此也时有报道。或许是因为民间对"拆迁"一词日益反感，当市政府于2010年决定对包括A村在内的50个重点村实施拆迁时，相关地区的镇政府在官方文件和正式宣传中已基本不再使用"拆迁"一词，而代之以"搬迁腾退"。这一关键词语的替换无疑是经过审慎考虑的。从语法上讲，在"拆迁"中，村民处于被动地位，而在"搬迁腾退"中，村民则处于主动地位。通过改变说法，政府不仅将由其主导、村民被动接受的工程重新定义为居民主动自发的行动，而且回避了"拆"这一带有暴力色彩的字眼，将其换成较为温和的"腾"和"退"。这既有利于基层政府对居民进行宣传和动员，也可在一定程度上为自身规避责任。此外，用词的变化还使基层政府得以在施行强制拆迁时避开程序上的麻烦。2011年之前，强制拆迁分为司法强制拆迁和行政强制拆迁两种，前者需要通过法律诉讼程序，后者则可由政府审批直接执行。随着 2011 年 1 月《国有土地上房屋征收与补偿条例》公布实施，2001 年国务院公布的《城市房屋拆迁管理条例》被废止，行政强制拆迁也被叫停。用"搬迁腾退"取代"拆迁"后，"强制拆迁"也被重新表述为"帮助腾退"。

　　在 A 村拆迁之前，镇政府以正式文件的形式将该村拆迁模式概括为"政府主导、村为主体、企业运作"，由此划分了各方的权责（A 村村委会，2011）。"政府主导"意味着政府在整个拆迁过程中扮演指导者和督管者的角色，而不需对具体事务负主要责任；"村为主体"旨在强调拆迁是村民自治行为，由村委会和村民代表负责组织村民腾退；"企业运作"指的是 C 企业作为拆迁的甲方，负责具体拆迁工作，村民与该公司而非镇政府签订拆迁补偿的具体协议。这 12 个字是 A 村拆迁的基本指导方针，其表述形式则与从"拆迁"到"搬迁腾退"的话语转变具有内在联系。此外，镇政府拟定的两份重要文件也对 A 村拆迁模式进行了详细的阐释和规定：一份为《A 村搬迁腾退方案》（以下简称《方案》），另一份为《A 村搬迁腾退方案实施细则》（以下简称《细则》）。它们分别阐明了拆迁补偿原则和具体的补偿条款。为了突出"村为主体"的拆迁模式，《方案》中特意注明："本方案由 A 村村委会负责制定和组织实施。本方案所称搬迁腾退人是指 A 村村委会或其他委托单位。本方案所称被搬迁腾退人是指宅基地上房屋的所有权人。"[1]（《A 村搬迁腾退方案》，2011：第三条）由此，基层政府对拆迁权责进行了清晰的界定和划分，使自身退居后台，而将村委会这一村民自治组织定义为拆迁的主体。镇政府方面称，《方案》和《细则》都是在拆迁之前专门举行的村民代表大会上由村民代表讨论并达成共识之后签字才通过的，之后发给每户村民作为拆迁的指导，因此整个过程都是村民自主自愿的行为。此外，在《方案》中，镇政府还设定了两个奖励期，在这期间搬走的村民可以额外获得一些经济奖励。有趣的是，"奖励期"亦被称作"自主腾退期"，这不仅意味着村民只有自主自愿地搬走才能获得奖励，还意味着如果不在这段时间内搬走就不再是"自主"的腾退。

（二）国家发展与集体主义话语

　　划分权责之后，镇政府通过多种方式展开了对拆迁的宣传和对村民的劝导工作。2011 年 7 月初，镇政府委托村委会开始在村内发放各种宣传资料，

---

　　① 这里的"其他委托单位"是指拆迁的甲方 C 企业和 C 企业招标来的拆迁及评估单位。

这些资料具体而细微地体现了基层政府动员村民的话语策略。最早发放的资料为《致A村村民的一封信》。

信中前半段写道:"A村的搬迁腾退,是建设'人文北京、科技北京、绿色北京'的迫切需要,是推进城乡一体化发展的迫切任务,是农民改善居住环境、提高生活水平、促进产业发展,确保长治久安的必然选择和良好机遇,是各级党委和政府为民办实事的重大举措。旧村搬迁改造是利国利民的大好事,功在当代,利在千秋,定会让农民重新享受城市化的成果。"

这段话开头部分承接着中央城市化的话语,在宏观层面对拆迁进行合法化的阐释,接着通过对城市规划知识的运用,强调拆迁对村民个体的裨益。在"国家的视角"下,只有按照整齐划一的科学性对村落进行改造才是为村民做的好事。信的后半段转向对村民的劝说,主要依靠的是集体主义意识形态,强调个人利益要服从集体利益,村民的"小我"要服从国家和集体的"大我"。信中写道:"村民同志们,我们要把思想和行动统一到各级党委和政府的决策部署上来,统一到全体村民的共同利益上来,牢固树立大局意识和责任意识,正确处理国家、集体和个人的利益,充分展示首都人民的文明素质和精神风貌,让我们在乡党委、乡政府①的领导下,以主人翁的姿态,团结一致,亲密配合,积极行动,共同推进A村搬迁腾退工作的顺利进行,为建设美好家园而共同努力。"地方政府用"牢固树立大局意识和责任意识"等词语强调村民有着配合拆迁的义务,同时用"正确处理国家、集体和个人利益"的语句暗示国家和集体的利益高于村民的利益。

然而,《致A村村民的一封信》的效果并不理想,于是镇党总支决定重点动员村内的党员,不仅专门向他们发放倡议书,还对他们单独家访"做工作",鼓励他们先搬。倡议书中写道:"党员同志们要能:一、模范带头,当好表率。二、主动分忧,动员亲友。三、牢记职责,完成使命。四、围绕大局,发挥作用。"基层党委和政府以此激起村内党员的荣誉感和使命感,让他们意识到自己与其他村民的区别,在拆迁中起到带头作用。

(三) 新、旧"家园"对比

除了向个人发放宣传材料外,镇政府还在村内挂设带有标语的横幅,以简明、醒目且易于记忆的语言动员村民。例如,一则横幅的标语是"推进城乡一体化发展　发挥农民主体作用　建设美好幸福家园",这浓缩了拆迁

---

① 原文如此,此时虽已改乡为镇,但为贴近村民,还是使用了"乡"。

的理由、方式和意义，在国家的城市化方针、基层政府确定的拆迁模式和村民自身利益之间建构起内在一致性。另一则横幅的标语是"旧村不拆隐患多，搬迁上楼福满园"，通过对拆迁前后情形的鲜明对比，强调城中村在城市生态中的负面形象和拆迁对村民未来生活的积极意义。还有横幅的标语是"自家算好早腾退　奖励补偿得实惠"，这里是将"早腾退"与"奖励"紧密联系在一起，时刻提醒村民只有在奖励期内搬迁才能获得奖励。此类横幅悬挂于 A 村主干道的两旁，非常醒目。

为了配合第二则标语，镇政府在其旁边树立了一幅巨大的新村外观图，包括建成后的整体样貌和具体户型图，这为村民描绘了搬迁后的居住和生活环境。图中整个小区和各户型的结构都清晰整齐，楼与楼之间的距离和小区内的绿地面积按照城市规划要求进行过计算，住房内部也经过精心设计。镇政府还将这些图片印成精美的图集，分发到村民的手中。在图集的最前面，镇政府通过对新、旧村的对比描述突出搬迁的合理性和必要性。在描写旧"家园"时用到的词语为"违法建筑多、安全隐患大、社会治安乱、基础设施弱、环境脏乱差"（镇政府，2011），而在描写新"家园"时用到的词语则为"整体和谐的建筑环境、朴素亲和的建筑风格、整体性好、安全性强"（镇政府，2011）。通过正反两方面词语的运用，地方政府非常自然地将拆迁的具体工作与国家的大政方针相结合，以形成一套很难反驳的话语体系。

对于大部分村民来说，这些措施效果有限。在集体主义意识形态和勾画美好未来的两种话语的劝导和经济利益的辅助下，村内的大部分党员干部选择了先搬。还有少数未盖自建出租房的村民基于经济原因选择了离开。然而，绝大多数村民仍有自己的担忧和坚持，他们虽然没有足够的能力直接与政府的话语相抗衡，但不断用自己的方式发声并与政府互动。

四　谣言与集体行动

尽管基层政府使用了多种方式进行宣传和动员，但仅有少数村民签署了拆迁补偿协议，多数村民则态度消极，甚至明确表示拒绝搬迁。其原因是多方面的，既有情感因素，也有经济考量，还有对补偿政策的不满。当基层政府建构城中村的负面形象、制定"村为主体"的拆迁模式并描绘拆迁后的美好蓝图时，村民们则用自己的话语表达他们对家园的眷恋和对拆迁政策的质疑，并以集体上访的形式向基层政府提出了自己的诉求。

（一）村民的个体诉求：故土情结和生计忧虑

虽然大部分村民都对拆迁不满，但原因各异。在政府和城市规划者的话语中，城中村是社会经济发展中不和谐甚至病态的部分，有待"改造"和"整治"。然而，村民对自己的村落却有另一种表述。A村的村民并不否认村内设施和环境的缺陷，但往往更强调村落所承载的文化和记忆，及其对于村民共同体和个体生命的意义。例如，有村民说："这村子风水好，交通便利，是块宝地。不仅出产过享有盛名的稻谷，而且出过很多能人。现在虽然脏了点、乱了点，但毕竟是自己的家。我们祖祖辈辈在这里住了这么多年，自己和小伙伴们都在这里长大，现在老哥几个还能经常串门聚聚，非常舍不得离开。"① 有的村民在被问及拆迁一事时，情绪激动地说："在这里住了一辈子了，是我的家呀，怎么能说走就走？"② 通过对村子历史遗产和童年记忆的回顾，村民强调村子对自身的意义，及自己在这片土地上居住的合法性。国家的现代化视角强调城市的整洁和规范，基本回避了村民的故土情结和情感需要。但在村民眼里，A村不是城市化过程中产生的"毒瘤"，而是世代居住的"家园"。他们用充满故土情结的温情话语对抗以城市规划知识体系为基础的官方话语，并据此抵制拆迁决策。拆迁开始前，笔者在村内访谈时，许多村民大都表示出"打死也不愿意走"或"给多少钱也不愿意搬"的决绝立场。

村民们不愿离开村落也有经济方面的考虑，他们经常会用"失去劳动能力"、"补偿不公平"或者"拆迁者腐败"等话语合法化对经济利益进行追求。如前所述，由于A村地理位置较好，周边打工人员多，村民自投资金加盖房屋，出租给流动人口，这为他们带来了一定的经济收入。由于不想失去这一收入来源，许多村民对拆迁持抵制态度。一位70多岁的妇女对笔者说："我都这么大岁数了，从生下来一直住在这里，生活什么的都习惯。原来靠种地，现在地没了靠租房子挣点钱，虽然不多，但是至少每个月都能有点。要是搬走了，你给我的房子再好，钱再多，我也花一个少一个。"③ 同时，村民们也对拆迁协议中的补偿条款提出强烈质疑。如有村民称："现在给的房子的性质都没说，我们怕是小产权，到时候我们要是钱不够也不能

---

① 访谈资料 WHQ（2011）。
② 访谈资料 ZH（2011）。
③ 访谈资料 XF（2011）。

买卖。"① 很多村民认为拆迁协议中的经济补偿远低于该村土地的市场价格，这有欠公平，并且他们据此推测其中存在腐败。其中一位村民说："《京华时报》上已经（刊）登了，四环至五环商品房均价 39000 元（每平方米），可是他们才给我们每平方米 24000 元，你说中间这个差价他们拿去干吗了？肯定是中饱私囊了。"② 不管是对自己生计来源的忧虑，还是对补偿政策的质疑，村民们维护自己权益的议论虽然简单质朴，但表示出对政府号召的拒绝，也挑战着既定的拆迁决策。

从村民的话语中不难看出，A 村对他们来说具有重要的经济、社会和文化意义。尽管他们想法并非完全一致，但大多数村民都未因为政府的宣传动员而立即签署协议、搬离村落。少数村民对拆迁持坚决抵制态度，绝大多数村民希望找到一种可行的方式与政府对话。在反复的交流和商讨中，村民们逐渐形成了共同的诉求，决定要求政府对现有拆迁政策进行调整。其中，他们要求将"异地搬迁"改为"原地回迁"，前者指将村民集体搬迁到另一个地方；后者则指村落拆除改造后，将村民仍安置回原地，这样既可实现政府改变村落设施环境的计划，又使村民不必离开故土，甚至可以继续通过租房获得收入。如果政府无法满足他们的诉求，他们就会要求提高每平方米的补偿金额，以使他们迁到异地后的生活拥有充分的经济保障。与此同时，由于村民普遍对拆迁存在诸多顾虑，这一时期一些传言开始在村内流行起来。对于村民来说，这些传言在表达内心焦虑的同时也将拥有不同诉求的村民联系起来，这为后来的集体行动奠定了基础。

（二）情绪渲染："传言"与自我动员

由于政府掌握着主流话语和宣传媒介，并通过各种方式分化村民共同体，而村委会也实际上与政府保持一致，对拆迁政策不满的村民想要维护权益，只能进行自我动员，话语在其中同样起到重要作用。自 2011 年 7 月初得到确定的拆迁消息后，A 村村民经常聚集在一起，商讨应对策略。与政府相比，村民在宣传上能运用的手段有限，他们既无法大规模发放宣传材料也无法挂起横幅或制作宣传板。然而，他们却通过巧妙地运用长期以来形成的村落共同体关系，在村中散布着一些"小道消息"。这些传言的来源难以查考，但被村民所广泛接受。罗斯诺（Rosnow，1991：125）认为，谣言表达

---

① 访谈资料 GZM（2011）。

② 访谈资料 GT（2011）。

了试图认知生存环境的人们的忧虑和困惑，其流传需要四个因素，即个人的忧虑、大众的困惑、轻信和盲从以及个人对谣言真实性的判断。村落开始拆迁后，先搬离村民的房屋大多被迅速拆除，菜市场等一些村内公共设施被停用，同时流动人口也陆续迁出村子。这使得村内生存环境迅速恶化，原有的社会结构和生活秩序都被打破。村落因此陷入一种类似于特纳（2000：67）所说的反结构"阈限"状态，传统的延续变得不确定，未来看似清晰的结果也受到怀疑。在这种情境中，谣言很容易产生并被人们所接受。在 A 村出现的各种传言中，有三则流传最广，影响也最大。笔者无意考证这些传言的真实性，而是尝试通过对之进行话语分析，探讨村民对传言的认识及其背后的逻辑。

第一则传言是关于《方案》的产生过程。镇政府方面称，在 2011 年 7 月 7 日召开的村民代表大会上，该方案由三分之二以上村民代表投票通过。然而，村民对这次会议却有另一番说法：

> 当天镇里、区里和村委会以及 C 公司的领导一起去吃喝，一边喝酒一边谈方案的事情，谈完了还去捏脚；到了晚上十二点左右，大家喝醉了、脚捏爽了，村民代表就把本来不应该签的协议给签了，把村子给卖了，好多村民代表酒醒后，都后悔签了协议。

首先，这则传言将参与制定拆迁协议的官员刻画成腐败的形象，同时将拆迁方案的产生描述为随意的过程，甚至略带阴谋色彩。通过这种方式，村民避开国家话语中关于城中村拆迁对错的讨论，将矛头指向中央政府反对的腐败问题，以谴责地方政府的具体做法，进而降低拆迁协议的合法性，这是一种类似于李连江、欧博文讨论的"依法抗争"的抗争模式。其次，通过对"卖"字的运用，村民将方案的制订看作一种交易，而自己则在不知情的情况下被"出卖"了。值得注意的是，虽然传言严厉批评了村民代表的不负责任，但同时又用"喝醉了""后悔"等词在一定程度上试图为村委会成员开脱，这或许是因为这些代表毕竟是村落共同体的成员，村民希望通过话语的运用让村委会成员站在自己的一边，将拆迁者与村民区分为"我们"与"他们"。另外因为这些成员拥有一定权力为村民鉴定补偿的多寡，所以村民在话语的运用中对他们的位置留有余地。这与吴毅所描述的农民在权力-利益之网中的"博弈"情形十分相似，即始终为自己留下退路。

第二则传言针对村委会书记个人，以描述其在搬迁过程中的"黑幕"：

　　传言村委会书记最早一批搬迁，她家的房子只有100多平方米，但是在测量的时候量出了200多平方米，最后按照400平方米给予补偿；并且，在她签完拆迁协议之后，她家的房子并没有与其他人家一样第一时间被拆掉，而是一直在对外出租以获得收入。

　　在这则传言中，村民运用充满细节的生动案例，言之凿凿地"揭示"了村委会书记利用职权为自己牟取暴利的经过。然而，同样是运用腐败的话语，这则传言与第一则不同的是，首先，村民并未直接指责拆迁协议的合法性，而是通过强调同样的政策在不同人身上有不同的操作方式，以谴责拆迁中的不公平现象，其背后是对整个拆迁过程和主持拆迁工作的村民代表（基本上都是村委会成员）的不信任。其次，在镇政府的宣传策略中，镇政府原希望村委会成员率先搬迁，进而带动其他村民搬迁，但村民通过传播这则传言试图消解村委会成员的榜样带头意义，以尽可能留住更多没搬迁的村民一起抗争，并为拒绝签署搬迁协议提供了另一种理由。

　　第三则传言围绕A村拆迁工作中新派来的一位女性副镇长展开：

　　传言她（指女副镇长）在其他村的拆迁中贪污了很多钱，被简单处罚后又被派来负责我们村的拆迁工作。那天，许多人去镇政府想问问本村的情况，路上正好碰到她从附近公园出来。她竟然大声说："一分钱不花，拆平了你们村！"当时，一位老太太气得浑身发抖，想上去抽她，被保安拦了下来。

　　这则传言首先交代女副镇长的腐败背景以降低其威信；其次用她在"其他村"被处罚的历史突出其"他者"甚至是"敌人"的形象；最后引用她的"原话"凸显其专横跋扈、完全不顾村民利益的态度，并以一位弱势老太太的激烈反应加以衬托，以煽动听者的情绪。这则传言与前两则相比更加感性，也带有更激烈的情绪，在村民之间引起了激烈的反响。尤其是"一分钱不花，拆平了你们村"这句话，不断被村民引用和讨论。有村民说："这简直是土匪啊！我们是农民，但是我们纯朴，您（副镇长）不是农民，但素质比农民差远了。"[1] 还有村民说："干脆把我们都关监狱吧，您省

---

① 访谈资料HQ（2011）。

得花钱还省得我们挨饿。"① 这则传言虽然表面上是在表达对女副镇长的不满，但实际上是在质疑镇政府在拆迁中是否能真正考虑村民的利益。

总体来看，这几则传言有着共同的特征，例如虽并未直接对抗政府的拆迁决策和城市化的知识体系，但运用"腐败"的话语对相关方案、政府官员和执行者都提出了严重质疑甚至完全否定。此外还运用带有戏剧性的表述和煽动性的词句强调了拆迁者与被拆迁者之间"我们"与"他们"的对立关系，这为此后村民的集体上访行动提供了重要的心理基础。同时，这几则传言也有不同的侧重，分别将村民对拆迁协议不能满足生活需要的担忧，对拆迁公平性的质疑以及对执行政策人员的不信任统一起来。在传言不断传播的过程中，村民之间的凝聚力不断增强，他们最终走向了集体抗争。

（三）统一诉求：集体抗争

2011 年 8 月之前，村民主要向村委会和村民代表表达自己对拆迁的不满。但他们逐渐发现代表们无力解决问题，同时，随着谣言在村内的传播，越来越多的村民聚集起来，并最终决定采取集体行动。上访由村内几位文化水平较高的村民牵头，他们负责领导村民与政府讨论、协商。2011 年 8 月 7日，200 多名村民围在了镇政府门口，要求见镇长。村民们对此非常有经验，虽然情绪激动但互相约定坚决不能有暴力行为出现。他们认为暴力不能解决问题反而容易被政府抓住把柄，而通过运用话语与政府商议才是明智的选择。镇政府的工作人员对此已早有准备，并邀请了两位上访代表到办公室座谈，剩下的村民在门口等待。一位上访代表回忆说："我说我们在这里住了一辈子了不愿意走，要求回迁。他们（政府工作人员）态度很好，但是表示回迁不可能。因为在北京市的整体规划中，每个区的绿地面积都需达到一定标准，而在海淀区的规划中，A 村被规划为绿化隔离区。同时因为 A村紧挨着许多文化遗产，出于保护的目的，这里的建筑限高 4.5 米，无法盖高楼，所以决定了 A 村的改造只能是异地搬迁而不是原地回迁。"② 针对补偿政策的问题，村民们也做了争取，另一位代表告诉笔者："当时会议室里面坐了 30 多个人，还有很多领导。我就问他们，回迁的地区离 A 村有七公里，从四环以里搬到四环以外，这有一个地区差价，给我们的补偿 24000 元

---

① 访谈资料 GDZ（2011）。
② 访谈资料 CS（2012）。

一平方米是怎么算出来的？他们说这个补偿方案是市里、区里、镇里和村里协调定的，村民代表已经同意并且签字，所以不能改了。"①

镇政府应对村民的诉求时，一方面将问题的症结推给了更高级别的政府和村民自身，另一方面在语言上不断用城市规划的科学性和城市化的正当性来合法化具体的拆迁补偿政策。村民虽然对上访的结果很不满，但当他们的诉求与城市规划的知识体系相冲突时，他们则无力反驳，因此他们又来到了区里的信访办。区里领导的回复更为简洁，表示 A 村这块地早在 1996 年就已规划好了，其规划用途是绿地，因此 A 村村民无法回迁。在区里上访无果之后，村民们仍不死心，还分别去了市里和信访局上访，然而两者都表示如果规划和拆迁政策已定，那么他们也没有办法解决；最重要的是，拆迁中的具体问题需要"回当地解决"，并劝告村民如果不满意，就不要在协议上签字。村民的集体行动是村民的话语体系与国家话语体系的第一次正面互动，村民不断利用"家园说"以及"公平性"等话语表达自己的诉求，并质疑拆迁政策里关于"异地搬迁"和具体补偿措施的具体条款。镇政府不断用更高级别政府的规划强调自身制定的政策的合法性，而更高级别的政府则不断强调具体问题由当地政府负责。在话语体系的互动中，村民最终因无法对抗国家强大的话语体系而结束了集体抗争。

五　尾声：村民立场的转变

集体上访之后，镇政府与村民的话语和态度都发生了微妙的变化。村民的上访并未能改变镇政府拆迁的决定和政策；而镇政府的话语策略逐渐从诱导转为了施压。2011 年 10 月下旬时，镇政府主办的报纸上刊发的内容已经从鼓励村民应该"顾大体识大局""高风亮节"，变成了"10 月 31 日是最后的腾退期限！村委会不愿意看到强制腾退任何一户老百姓"（镇党委宣传部，2011）。然而，由于镇政府面临着制定的拆迁的时间期限和任务压力，他们也在暗中为村民创造获得更多补偿的机会。

对村民来说，他们通过上访时与政府话语体系的交锋认识到自己在话语上的劣势地位，无法对抗国家的发展逻辑和城市规划的知识体系，拆迁的结果和政府的政策不可能改变。因此他们在立场上从对拆迁的抵制转向了与政府的共谋，在策略上放弃了集体上访，开始在政策的范围内寻求各自为战，

---

① 访谈资料 SL（2012）。

以通过与政府配合获得更多的补偿。在话语上，村民使用的词语开始发生变化，从强硬的"坚决不搬""打死也不搬"，逐渐转向了"身患重病需要更多补偿""家庭贫困生活不下去"等示弱性的话语。例如，村里一位年过八十的重病老人在政府领导来村里视察的日子里在身上挂着尿袋跟了领导一路，不断强调自己"身有重疾，无人看管"，最后获得了很多补偿。许多村民通过各种方式效仿，还有村民对村委会的负责人说："我长期患高血压和糖尿病。你拆了我的房子我就没钱生活了，得给我钱看病吧。"① 此外，他们对于集体上访之前离开村落的村民的评价也发生了变化。之前他们在私下或小型聚会时将这些人称为"叛徒"，这时却开始逐渐表现出对这些人的同情和理解，认为"他们先走可能也有他们的难处"。而且针对镇政府及村委会"贪污"的传言越来越少，村民也开始强调"他们（村委会干部）也不容易"，或者"他们也有难处"。

镇政府以及村委会代表们对村民试图获取更多补偿的目的非常清楚，但为了顺利推进拆迁进程，完成上级领导交代的拆迁任务，他们对这些行为并没有进行任何限制与阻挠，而是一种默许，甚至是支持的态度。镇政府虽因其自身地位，不便直接向村民表达政策的空间，但会通过村委会成员的话语将其传达出来。拆迁的末期，由于村民态度的逐渐转变，村委会成员会劝村民说："只要肯签协议，多要点钱没关系。可以让评估公司做财产评估的时候多写点，也可以开个大病证明多争取点补偿。但前提是在规定时间内能够签协议搬走。"② 镇政府虽一再声明不会给后搬的村民更多的补偿，但有村民也告诉笔者，"后来走的人都没有亏"，通过各种各样的方式拿到了与之前走的人相当或者更多的补偿，最终拆迁才得以顺利完成。

拆迁结束后，政府的文件中再次通过强调城市化对国家及对村民的意义论证其合法性，政府网站上写道："A村拆迁工作圆满成功"，"现在的村落旧貌换新颜，环境优美，清新怡人"（镇政府网站，2012）。拆迁结束之后，绝大多数村民拿到了满意的补偿，有些村民对笔者说："其实最后拿得还可以，听说比其他村拿得多。"③ 还有村民说："生活还算可以，后来给了两套房子，还有一套现在出租，还能有点收入。"④ 从表面上看，村民获得了巨额补偿款，和政府在拆迁问题上达成了一致，双方都成功地从中获益。但村

---

① 访谈资料 ZHQ（2011）。
② 访谈资料 WGQ（2011）。
③ 访谈资料 TXL（2012）。
④ 访谈资料 CS（2012）。

民也告诉笔者，每次出去路过 A 村，都忍不住回去看看，都忍不住进去走走，都忍不住流下热泪。

六　结论

通过考察政府与村民在城中村拆迁过程中的话语实践，本文认为，虽然多数村民在拆迁初期做出了"抗争"和"博弈"的努力，但他们无法真正抗拒或改变政府的既定方案，遂转变自身立场，在服从中央政策的前提下，与地方政府走向实质性的"共谋"，并极力谋取经济利益。

村民从"抵制"到"共谋"的立场转变发生在国家强制权力的运行之前，并与国家话语权的强势地位有重要关系。城中村拆迁改造工程的合法性，建立在官方城市化话语和与之紧密相关的城市规划知识体系之上。中央政府的文件和宣传将城市化进程上升到国家战略的高度，与国民经济发展、社会进步乃至民族复兴等目标联系在一起，使之具有不容置疑的正确性。与城市化进程相辅相成的城市规划学，则高倡"科学"、"理性"和"现代"等当代中国语境中几乎"普适"的价值观念，并建立了一套权威的知识体系。在这套知识体系中，城中村被定义为城市发展过程中不和谐甚至病态的部分，亟待拆除改造。这种观点经由官方文件、大众媒体和学术研究，形成了一种几乎难以反驳的强势话语，这为基层政府的城中村拆迁工作提供了基本依据。

在拆迁初期，基层政府一方面依据国家大政方针和城市规划要求进行宣传，另一方面也采取了多种话语策略对村民进行动员和劝导，这包括通过替换词语对"拆迁"重新定性、利用集体主义进行号召、描绘新居的美好蓝图等。但这些策略收效甚微，多数村民反应消极。他们有人以故土情结和生计忧虑为由，坚决抵制拆迁。更多的人则因意识到不可能抗拒国家主导的城市化进程，提出了"原地回迁"和更多经济补偿的诉求，同时利用传言进行自我动员，并最终付诸集体行动，要求基层政府改变既定拆迁方案和补偿政策。在集体上访过程中，村民话语与官方话语正面遭遇，基层政府官员根据城市规划要求和既定政策的权威性，拒绝了村民的诉求。对此，村民眷恋家园、维持个人生计的弱势话语基本无力相抗。

集体行动失败后，村民话语发生明显变化。他们不再要求改变政府既定的方案和政策，而是在同意"异地搬迁"的前提下，利用示弱的话语，通过各种方式争取更多的经济补偿。最终，基层政府较为顺利地完成了拆迁计划，而村民利用拆迁的机会获得了远超出其日常收入水平的经济补偿，与基层政府形成了一种实际上的共谋行为。

参考文献

董海军，2010，《依势博弈：基层社会维权行为的新解释框架》，《社会》第 5 期。

恩格斯，1956，《英国工人阶级状况》，人民出版社。

冯玉军，2007，《权力、权利和利益的博弈——我国当前城市房屋拆迁问题的法律与经济分析》，《中国法学》第 4 期。

〔法〕福柯，2010，《福柯读本》，汪民安主编，北京大学出版社，第 55 页。

付伟博，2012，《我国城市民居拆迁问题研究综述》，《法制与社会》第 5 期。

郭于华，2002，《"弱者的武器"与"隐藏的文本"——研究农民反抗的底层视角》，《读书》第 7 期。

郭于华，2011，《"道义经济"还是"理性小农"：重读农民学经典论题》，载《倾听底层——我们如何讲述苦难》，广西师范大学出版社。

韩荡，2004，《"城中村"改造的理论框架及案例研究》，《规划师》第 5 期。

何树青，2005，《关注城中村：不是"城市毒瘤"而是城市伤口》，搜狐新闻，http://news.sohu.com/20050117/n223985500.shtml，最后访问日期：2015 年 12 月 24 日。

李怀，2005，《城市拆迁的利益冲突：一个社会学解析》，《西北民族研究》第 3 期。

李连江、欧博文，1997，《当代中国农民的依法抗争》，载吴国光主编《九七效应》，香港太平洋世纪研究所。

李培林，2002，《巨变：村落的终结——都市里的村庄研究》，《中国社会科学》第 1 期。

李志生，2002，《关于城中村改造的问题》，《城市发展研究》第 5 期。

陆海燕，2011，《"城中村"改造问题研究》，《现代商贸工业》第 2 期。

彭小兵、张保帅，2009，《城市拆迁中的维权博弈》，《城市问题》第 1 期。

乔含冰，2010，《探访武昌中城中村：城市的"毒瘤"》，亿房网，http://exponent.fdc.com.cn/ztyj/294697.htm，最后访问日期：2015 年 12 月 24 日。

〔美〕斯科特，2004，《国家的视角——那些试图改善人类状况的项目是如何失败的》，王晓毅译，社会科学文献出版社。

唐鸣、邓维立、张丽琴，2012，《"城中村"改造中的土地征收和房屋拆迁：操作层面的问题分析与对策建议——以 H 市为个案》，《当代世界社会主义问题》第 1 期。

〔英〕特纳，2000，《仪式过程：结构与反结构》，黄剑波、柳波赟译，中国人民大学出版社。

童丹，2013，《改造太难，城中村像毒瘤》，和讯新闻，http://news.hexun.com/2013-01-23/150466637.html，最后访问日期：2015 年 12 月 24 日。

王春光，1995，《社会流动与社会重构：京城"浙江村"研究》，浙江人民出版社。

王佳康，2015，《我国城中村拆迁问题的研究综述》，《赤峰学院学报》（汉文哲学社会科学版）第 8 期。

吴毅，2007，《"权力-利益的结构之网"与农民群体性利益的表达困境——对一起石场纠纷案例的分析》，《社会学研究》第 3 期。

〔加拿大〕雅各布，2006，《美国大城市的死与生》，金横山译，译林出版社。

应星，2001，《大河移民上访的故事》，三联书店。

应星，2007，《草根动员与农民群体利益的表达机制——四个个案的比较研究》，《社会学研究》第 2 期。

于建嵘，2008，《当代中国农民的"以法抗争"——关于农民维权活动的一个解释框架》，《文史博览》（理论）第 12 期。

张小军，2004，《"反抗"还是"共谋"？——"阿米巴效应"和人类变形虫》，《社会学家茶座》第 8 期。

镇党委宣传部，2011，《A 村整体改造工作专刊第 38 期》，《镇报》（内部刊物）10 月 20 日。

镇政府，2011，《图册》。

镇政府网站，2012，《身心"沉"下去　服务"提"上来——我镇全力以赴推进文明城区创建工作》，《A 村新村封顶　村民喜看未来新家》。

周大鸣，2001，《城乡结合部社区的研究：广州南景村 50 年的变迁》，《社会学研究》第 4 期。

周毅刚，2007，《两种"城市病"比较——城中村与百年前的西方贫民窟》，《新建筑》第 2 期。

Foucault, Michel, *Power/Knowledge*: *Selected Interviews and Other Writings*, *1972 - 1977*, translated by Colin Gordon etc. (UK: Vintage, 1980).

Le Corbusier, 1964, *The Radiant City*: *Elements of a Doctrine of Urbanism to be used as the Basis of Our Machine-Age Civilization* (New York: Orion Press).

Lefebvre, Henri, 1991, *The Production of Space*, translated by Donald Nicholson Smith (Oxford: Blackwell Publishing).

O'Brien, K. J., Lianjiang Li, 2006, *Rightful Resistance in Rural China* (Cambridge: Cambridge University Press).

Rosnow, Ralph, 1991, "Inside Rumor: A Personal Journey," *American Psychologist*, Vol. 46, No. 5, pp. 484-496.

Scott, James, 1985, *Weapon of the weak*: *Everyday Forms of Peasant Resistance* (New Haven: Yale University Press).

Siu, 1989, *Agents and Victims in South China*: *Accomplices in Rural Revolution* (New Haven: Yale University Press).

作者简介

刘怡然　女

所属博士后流动站：中国社会科学院社会学研究所

合作导师：罗红光

在站时间：2014.7~2016.7

现工作单位：中国社会科学院社会学研究所

联系方式：liuyr@ cass. org. cn

产权的不完全转移：
地权流转的一个分析框架[*]

王庆明

摘　要： 中国近代以来土地制度发生了多次剧烈变迁，但地权流转始终遵循着两种未变机制：土地的多元主体占有和地权的不完全转移。史学研究强调中国的权利观与西方个体化的权利观不同，中国产权的基本单位是"家"，土地不是一般意义上的商品，而是神圣不可侵犯的祖产。以埃里克森为代表的产权经济学研究者强调中国复杂的地权结构使近代中国落后，也使当下的经济发展受阻，只有个体性产权明晰的"简明地权"才能使中国跳出发展的陷阱。本文在检视这两种研究基础上，分析了土地产权不完全转移的社会基础，并提出当下中国土地产权的主要困境是"同地不同权"，即同样的土地会因占有者身份的不同而使其所拥有的权利完全不同。只有在身份与产权的对应关系中才能准确地把握中国当下产权变革的进路。

关键词： 不完全产权　产权转移　地权逻辑　同地不同权

一　研究问题

中国快速推进城镇化背景下，征地拆迁、土地流转、还权赋能等土地产

---

* 本文原刊于《广东社会科学》2015年第3期，收录时略有改动。本研究是国家社科基金"市民化制度探索的民国经验及启示研究"（项目编号：16BSH001）的阶段性成果。

权问题不但是学术研究的热点，而且是社会关注的焦点。学界关于土地产权问题的研究形成了三种不同的话语谱系。第一种是新制度经济学的产权话语，基本主张是产权清晰是效率的前提，不同的产权安排会产生不同的激励结构和收益效果。以此为出发点对中国地权问题的分析强调应赋予土地所有者更为清晰的个体性产权。第二种是产权社会学的话语，在批判产权经济学基础上从社会认知、村籍地界、亲族网络、身份权利等视角来揭示土地产权界定的社会维度。第三种是历史学家关于中国传统契约和土地产权的研究，通过对地契文书中典卖习俗和一田二主等现象的分析呈现中国传统社会土地交易的独特逻辑。[①] 本文并不想从"文本"出发来对这三种产权研究进行述评，而试图从"问题"出发，检视这三种研究对中国近代以来土地产权变迁分析的可行性，进而回应当下关于地权逻辑的争论。

在关于土地产权的讨论中，无论着眼于中国长期的土地法权设置和产权制度变迁，还是落脚于中国当下土地产权的实际支配状况及其困境，研究者都难以回避土地流转中产权不完全转移的事实。从中国近代以来土地制度的演变轨迹看，明清至民国时期土地交易的相关法律和习俗，毛泽东时代的集体主义土地制度，以及改革开放以来的"新集体主义"土地制度，在关于土地交易（流转）上都秉持着一个统一理念：土地所有权的不完全转移。在明清至 1949 年之前，土地产权不完全转移在典卖和一田二主的习俗中得以明确。在毛泽东时代土地不允许自由流转，改革开放以来固定期限合同规约下的土地制度仍不允许永久性地转让土地所有权（罗伯特·埃里克森，2012）。换言之，虽然近代以来中国土地制度发生了多次剧烈变迁，但地权界定始终保留着产权不完全转移的这种未变机制。我们该如何理解土地产权长时段变异过程中的延续性机制呢？其背后是否潜藏着更深刻的产权正当性呢？这种独特的产权逻辑对于现代产权经济学的规范性认识又构成怎样的理论挑战呢？更进一步说，这对于我们思考中国当下的土地产权困境又有哪些现实启发呢？

以上面的问题为导向，本文试图从考察近代以来中国地权演变的延续性机理出发，在检视产权经济学和史学研究基础上提炼产权分析的社会学视角，以期对中国当下的地权困境提供一种新的解释。

[①] 需要说明的是，这三种产权话语谱系的概括不只是以学科边界为基础的。法学界的地权研究是不容忽视的，但法经济学的研究可以置于新制度经济学框架下，而法制史的研究则可以置于史学的范畴内，这更能体现产权分析的问题意识而非学科意识。

二　中国传统社会中的契约与产权观念

以西方的权利意识和契约观念为基准对中国近代以来社会变迁的分析形成了一些影响深远的规范性认识，如传统中国缺乏保障个体权利的司法体系（Angus Maddison，2007）、中国的财产权定义不清且不被国家保护（曾小萍、欧中坦、加德拉，2011：2）。在这种判断下，中国被视为一个缺乏契约和私人产权观念的传统国度。这种认识来源于两个重要假设。其一，真正意义上的私人产权只能以现代西方产权的形式存在，即个人被赋予排他性的自由处置资产的权利。其二，中国儒家的道德理念深嵌于成文法和习惯法之中，以至于日常生活中的交易难以实现客观公正的普遍性原则，而只能遵从以道德为基础的特殊性原则（曾小萍，2011：19）。但这种论断与中国近代以来的实际情形并不一致。一方面，中国的各类契约贯穿于人们日常生活的始终，甚至在人们终老之后仍延续现世逻辑，如以"冥世契约"（买地券）证明对墓地的所有权（鲁西奇，2006，2013）。宋明之后随着契约格式的规范化以及印刷技术的通行，契约的使用就更为普遍。另一方面，古代中国关于产权继承的律法体现了与西方不一样的产权观念。例如，与西方长子继承制不同，传统中国法律和民间习俗都秉承诸子均分制，死去兄弟的继承份额由其子代为继承，同时法典还规定了丰富复杂的女性继承权（白凯，2007）。此外中西方产权的基本单位也有所不同，西方权利的主体是个人，而中国除了女性嫁妆的权属之外，产权所属的基本单位通常是"家"（曾小萍，2011：21）。并且"家"是一个可以伸缩的范畴，既可以是一般意义上的核心家庭或联合家庭，也可以延伸到一个家族或宗族。虽然大清律例没有明确表达"家"是所有权的基本单位，但相关法典在处理财产转让和世袭继承上都支持"家"这个概念。官方对所有权的界定和使用，强化了"家"为基础的权利观念，并且这种观念在判案和调解中都保持了连贯性（曾小萍、欧中坦、加德拉，2011：4）。这种观念赋予了土地产权一种特殊含义，即土地是神圣不可侵犯的祖产（步德茂，2011：85）。

在传统农业社会中，土地是最重要的支配性资源，土地契约文书也是其他契约的范本。在中国历史上与土地产权相关的"契约"最初只是普通民众日常生活领域中为了顺利实现交易和避免权利纠纷而协商议定的文书，不被国家法律承认。直到公元 600 年，个人之间的契约仍不具有法律地位，官方登记簿是土地所有权的唯一凭证。到 755 年安史之乱后，由于全国性土地丈量登记的缺失和田赋制度的逐渐瓦解，官方对土地的控制力日益衰微。在这种背景下，官方法律表达中仍没有承认民间契约的合法性地位，但实践中契约开始发挥越来越重要的作用，由此出现官册与契约并行的局面。到商业发达的宋朝（960~1276年），征收契约交割之税已成为国家财政收入的重要来源，到宋末契税逐渐增加，税率几乎高达15%。契税的征收是契约由民间"白契"向官方"红契"转变的重要标志。到1400年，官方的登记簿书已废弃不用，契约成为所有权的唯一凭证（韩森，2008：1~2）。透过契约在中国历史中的发展演变，我们可以看出官民互动的独特轨迹。

从以上官方法律表达和契约实践的关系不难看出，官府干预民间土地交易的动因，除了政府控制力衰微前提下对民间契约的被动接受之外，增加契税收入是一个现实动因。此外从产权纠纷的诸多判案来看，审判过程往往会加入官员个人的道德判断和伦理主张，基于此，有论者指出推行官方教化亦是另一个重要动因（鲁西奇，2008：3）。然而这种动因可能仅仅是一种官方话语或意识形态。清代法律制度的官方表达从儒家统治理想出发，一方面，用高度道德化的理想话语，将国家仁慈的面貌和法家严苛的面貌统合起来，即所谓"父母官"，地方官员既是"严父"也是"慈母"，他们以身作则，教化子民，使民众和睦无争，进而实现无讼的理想形态；另一方面在法律的操作过程中又比较实际，契合民间社会习俗。这种法律表达和实践之间既背离又抱合的结构构成大清律例的基本特征（黄宗智，2007a：2~9）。

契约对于中国人日常生活领域的重要性，还体现在前文提到的使用买地券的习俗上，即人去世之后与阴司鬼神协商交易的"冥世契约"。当然这种置于坟墓之中的"冥契"（幽契），实际上是现世之人为了死者安宁，向冥府神明"购买"墓地所有权的凭证。中国现存的"冥契"有200多种，时间跨度自公元1世纪直到20世纪，最初盛行是在东汉时期，受道教文化影响明显，到唐朝时已经非常普遍。买地券的格式和内容是对真实世界契约的反映。"冥契"的普遍使用进一步证明了中国人普遍持有使用契约的观念（韩森，2008：3、141）。在中国，契约不但跨越地域限制和行业部门，而且是能够横跨现世和冥世两界的重要产权凭证。但需要进一步指出的是，中国人的权利意识和契约观念与西方的有很大不同（Geoffrey MacCormack，1996）。基于这种判断，哈佛大学的裴宜理（Elizabeth J. Perry）特别指出：与西方天赋人权、市民社会基础上的权利观念不同，中国的权利观念从古至今延续的是一种生存权和发展权，维权抗争的行动者秉承的往往不是西方意义上的"权利意识"，而是一种"规则意识"（裴宜理，2008）。这从近代以来频繁发生的土地产权纠纷和庭审档案中可见一斑。

三 地权不完全转移的社会基础

中国独特的契约观念和产权实践与中国历史上独特的土地制度是紧密相连的。很多研究者都注意到，18 世纪是中国历史的重要分水岭，在这一漫长的和平时期，人口增长了一倍多，到乾隆末期人口已突破三亿，达到历史最高点。对于 18 世纪经济社会结构的大规模变迁，王国斌用"斯密动力"（the Smithian Dynamics）概念透过经济作物专业化和贸易增加来解释人口增长（王国斌，2008）。与之不同，步德茂（Thomas M. Buoye）则认为在可耕地数量并无明显增长、农业技术没有重大改进的条件下，政府对土地开垦的支持以及对产权制度的完善和创新起到了至关重要的作用。人口的空前增长和商品化的加深促使土地和劳动力两个主要生产要素的相对价值出现位移。土地的稀缺性促进了对土地产权更为严格的界定和执法，这与既往历史沉淀下来的倾向于原初土地所有者的产权观念形成了明显冲突，围绕着典卖回赎、欠租撤佃等问题而产生的产权暴力争端频发不断。为此，大清律也做出了适当调整，如对"欠租违法""回赎设限"的相关条款的补充，这些修改更有利于土地的实际支配者（步德茂，2008：1~5），但仍没有从根本上缓解产权冲突，这与土地交易的复杂形态是紧密相连的。

中国历史上土地产权交易的复杂形态表现出一种层级性特征，即针对土地的使用权、所有权的不同权属范畴有不同的交易形式和对应性市场，并且地权交易的稳固形态经历了漫长的历史演进（柴荣，2007）。最初土地既不允许分割，也不允许交易。瞿同祖（2003：99~100）在《中国封建社会》一书中概括了中国封建土地制度的两个基本特征："土地之不可分"和"土地不许买卖转移"。土地的买卖在商鞅变法之后才出现。一般而言，秦汉至隋唐时期，土地交易形态只涉及针对使用权的租佃、所有权的买卖以及用地权担保贷款的抵。介于租佃和买卖之间的典到宋明时期已经普遍使用（戴建国，2011），明清以来典在土地交易中占据了重要比例。[①] 但除此之外，明清时期还有介于典与租佃之间的"押租"、介于典与卖之间的"活卖"以及围绕地租进行交易的"胎借"等多样化的土地交易形态（龙登高，

---

① 福建师范大学历史系编的《明清福建经济契约文书选辑》显示，福建一带土地典卖占据土地交易的重要份额（福建师范大学历史系，1997）。

2008）。典是约定期限内土地经营权及其全部收益与利息的交易，作为一种主导性的地权交易形态，与其他交易形式相互关联，形成了"胎借—租佃—押租—典—抵押—活卖—绝卖"层次分明且具有内在逻辑的地权交易体系（龙登高、林展、彭波，2013）。在这个地权交易体系中，典是既重要又特殊的一种交易形态。

黄宗智先生将"典"定义为可以回赎的有保留出售的土地交易。"保留"具体是指可以在未来某个时点收回土地所有权和使用权。黄宗智认为典这种土地交易形态的普遍推行，既受到土地永久权理想这种前商业逻辑的支配，又受到小农社会市场逻辑的形塑，同时还受到生存伦理和传统道德的影响（黄宗智，2007b：61）。这就不难理解为什么清朝法律从具体条文来看更偏向出售土地的一方，逻辑上法律将土地的出售视为一种被迫和无奈。但杨国桢的研究揭示出，在明代，土地的买卖已经非常频繁，与之相关的契约也已经非常规范，并非此前历史上的"夺买逼卖"，而是"正买正卖"（杨国桢，2009）。有清一代，土地的交易更为频繁，即便是不允许买卖的八旗土地也会以各种变通的方式秘密交易，并订立契约（刘小萌，1992）。随着商品化程度的加深，作为前商业逻辑和市场逻辑紧密结合的典面临着产权重新界定的风险，围绕着回赎的时限和价格等问题，产权纠纷不断上演。

土地典卖引发产权纠纷的一个重要原因是契约条款的不明，这与产权经济学的不完全契约理论揭示的问题是一致的。当难以一一列出合约条款或实施完全合约不可能的前提下，剩余控制权的收益该如何分配就成为关键的问题（Williamson Oliver, et. al, 1975：250~278）。罗格斯曼和哈特就是在此基础上提出了"有成本的契约理论"，当契约缔结过程中完全列明对资产的所有权利存在高昂成本时，让一方购入所有剩余权利就是最优的。所有权就是所购买的这些剩余权利（Sanford Grossman, Oliver Hart, 1986）。简言之，剩余权利应该归资产的所有者所有。但中国的典卖和一田二主的产权纠纷的复杂性在于，资产的所有者并非一方，或者说资产的所有权可能被分割。虽然有研究者指出中国的典与德国的担保用益、法国与意大利的不动产质，是形式不同而功能基本一致的法律制度（米健，2011），但纵观中国历史上典的演进过程不难发现，这种认识只是将典视为一种形式法律的内容看待，忽略了典的丰富而复杂的实践内涵。民间的土地交易契约，很多并没有注明是典卖还是绝卖。当此情况发生时，无论法律还是习俗都予以支持，除非契约写明"绝卖"字样，否则一律视为典卖，皆可回赎。这种法律设定与民间产权交易惯例紧密结合。当契约没有写明回赎时限时，大清律最初默认无限回赎，出典人或其后代在土地易手几代之后仍可将其回赎。即便在乾隆十八年（1753 年）大清律例中规定了只有在三十年内可以回赎，但产权交易实践和庭审判案中，无限回赎仍然适用。黄宗智对此问题的解释强调，清代法律认可土地永久所有权的前商业社会理想，由此支持无限回赎。同时考虑到农民通常只有在走投无路的情况下才会为了生存出售土地，出于对弱者生存伦理的支持，法律更倾向于贫弱者一方（黄宗智，2007b：62）。

　　然而，随着商品化程度的逐渐加深，市场逻辑与前商业逻辑的矛盾也逐渐加深，尤其当回赎的要求在间隔几代人之后提出时更易引发纠纷。一种情形是，通常承典人及其后代在长时间占有经营一块土地后会理所当然地视其为自己的财产。当法典和习俗支持原价回赎而非溢价回赎时，土地产权交易过程中的纠纷就在所难免。另外一种情形是，出典人或其后代要求回赎并非"真意"，而是通过回赎的威胁来"找贴"。所谓"找贴"，既可以理解为一个名词，即指典权的市场时价与原先典卖价格的差额，也可以理解为一种行动，即出典人（或承典人）以原典价和市场时价的差额来绝卖（或绝买）土地（黄宗智，2007b：64）。无论将找贴视为一种静态的差价结构，还是将其视为一种行动过程，都能呈现典卖和绝卖的价格差异。在土地交易过程中，典价和绝卖价是不一样的，晚清的台湾典价相当于一次性付款价格的70%～90%（孔迈隆，2011：46），在 20 世纪 30 年代的华北平原典价是绝卖价的 60%～70%（黄宗智，1986：184）。产权纠纷的一种常见情形是，随着市场的波动，土地价格也发生变动，出典人据此不断找贴以致引发纠纷。为了化解此类纠纷，大清律例特别做出了"找贴一次"的法律调整。然而，在实践中即便找贴完成实现绝卖或一开始就是绝卖，其仍然也可能存在一些产权纷争，此即土地绝卖后的产权追索。

　　按照一般逻辑，土地的绝卖意味着产权的完全转移，但土地交易的复杂实践中依然存在特例。在传统小农社会中很多人的祖坟就修建在自家的耕地之中，即便土地交易契约中注明绝卖字样，土地售出者仍然也可以追索"镶嵌"在耕地之中的坟地所有权，以及在坟地之上砍伐树木、放养牲畜或搭棚建屋的权利。魏顺光通过对四川巴县档案的挖掘对坟产争讼问题进行了系统分析。[1] 坟地不是一般意义上的普通耕种土地，是家族成员死后的墓葬之所，其风水被赋予了影响后代子孙命脉的象征意义。即便绝卖的土地包含坟

---

[1]　关于坟地产权的讨论参见魏顺光《清代中期坟产争讼问题研究》，西南政法大学博士学位论文，2011。

地范畴，买者也不能获得对他人坟地完全的自由支配权。虽然由此造成的冲突不断，但这不仅得到社会习俗的普遍认可，而且法庭也一般会承认土地的原初所有者"额外"产权诉求的合法性。这种合法性来源是原初所有者对土地的道德与情感依恋。这说明，在前市场经济社会中，土地不仅是可以交易的一般性商品，而且也不只是维持生存需要的基本来源，它是一个普通小农尊严感的根本基础。拥有土地意味着香火延续，家庭坟地是最集中的体现。因此，土地的售出具有深刻的象征意义，恰恰基于此种根深蒂固的观念，民间习俗逐渐演化出绝卖土地"摘留"坟地的习俗（黄宗智，2007：67~68）。

虽然中国幅员辽阔，各地土地交易的形态和称谓也有不同，但产权结构和交易逻辑是基本一致的。曹树基等人通过对江西、浙江、江苏、上海、重庆等地档案和契约文书的挖掘发现，中国存在一个内容和形式基本统一的跨区域的土地交易市场，基于此，人们可以将不同地区形态各异的土地交易置于同一个理论框架下进行解释。曹树基、刘诗古提出的是一个所有权分割与转让的理论图示，土地的所有权可以分割为处置权、收益权和使用权。相对于完整的所有权来说，这三者都是所谓的"残缺的产权"，或曰"不完全的产权"，但这种不完全的产权也可以通过对应的市场进行交易。这种解释得益于中国传统地权研究的共识：保留回赎权的典是中国传统社会特有的土地制度；土地所有权可以分割为田面权和田底权，二者构成完整的土地所有权（曹树基、刘诗古，2014：16、4~5）。这种不完全产权结构在1949年之后仍然得到了保留，只不过现实的地权矛盾出现了差异。

四　同地不同权：地权的现实困境

新中国成立不久，先后经历了"土地改革"和"人民公社化运动"，并初步确立了集体主义地权制度，无论人民公社集体所有的土地还是家庭所有的自留地，都不允许自由流转。改革开放以来，农村的建设用地和耕种用地的流转权被不断放宽，但中国法律仍然不允许政府或村集体永久性地转让耕地使用权，城市用地的"固定期限"合同更为明确，即商业用地的最高年限是40年，工业用地的最高年限是50年，住宅用地的最高年限是70年。表面上看，这与中国历史上的典卖习俗延续着同样的机制：土地所有权的不完全转移。美国法经济学的重要代表人物——耶鲁大学的埃里克森（Robert C. Ellickson）将中国这种地权称为"复杂地权"，并认为中国土地制度中的这种延续性机理，使个人对土地的占有都要受限于未来利益（Future Interest），并认为中国经济在 17 世纪以来为这种复杂地权付出了惨重代价。一方面，典卖习俗的流行不利于土壤的保护和改良，这是 1600 年以后中国落后于英国的重要原因；另一方面，当下中国经济已经受到"固定期限"的土地制度的牵累，并可能继续受累于这种土地制度的实践（罗伯特·埃里克森，2012）。基于此，埃里克森指出只有以个体性产权明晰的"简明地权"替代复杂地权才能使中国跳出危险的陷阱。这种认识明显过于简单，甚至是对中英历史皆缺乏了解的一种误判。关于 17 世纪中国与英国发展的比较在黄宗智与彭慕兰等人关于"大分流"的论战中已经非常清楚，[①] 此不赘述。而且我们在前文中对典卖演进过程及其存在机理的考察也足以对埃里克森的武断构成挑战。此处还需补充的是，他从新制度经济学之产权清晰是效率前提的基本逻辑出发，只关注了产权的经济维度，忽略了土地占有的社会基础。土地的不完全转移，既是中国土地永久所有权的社会理想和制度习俗的反映，也与土地交易背后的市场逻辑紧密相关。这种土地产权的交易行为，深嵌于特定的社会结构之中（王庆明，2014：30）。与之相关，中国当下地权的困境到底为何，靠私有化的简明地权能化解吗？下面笔者从产权经济学的思路出发来检视当下地权的困境。

　　新制度经济学家对产权的经典定义强调：产权是一种通过社会强制实施的对某种经济物品的多种用途进行选择的权利（A. A. 阿尔钦，2004：166）。权利是附着在有形的物品、资产或服务上的，产权经济学所说的交易，其实质就是附着在经济物品（资产或服务）之上的权利的交易。市场条件下，物品或服务顺利交易的前提是其产权得到初始界定，而产权交易本身同样是对产权的转移进行界定（Douglass North，Robert Thomas，1971）。德姆塞茨更明确地指出，当市场的交易议定时，就意味着两项权利的转换，权利的价值决定所交易物品的价值（Harold Demsetz，1967）。这一理论模型揭示出，不同的交易者在占有同一经济物品时意味着他们对附着在这一物品上的权利的完全占有。[②] 换言之，在完全市场竞争条件下，产权经济学的理论揭示了"同物同权"的道理。在这里，隐含的预设是，交易者的"身份"（identity）对于物品交易及权利界定并不重要。因为在产权经济学里，交易者的身份被"市场主体"（组织或个人）这个统一的标签遮蔽掉了。在完全市场竞争环境和法权契约保障的前提下，交易者在价格机制的作用下可以公

①　关于这场学术讨论参见张家炎《如何理解 18 世纪江南农村：理论与实践——黄宗智内卷论与彭慕兰分岔论之争述评》，《中国经济史研究》2003 年第 2 期。

②　经济物品权利的完全占有仅仅是一个理想化的理论预设，巴泽尔曾分析了产权的分割问题，参见〔美〕巴泽尔《产权的经济分析》，费方域、段毅才译，上海人民出版社，1997。

平竞争，交易者一旦通过交易占有了某种物品就意味着占有了附着在这一物品上的同一束权利。

然而，中国当下产权变革的实践过程，却呈现与这种理论预设完全不同的情形。物品（资产或服务）的交易可能并不意味着附着在物品上的权利的完全转移。一种常见的情形是，由于权利主体的身份不同，其在占有同一物品时会拥有完全不同的权利。以中国当下土地占有为例，即便是同一块土地，由于占有者的身份不同，其所拥有的权利也会完全不同。中国的法律和实践对国家、（村）集体和农户个人的土地使用权限划定了不同的约束边界。换句话说，中国产权界定及变革实践呈现"同地不同权"的事实特征（王庆明、蔡伏虹，2014：202～203）。若以现代产权经济学的理论观之，"同地不同权"以及更一般意义上的"同物不同权"是对市场性契约关系的背离，是一种不合理的产权现象。但在与西方不同的制度性环境下，我们贸然对这种产权现象进行价值判断似乎又过于简单。在中国政治体制连贯性的前提下，集体主义身份制度的存续使得同物不同权的现象并不鲜见，并且频发的产权纠纷也涉及身份与产权的关联。基于此，我们不得不把"身份"带回分析的中心，只有在身份与产权的对应关系中才能更准确地把握中国当下产权变革的进路。

参考文献

〔美〕A. A. 阿尔钦，2004，《产权：一个经典注释》，载〔英〕R. 科斯、〔美〕A. A. 阿尔钦、〔美〕D. 诺斯等《财产权利与制度变迁——产权学派与新制度学派译文集》，刘守英等译，格致出版社、上海三联书店、上海人民出版社。

〔美〕巴泽尔，1997，《产权的经济分析》，费方域、段毅才译，上海人民出版社。

〔美〕白凯，2007，《中国的妇女与财产：960—1949》，上海书店出版社。

〔美〕步德茂，2008，《过失杀人、市场与道德经济：18 世纪中国财产权的暴力纠纷》，张世明、刘亚丛、陈兆肆译，社会科学文献出版社。

〔美〕步德茂，2011，《诉讼、合法性以及致命性暴行》，载曾小萍、欧中坦、加德拉编《近代早期中国的契约与产权》，浙江大学出版社。

曹树基、刘诗古，2014，《传统中国地权结构及其演变》，上海交通大学出版社。

柴荣，2007，《中国古代物权法研究：以土地关系为研究视角》，检察出版社。

戴建国，2011，《宋代的民田典卖与"一田两主制"》，《历史研究》第 6 期。

福建师范大学历史系编，1997，《明清福建经济契约文书选辑》，人民出版社。

〔美〕韩森，2008，《传统中国日常生活中的协商：中古契约研究》，鲁西奇译，江苏人民出版社。

〔美〕黄宗智，1986，《华北的小农经济与社会变迁》，中华书局。

〔美〕黄宗智，2007，《清代的法律、社会与文化：民法的表达与实践》，上海书店出版社。

〔美〕黄宗智，2007，《法典、习俗与司法实践：清代与民国的比较》，上海书店出版社。

〔美〕孔迈隆，2011，《晚晴帝国契约的建构之路——以台湾地区弥浓契约文件为例》，载〔美〕曾小萍、欧中坦、加德拉编《近代早期中国的契约与产权》，浙江大学出版社。

刘小萌，1992，《乾、嘉年间畿辅旗人的土地交易——根据土地契书进行的考察》，《清史研究》第 4 期。

龙登高，2008，《清代地权交易形式的多样化发展》，《清史研究》第 3 期。

龙登高、林展、彭波，2013，《典与清代地权交易体系》，《中国社会科学》第 5 期。

鲁西奇，2006，《汉代买地券的实质、渊源与意义》，《中国史研究》第 1 期。

鲁西奇，2008，《译者的话》，载〔美〕韩森《传统中国日常生活中的协商：中古契约研究》，鲁西奇译，江苏人民出版社。

鲁西奇，2013，《买地券所见宋元时期的城乡区划与组织》，《中国社会经济史研究》第 1 期。

〔美〕罗伯特·埃里克森，2012，《复杂地权的代价——以中国的两个制度为例》，《清华法学》第 1 期。

米健，2011，《典权制度的比较研究——以德国担保用益和法、意不动产质为比较考察对象》，《政法论坛》第 4 期。

裴宜理，2008，《中国人的"权利"概念——从孟子到毛泽东延至现在（上）》，《国外理论动态》第 3 期。

裴宜理，2008，《中国人的"权利"概念——从孟子到毛泽东延至现在（下）》，《国外理论动态》第 4 期。

瞿同祖，2003，《中国封建社会》，上海人民出版社。

〔美〕王国斌，2008，《转变中的中国》，李伯重、连玲玲译，江苏人民出版社。

王庆明，2014，《土地产权的不完全转移及其社会认知基础》，载沈原主编《经济社会学第一辑》，社会科学文献出版社。

王庆明、蔡伏虹，2014，《重识产权神话与产权界定：立足转型中国的思考》，载沈原主编《经济社会学》（第一辑），社会科学文献出版社。

魏顺光，2011，《清代中期坟产争讼问题研究》，西南政法大学博士学位论文。

杨国桢，2009，《明清土地契约文书研究》，人民出版社。

〔美〕曾小萍，2011，《对战前中国产权的评论》，载〔美〕曾小萍、欧中坦、加德拉编《近代早期中国的契约与产权》，浙江大学出版社。

〔美〕曾小萍、欧中坦、加德拉编，2011，《近代早期中国的契约与产权》，浙江大学出版社，前言。

张家炎，2003，《如何理解 18 世纪江南农村：理论与实践——黄宗智内卷论与彭慕兰分岔论之争述评》，《中国经济史研究》第 2 期。

Angus Maddison，2007，*Chinese Economic Performance in the Long Run*（OECD publishing）.

Douglass North，Robert Thomas，1971，"The Rise and Fall of the Manorial System：A Theoretical Model，" *The Journal of Economic History*，Vol. 31，No. 4，pp. 777-803.

Geoffrey MacCormack，1996，*The Spirit of Traditional Chinese Law*（University of Georgia Press）.

Harold Demsetz，1967，"Toward a Theory of Property Rights，" *American Economic Review*，Vol. 62，pp. 347-359.

Sanford J. Grossman，Oliver D. Hart，1986，"The Costs and Benefits of Ownership：A Theory of Vertical and Lateral Integration，" *The Journal of Political Economy*，Vol. 94，No. 4，pp. 691-719.

Williamson，Oliver E.，Michael L. Wachter and Jeffrey E. Harris，1975，"Understanding the Employment Relation：The Analysis of Idiosyncratic Exchange，" *The Bell Journal of Economics*，Spring，pp. 250-278.

作者简介

王庆明　男

所属博士后流动站：中国社会科学院社会学研究所

合作导师：李培林

在站时间：2012 年 12 月～

现工作单位：南开大学周恩来政府管理学院社会学系

联系方式：54stone45@ 163. com

"逆城镇化"背景下中产阶层生活方式研究

——以大理"新移民"为例

张　慧

摘　要：随着城市化的发展，"城市病"问题在一些地方有所显现，有越来越多的城市中产阶层选择逃离。本文从"大理逆城镇化"发展的背景出发，探讨以生态、文化和生活价值追求为特征的中产阶层生活方式，这种生活方式更能适应大城市选择回归人群的需求，并能在一定程度上有效缓解"城市病"所带来的各类环境污染、生活压力、精神紧张等问题。因此，本文提出，在建设和谐社会背景下，充分发挥农村或者小城镇的生态环境以及文化吸引力，不仅能够有效协调好人与自然、人与人、人与社会之间的各种关系，缓解中产阶层在"城市病"发展中出现的多种问题，而且能够为均衡地区发展，促进社会和谐、进步起到一定的作用。

关键词：中产阶层　逆城镇化　生活方式

第二次世界大战结束以来，以美国为首的西方发达国家在社会发展中出现了人口由大城市、特大城市向小城市甚至农村回流的现象，这一过程被称为"逆城镇化"。在当前，逆城镇化也指由于交通拥挤、犯罪增长、污染严重等城市问题的压力日渐增大，城市人口开始向郊区乃至农村流动，市区出现"空心化"，以人口集中为主要特征的城镇化由此发生逆转的现象。

截止到 2015 年底，中国城镇化率达到 56.1%，逆城镇化在当前正在推进城市化进程的我国也已逐步显现。在一些地方，有越来越多的城市人口选择回归到农村和小城镇居住、生活，逆城镇化的行为方式正日益成为一部分人逃避城市压力，追求舒适、宁静生活的选择。而在这部分人群中，中产阶层占有很大的比重。

一　相关文献综述

（一）逆城镇化研究进展

"逆城镇化"的定义来源于美国地理学家波恩在 1976 年提出的概念，其被用来描述发达国家城市化发展过程中人口重心发生变化、城市人口向乡村和小城镇回流的现象。"这种现象的出现，是城市化发展到一定阶段以后，城市功能自我优化、减轻空间压力的内在要求和必然冲动。"（Brian，Berry，1976：34）。美国地理学家诺瑟姆用"S"形曲线来表述城市化的起步、加速和稳定阶段，认为在城市化的后期会出现增长缓慢或停滞的状态，即出现"逆城镇化"（Halfacree，1994：164~189）。后来，逆城镇化在越来越多的西方发达国家有所表现，对其研究的广度和深度也日益增加。第一，从逆城镇化的组成人群的特征来看，Halliday、Coombes（1995）认为逆城镇化是由大城市存在的问题以及发展的趋势决定的。第二，从选择的动因来看，大部分学者趋向于认为逆城镇化是农村的动机和反城市化的态度，其中，Halfacree（1994）列出了 17 个原因，包括扩展通勤区距离、改善交通、大城市的社会问题、重新构建经济活动、增加退休人员的迁移、年龄结构的变化和家庭组成等，而 Coombes（1995）认为逆城镇化恰恰是城镇化向郊区化的进一步延伸；也有一部分学者认为是工作的原因所致的（Halfacree，1994；Green，1997；Findlay，Short，Stockdale，1999）。第三，从移民同化的视角来看，其包括反城市化的生活方式选择，Champion（1989）、Schama（1996）和 Brace（2003）将农村文化生活紧密联系起来，而 Vartiainen（1989）也认为这种逆向运动是以城市为中心的文化扩散。

总的来说，西方国家 20 世纪 70 年代以来的逆城镇化发展趋势愈加明显，在成熟的基础设施和优异的生态环境背景下，逆城镇化发展的优势越来越明显，因此，以城市为中心的生活方式正日益被介绍到农村地区，而越来越多的学者开始从人的视角关注人的生活方式的特征和发展。

我国学者从 20 世纪 80 年代开始关注"逆城镇化"问题（张善余，1987），20 世纪 90 年代，主要侧重于对西方"逆城镇"化及其理论的介绍。20 世纪末，有学者开始关注国内出现的相关问题，如黄小花（1997）。2000 年以后，随着"民工荒""农家乐"等热点现象的涌现，廖筠（2003）、陈伯君（2007：53~57）等人认为"逆城镇化"是城市发展到一定规模后出现的一种客观现象，是城市发展的客观规律，可以借助"逆城镇化"发展小城镇，从而形成大城市与中小城镇、乡村彼此产业呼应、优势互补、良性循环的"城乡一体"发展格局，使城市化在新的格局下得以持续发展，如"引导或激励一些城市产业向村镇转移"或者在村镇发展新兴产业，乡村旅游、观光农业等也是"逆城镇化"的选择（陈伯君，2007）。"非都市化"或"逆城镇化"是城市扩张即郊区化进程的继续，是大都市区进一步膨胀的结果（孙群郎，2010：19）。另外，中国逆城镇化也加剧了中国阶层化的趋势，从住房分化的角度看，富人所在的高档社区和低收入者居住的棚户区及城中村导致了居住隔离的趋向，并加深了社会分层现象（王兴中，2000：20）。

总而言之，逆城镇化是相对城镇化来说的，它并不是突然出现而孤立存在的，是城市化发展到一定程度的趋势，它不仅是一个城市向镇、村延伸的"空间"问题，而且是一个经济、人口和生态多方面作用的过程，如经济产业结构拓展和城乡经济发展互补进行；人口流动、转移及逆反；生态文化的传承与延续、资源的开发与动态协调；等等。

城镇化一般要经历人口向城镇集中、郊区城镇化、逆城镇化、再城镇化等不同发展阶段。学者李培林认为我国目前一方面人口还在向城镇集中，另一方面郊区城镇化正在加速推进，逆城镇化的征兆也开始显现（李培林，2015）。在中国"逆城镇化"发展中，出现了以下三种类别。第一，"非转农"，即在"村改居"过程中，把户籍迁到农村的城市居民（廖筠，2003：15~19）。第二，"民工荒"，主要指外出打工的农民由于对收入、住房等社会保障方面不尽满意，而放弃城市生活回到农村，继续原来农民的生活或者回乡创业（王永龙，2011；蔡之兵、周俭初，2014）。另外，不少大学生也基于同样的原因选择离开大城市，回到二、三线城市发展和生活。第三，"逃离北上广"，即城市居民长久在城市生活以后，厌倦了城市污染、繁忙、拥挤的生活，而选择到宁静、偏远、环境优美的农村和小城镇生活，以寻找精神的归属和生活的意义。而从国内一些小城镇来看，它们以其自身的生态环境、文化的魅力、自在的生活正日益吸引着越来越多大城市的居民，他们开始逃离都市生活而选择到城镇和乡村居住，受影响的人群逐渐扩展到了小资、白领、文艺青年等，他们被叫作所谓的"中产阶层"（郑风田，2013），并且他们对城镇和乡村生活的向往已经上升到了对另一种生活意义的探索。

然而，也有学者认为存在着"伪逆城镇化"，如宋时飞（2010）、段学慧（2014）、郎咸平（2012）认为在中国当前长期的城乡二元结构背景下，用逆城镇化来描述极少数人由大城市向偏远小城镇的迁移未免过于武断。第一，城市化的发展在推进，更多的失地农民涌入城市，这造成了城市化进程的加紧；第二，"空心村"现象以及村落的衰败日益加剧了城市与农村之间的差距。在这样的状况下，中国发达地区出现一部分"逆城镇化"的小城镇和农村只是暂时的现象，不能成为一种趋势。有这样看法的学者不在少数，他们并不认可农村未来的复兴和发展。

中国逆城镇化的现象何以存在？笔者针对上述各种观点提出以下问题。第一，"逆城镇化"存在于何处？除了在中国东部发达地区有显现以外，在西部甚至偏远的地方有可能存在这种现象吗？第二，是哪类人群最能表现出这样一种"逆城镇化"趋势？第三，"逆城镇化"通过哪种方式得以承载呢？针对这些问题，笔者将调查地选在云南的一个外来移居人群较多的小城镇——大理古城，通过调查外地移民中的中产阶层的生活方式，以找到一些答案。

（二）中产阶层的逆城镇化生活方式

对于生活方式，学者较为一致的看法是：人们依据一定文化模式为满足自身生活需要而运用社会环境提供的各种物质和精神文化资源的活动方式、配置方式（王雅林，1995：41~48）。传统西方理论对生活方式的论述可以追溯到马克思、韦伯及凡勃仑等的著述。马克思在其所创立的历史唯物主义中提到了生活方式，并将其与生产方式紧密地联系在一起，其明确表述为："物质生活的生产方式制约着整个社会生活、政治生活和精神生活的过程。"（《马克思恩格斯全集》第13卷，1962：8）同时，马克思还将生活方式作为辨别阶级的一项有效指标，并为后来的研究奠定了基础；马克斯·韦伯在阶级、地位和权力三个概念基础上提出了生活方式这一命题（Michael，

1981：8），并认为其是确认群体地位的社会标志，这是有别于依靠收入来衡量群体的阶级地位（丹尼斯·吉尔伯特，约瑟夫·A.卡尔，1992：13）。早期生活方式研究代表还有凡勃仑，他从消费角度来认识生活方式及其所表现的阶层关系。应该说，韦伯和凡勃仑都将生活方式作为社会分化标准来进行研究。后来的布迪厄用惯习和场域的概念将历史、文化、社会结构等客观因素与个人的行为、取向、心理适应等主观因素结合起来，这形成了一个更新、更完整的系统，从而将对生活方式的研究更推进了一步。布迪厄认为心智结构是社会结构的内化，以惯习的形式对人的活动产生影响，而场域是客观社会结构。这样，在客观社会结构和主观心智结构的作用下，人的行为得以塑造（马姝、夏建中，2004：242~247）。总而言之，西方学者的生活方式理论与阶层和消费是分不开的。

　　近年来，国内不少社会学研究者对不同社会群体的生活方式状况进行了研究，涉及不同的年龄、性别群体的生活方式，并涵盖了当代中国社会绝大多数职业群体，其中也有不少对中产阶层群体的研究。从社会学的职业视角来看，中产阶层主要是指"脱离了体力劳动的、具有某种特别技术水平的社会劳动者"。此前，根据国家统计局城调队的抽样调查报告，中国中产阶层主要指年收入在6万~50万元的家庭（以户均3口人计），并按照收入水平、职业类别和教育资本三个指标进行划分（李培林、张翼，2008）。目前我国学者对中产阶层的关注点主要在概念和界定（周晓虹，2005；张宛丽，2008；王建平，2005；李春玲，2011）、社会认同（李培林、张翼，2008；李璐璐、李升，2007）、社会功能（李强，2001；方金友，2007）等方面，学者李春玲长期关注国内中产阶层的状况，形成了较为成熟的理论成果，包括中国中产阶层发展的现状（李春玲，2011）、政治态度（李春玲，2011）、消费水平（李春玲，2011）和划分的标准（李春玲，2013）等内容，为研究中产阶层提供了丰富的理论依据。

　　而对中国中产阶层的生活方式及消费选择进行的研究如：李路路、李升（2007：15）通过中产阶层性格特征的操作化说明了不同类型的中产阶层性格特征是不一致的；李春玲（2011：75~87）通过对中产阶层各种消费行为进行的定量分析，指出中产阶层在消费水平和行为方面具有明显的特征——在追求舒适、享受和有文化层次的生活方式方面拥有强烈欲望，具有注重感官和物质享受的消费偏好，具有极大的、可挖掘的消费潜力。按照一般的理解，中产阶层生活于大、中城市，城市的现代性背景更能满足其各种需求，越现代的城市越能满足中产阶层对物质和金钱的追求，同时也能够彰显其文化艺术的品位。但在逆城镇化的背景下，中产阶层的生活方式与社会的主流生活方式不一致。对于城市的喧嚣和污染的现状，他们比普通人表现出更多的担心和厌恶，于是他们怀着对美好生态环境以及灵活工作方式的追求，选择逃离，去环境优美、宜居生活的小城镇和农村居住、生活。

那么，在城市化进程加速推进的今天，在选择"逆城镇化"移民的过程中，中国中产阶层的生活方式是否也随之改变呢？本文选取云南大理古城作为调查地，以试图发现其生活方式的特征。

二 调查地的选择与研究方法

（一）调查地及研究对象特征

大理古城位于云南省大理白族自治州，人口约 20 万，少数民族白族是主体民族，气候冬暖夏凉，全年平均气温 19 摄氏度。大理曾经是南诏国和大理国的国都，有深厚的历史文化底蕴，是国家首批 24 个历史文化名城之一，该古城整个格局为九街十八巷，旅游点以南北向的主街道复兴路及东西向的玉洱路为基础进行延伸。

大理古城是国内中产阶层选择移居的典型目的地，为本文提供了丰富的样本。20 世纪 80 年代的时候，大理成为第一批对外开放的城市，大批国外的背包客来到大理旅游；20 世纪 90 年代，大理旅游业开始发展，多数游客只是短暂停留，少数明星和艺术家会选择停驻、长留；2000 年以后，中国大量文化青年，尤其是白领阶层来到这里旅游后，便纷纷选择在此地定居，逃离北上广，追求一种新的生活方式；2010 年以后，随着对外宣传及"城市病"的出现，选择来大理定居的中产白领阶层呈现井喷式发展的趋势，大理一下子成为城市"新移民"的聚居地，官方不完全统计，仅人口 20 万的小镇，外来定居人口就有 1 万之多，而其中中产阶层占一大部分。

本文选取的调查对象为在大理古城定居的外来中产阶层，选择这部分调查群体有以下指标：第一，外来人口，尤其是从国内外发达地区过来的城市移民；第二，在该地定居 2 年以上；第三，有一定的经济基础。他们在满足基本生存需求基础上有更进一步的生活追求。表 1 列出了被调查对象的总体情况。

表1　大理古城外来中产阶层人员调查对象基本情况

单位：人

具体情况		
样本总数	50	
性别	男：26	女：24
年龄	20~30岁：10	31~40岁：18
	41~59岁：20	60岁及以上：2
来源地	北上广：45	其他：5
迁居时间	2~5年：32　6~10年：13	10年以上：5
工作	从事客栈、教育、酒吧、音乐人、自由职业	

表1为受访的50个外来中产阶层移民的基本情况。从中可以看出大理外来定居人群中产阶层的状况：主要来自北上广等大城市，尤其是来自北京的占多数；受访人中，移居大理10年以上的占10%，6~10年的占26%，2~5年的占64%，也就是说大多数的中产阶层都是最近几年才迁移来的，而这几年也是大理旅游发展较热的几年。

这些中产阶层"新移民"可以分为以下几类。第一类，追求生活品质的中年中产阶层。这类人群来大理的目的性非常强，即为了逃避北上广等大城市的生活和环境压力，寻找自己心目中的"世外桃源"，一方面他们是为了逃避城市被污染的空气，另一方面由于城市房价的高昂，他们把此地作为一种置换的选择，尽管他们是有能力购买当地房子的。第二类，旅游体验式创业的年轻中产阶层。当前有很大一部分自由的"小资"，原先在城市里工作，有一定的积蓄，他们倾向于追求独立和个性化，会根据自己的喜好生活，如骑游、摄影等，他们对生活没有规划，在大理旅游点周边做点小买卖，如在街边摆个地摊，或者开一间小店，收入可能不如以前，但他们很享受这种闲暇的生活，他们的流动性也很强，抱着"走一步看一步"的态度，他们感觉到厌倦的时候也会选择离开，但他们带来的"小资"生活方式及后现代文化为大理的文化繁荣注入了不少的活力。第三类，退休后过来养老的人群。这类人不多，但这类人在此地定居也越来越成为一种趋势。

（二）研究方法

本文采用社会学的访谈法，并结合文献研究对相关资料进行收集、整理和分析阐释。研究数据分别来自笔者于2015年7~8月和2016年1~2月两次在大理古城的调研，调查采用结构式和半结构式访谈的方法，对古城周边农村 50 个中产阶层"新移民"及 20 个本地人进行半结构式访谈，每个调查对象的访谈时间为 60~120 分钟，访谈内容包括：移民定居的意愿、生活的现状、对大理的感觉以及自身的满意度和幸福感等。访谈对象涉及艺术家、企业主、教师、手艺人等。

在访谈期间，笔者和被调查者建立了良好的关系，笔者常到他们家里与他们聊天并参与到他们生活圈子里的活动，这为访谈资料的真实性提供了有力的保证。此外，笔者还利用 QQ、微信、博客等新传媒方式，获得了更多的信息，以辅助理解对其生活方式的研究。

三　大理中产阶层逆城镇化生活方式的表现

（一）定居的方式：生产与生活相结合

很多来大理的中产阶层并不会纯粹来定居游玩，年轻人大部分会选择边工作边享受的生活方式，他们移民定居的模式便是生产与生活相结合。当下社会发展的多元化、自由化、信息化模式为这部分人提供了很多的便利。笔者参加了一群来自北京"新移民"的聚会，他们正以各种方式在这片土地上找到自己发展的空间。他们中有开客栈的、办咖啡店的、做网络营销的，总的来说，他们的工作基本上能够实现知识、技术较好的衔接。

　　李国志（男，42 岁，北京人，咖啡厅老板，访谈对象 1）：曾经是北京一个国际机构——英国海外自愿服务社区中国区的首席代表，目前主要的工作是带孩子，孩子只有 3 岁多，但已经完全会用英文表达；他觉得大理没有好的教育，所以一直潜心于对孩子的教育，摸索适合孩子的教育模式和方法，打算成功以后将其推广开来；他的初衷就是有那么多管理经验，来大理应该是有一番事业可以做的，完全可以找到发挥其特长的一个平台。

　　周离（男，45 岁，成都人，自由职业者，访谈对象 2）：最初是过来旅游的，因为很喜欢大理，2006 年就买了房子，现在全家都已经搬到了大理；他以前在广州主要是做外贸出口的；下决心过来之后，就开始炒炒股，赚点生活费；他的看法是只要钱够用就行。

　　高兴（男，45 岁，上海人，培训管理机构负责人，访谈对象 3）：2012 年来到大理，他的职业内容是培训咨询，他说他们这个职业哪里有项目就飞到哪里，常年在全国各地出差，住在哪里都差不多，但他更喜欢大理的环境和氛围。

　　沧澜琴客（男，38 岁，广东人，艺术家，访谈对象 4）：2011 年来到大理，因为喜欢就没有离开过；他是学音乐出身，现在教音乐，之前也做过其他职业；曾经在洱海边开过一个客栈，因为不善于经营，就转了；他觉得他是一个很感性的人，一看什么好玩就玩一下，刚开始开客栈的时候觉得好玩，后来发现做服务行业挺辛苦的，然后就转了。现在已开始回到自己的本行，教音乐，他觉得只要生活能混下去他就很满意。

　　小马夫妇（妻子，38 岁，大学老师；丈夫，40 岁，自由职业者，访谈对象 5）：原来在北京，妻子博士毕业后在大理大学工作，丈夫跟着过来，他们在网络上开了一家古董店，不仅生活自在而且过得挺惬意。

　　从中能看出，很多过来定居的移民并不是突发奇想的一群人，而是很有智慧的一群人，来这里能够将大理的商机和自己的技术、拥有的资源、自己的兴趣点有机结合起来，以找到自己想要的东西，同时也能够让自己在此生存下去。

（二）选择"逃离北上广"的意愿

　　通过调查发现，移居大理的中产阶层选择大理作为移民目的地的动机主要有：体验当地生活、结交朋友、避寒避暑、职业转换等。但综合起来有几个因素是大多数人普遍认可的：优越的生态环境、文化享受的追寻、精神压力的释放。

1. 对生活环境品质的追求——没有污染的生活

　　多数逆向迁移的中产阶层是为了逃离大城市的污染。大理山清水秀的环境、冬暖夏凉的宜人气候以及没有工业污染的生存环境自然而然成为中产阶层的首选。有部分人最初只是搬来这里进行试探性的居住，但时间久了，他们习惯了这里的环境，身体比以前更加健康了，他们已经不愿再回到大城市生活。

　　冯经文（男，45 岁，北京人，自由职业者，访谈对象 6）：他 2011 年底辞职，2012 年旅游的时候在这边买了现在的房子，其后就一直定居于此。来大理主要的原因是北京的气候非常不好，他反应比较强烈，喘气很困难，尽管以前还没有雾霾指数，但他还是决定撤离了。

黄露（女，42岁，北京人，做IT行业，访谈对象7）：她认为整个中国一片红，只有大理是蓝的，国际权威报道说这里是适合居住的，大理这里比丽江暖和，又比西双版纳凉快，让人感到很舒服，因此决定定居在此。

高兴（男，45岁，上海人，培训管理机构责任人，访谈对象3）：北京的雾霾挺严重的，就想把孩子带到一个比较干净的环境中生活。2013年来的时候挺好，非常喜欢这个地方，也愿意在这里继续生活下去。

周离（男，45岁，成都人，自由职业者，访谈对象2）：来这里2~3年就已经回不去了，已经不习惯成都的气候，回去鼻炎就犯，坐个地铁会感冒，每次回来都要感冒，打算以后定居在大理了，以后养老，除非在大理的反应和北京广州的一样，如果又受不了了，就再选择移居。

2. 寻找文化体验的灵感——多元文化的享受

大理的名气也在于文化的多元性。很多移民来到大理是基于环境原因，但愿意留在大理是基于文化的原因。大理既有唐宋时期南诏国和大理国的历史文化，也有浓郁的少数民族（白族）文化，同时又有广泛吸纳了佛教的汉密、藏密的宗教文化，以及祖先和动物崇拜的本主文化，这些文化在大理呈现多元化、共融性的特征（新周刊，2015）。微电影《生活在别处》这一18分钟的片子讲述了多位生活于苍山洱海间的文化人的生活：著名艺术家叶永青、旅美画家韩湘宁、孔雀"女神"杨丽萍、美国的攀岩爱好者、法国的足球教练、酒吧的老板、流浪诗人……都诠释了大理文化的民族性与现代性、传统性与时尚性的结合，同时这也蕴含多元、包容、特色的文化特征。上至名人元首、下至流浪汉都能在这个地方找到自己的归属，因此，本地文化的包容性就体现为它们没有物质的或阶层的准入标准，对任何人都是包容的，且又是充满活力的，每个在大理生活的人都可以找到自己喜欢的文化元素，能够很好地找到自己想要的东西。

韦恩（男，60多岁，美国人，画家，访谈对象8）：他去过世界70

多个国家，他能将各国文化艺术有效融汇于他的绘画艺术中，来大理2~3年他就不愿意离开了，他在这里作画、卖画，孤身一人融入当地人生活的圈子中，他总是很和善，大家也非常愿意帮助他。

朱先生（男，46岁，广东最早的摇滚青年之一，访谈对象9）：他在大理农村过着半隐居的生活。他认为大理的生活还是保留了很多传统的东西，也有些乡土气息。当然来此定居也是为了他的音乐灵感和创作需求，因为这个行业的音乐人一般是喜欢安静的。在大理的10来年间，他创作了不少歌曲。

Les（男，65岁，美国夏威夷人，民间鼓手，访谈对象10）：他认为大理有很多的宗教和文化交融在一起，它们相互包容，他很喜欢这样的气氛，这能够激发他本人的创作灵感。他经常混迹于大理古城的各类酒吧和文化party，不是为了赚钱而是为了和大家交流艺术。

近年来，一些后现代文化也逐渐被引入于此，大理人民路有各种艺术小店、酒吧、餐馆、画廊，它们汇集了名人、"小资"、文人、流浪者、嬉皮士等多元素的风格，它们再嫁接到本土文化基础上，大理呈现一种更加多元和包容的文化气息。王哥（访谈对象11）是个"富二代"，辞去了浙江高薪的工作，带着女朋友来到大理定居了两年，在人民路摆了一个小摊子，卖过玉石、手链、小食品。他不会为收入发愁，反而觉得在这里就是体验生活，和很多有趣的人交朋友；诗人北海（访谈对象12）算是一个老文青，每天晚上在人民路上摆摊，卖他自己写的诗集和散文。他说在这里，能够遇到很多欣赏他的艺术作品的知音；歌手小零（访谈对象13）毅然放弃即将任职的公务员岗位，来到大理，和几个志同道合的朋友组建了乐队，白天在路上弹唱卖艺，晚上在酒吧里兼职，他说他喜欢这样随意而有艺术追求的生活。

3. 精神生活的升华——心灵找到归属

大理是一片乐土，也是国内很多人精神追求和向往的地方，它的安静、柔和在于将与世无争的处世态度寄于山水之间，它缓慢的生活步调常常引得许多忙碌的人们放弃大都市优越的物质生活，来过一种清静、典雅的生活。而大理正是这样一个能为这些人提供心灵和身体归属的地方。明星王菲、李亚鹏、于荣光、刘晓庆、杨丽萍等是大理的常客，各类作家、文人雅士常聚居于此寻找艺术的灵感，这里也是背包族、流浪者的乐园，而来大理最多的莫过于普通的民众，他们喜欢大理的蓝天、白云以及自在的时光，多数人更愿意选择在这里晒太阳，发一天的呆，享受美食和美景，轻易满足于这座小镇带来的小小自在和幸福，因为这样的场景在大理可以随处找到。这里处处是随意、时时是生活，因此越来越多的国内外大城市人群选择长期居住于此。大理正变成他们逃离污染和压力，选择自在生活的场所。

　　万可（女，29岁，昆明人，访谈对象14）：几年前，她和丈夫英国人万哲生在上海结婚，婚后，他们离开上海来到大理，她觉得一家人能够每天开开心心地在一起，就是最想要的幸福生活。

　　林登（男，50岁，美国大学教授，在大理喜洲创办了"喜林苑"客栈，访谈对象15）：太喜欢这里了，于是在朋友的帮助下建了"喜林苑"客栈，专门接待从美国过来的游客，他每次回美国，都会给亲人和朋友讲述大理的美，"我们不用去天堂。我们现在的生活，比天堂还好"。

　　白族著名舞蹈艺术家杨丽萍说："虽然我到过世界上许多有魅力的地方，走过国内许多优秀的城市，可是我认为我的家乡大理是最适合人类居住的地方。如果让我选择的话，我还是要回到自己的故乡去生活。"作家张扬也说："一到大理，最重要的感觉就是阳光。人民路上使劲晒会儿太阳，浑身都舒服。接触到了很多有意思的人。以前只是想把大理作为后花园，现在把家都搬过来了。在大理，人和人的生活，才是我真正想要的东西。"

大理让人找到精神活力的原因在于让人的心理没有压力，找回自在的生活，做自己想做的事情，在这里生活的人群，幸福感都特别高，大理是很多人理想中的天堂。正是这样，大理更是能符合中国中产阶层排解压力、寻找自在生活、提升精神追求的理想地方。在调查中，我们也发现不少精神抑郁症患者、宗教徒觉得来到这里精神得到释放，找到了自己的信仰。

（三）新生活的融入与建构——社会交往网络

1. 选择融入本地的生活

中产阶层移居大理不仅在于找到舒适的环境，适宜心灵寄托的地方，而且也体现了大理本地对外来者的包容性。这里处处是平等，人人显和谐，看不到各种冲突，彬彬有礼、热情好客一直是大理秉持的良好修为。其表现为外地人和本地人在经济就业、居住空间、语言理解、饮食文化、价值观念方面的融合。

这包括两个方面。一方面，外来"新移民"慢慢融入这个城镇，学会到本地菜场买菜，逐渐和本地人交流，慢慢发展到穿本地人的民族衣服，学本地人说话，适应本地的饮食。可以肯定的是，他们融入本地生活的速度特别快。与此同时，他们也将自身的价值观在当地进行传播，例如理性思维、投资理财、行为方式甚至时尚的穿着打扮都在无形中改变着当地人的思维传统。因为他们带来的外来先进文化结合了时代发展的内涵，所以很容易为本地人所接受。另一方面，本地人的生活也在这种旅游热的变迁中发生着改变。本地居民，原来对外来人还是较为反感，甚至排斥的，但是在大理发展过程中，他们切实感受到了外来人对大理经济的带动，以及给自己带来的实惠；大理本地年轻群体，在与外来人交往的时候不断改变着自身的审美观和价值观，他们也变得更加适应社会的步调和发展。他们学会了和外地人打交道、做生意，学会了以更加开放的心态适应环境的变迁，当然这主要也是出于对理性经济利益的考虑而采取的一种共赢方式。同时，本地人知足常乐、纯朴热情的特征和品质也在不断感染着外来定居者。

总的来说，外来定居的中产阶层有一定的物质积累、文化素养和社会资本，在融入大理古城生活时能够很快适应，并迅速在古城的经济、文化、思想、价值观等方面发挥重要作用。并且这并不像帕克融入理论中所阐述的要经历适应、冲突、共融的阶段那样，这反而形成的是一种外来者"入侵"的现象（Park，1922），这样的融入迅速占领了本地发展的制高点，而这也可以被理解为"逆城镇化"植入小城镇的一种成功的体现。但是也不排除中产阶层自身在小地方存在的一种优越感，使得他们有自己的小圈子，阻隔着另外阶层的人群融入其中。

2. 建立有自己的特有圈子

中产阶层进入一个小地方，在快速地融入过程中，很容易迅速组建自己的小圈子，形成自身特有的资源体系，并在这个体系中分享和获得更多的资本和关系网络。像这样的圈子，本地人往往是不容易涉足的。

第一，老乡圈子。即以血缘和地缘为纽带的生活圈子，很多移民正是在老乡、亲朋好友的介绍下迁移到大理的，这里有他们熟悉的人脉及商业经营渠道，这样的圈子在移民中特别常见，这容易形成一种稳定的群体，群里的人认同感高，也容易获得帮助和各种支持。大理常见的老乡圈子便是早期过来的北京人的圈子，目前，这个圈子是老乡圈子中规模最大的，还有后期过来的福建人（主要经营客栈）的圈子，以及东北人（主要是做个体餐饮和经营客栈）的圈子，近几年，其他各个省过来的移民也日渐增多，如四川、贵州、山西等地的移民都有零星的老乡圈子。

第二，兴趣圈子。以兴趣为纽带组建的圈子在大理比较普遍，如攀岩圈子、越野圈子、摄影圈子、户外探险圈子，这些圈子符合外来人群的兴趣特征。大家因共同的兴趣结识，切磋技巧，有效地分享资源和信息，甚至形成一种特有的文化，不断巩固着原有的群体，实现信息利益共享，这是兴趣使然，促进了情感的交流。这些圈子也在不断吸收着外来新的移民群体，并筑起一道看不见的屏障，建立了与普通民众之间的界限。而进入此类群体，需要一定的资金、时间、技能和兴趣修为，这对于普通大理人来说是远远达不到的，这也犹如一道天生的屏障，势必造成因兴趣圈而导致的社会分层。

第三，教育圈子。很多在大理的中产阶层新移民，有其特殊的教育方式，他们多数会尝试性地选择体制外的教育模式，即家庭互助式教育，在这样的教育体制中，他们自己办学、自己聘请老师或是自己给孩子上课，同时也引入外国的私立教育教学机构。这种教育理念和当地人是完全不一样的，一般接受这种教育方式的大部分学生是新移民的孩子，父母在孩子的教育、实践过程中，结成亲密的同盟。这使得这些"新移民"不自觉地形成了一种特殊的关系网络。

四　结论与讨论

本研究通过对 50 个外来中产阶层移民生活方式的实质性访谈，得出以下几个结论。

（一）中产阶层"逆城镇化"动机成熟

中产阶层"逆城镇化"生活方式选择日趋明显。该群体主要来自北上广地区，共有三类：第一类是追求生活品质的中年中产阶层；第二类是旅游与创业结合的年轻文艺青年；第三类是退休后有一定资金过来养老的老年人。该群体在中产阶层中占有很大比例，他们受教育程度高、有思想、有技术，甚至为大理古城现代化发展注入了活力。该群体在大理的生活方式和原来所谓的生活方式有很大的区别，多数人选择逃离城市，回归朴实的生活、寻找精神的追求，他们逆城镇化不是为了发展，而是为了更好的生活。

从迁居者的特征来看，中产阶层移民的动机已经成熟，不是人们所想象的"一时冲动"。第一，从生计方面来看，中产阶层移民选择逆城镇化的生活方式便是在享受生活的同时工作或创业，这和中产阶层的生活追求不矛盾。他们不是选择"归隐"，而是积极寻找商机，用自己的智慧和技能赚钱，实现生活与工作两不误（马少吟，2015：81~87），这群人的生活方式代表着中产阶层移民的追求，他们通过平衡生活和工作来实现这个目标。第二，从生活方式来看，选择逆城镇化生活方式的原因主要在于避免受到"城市病"的影响，同时也进行文化追寻和精神享受。

（二）中产阶层带来的特殊影响

总的来说，迁来的这部分人群在新的环境中依然占有丰富的社会资本。第一，他们从发达地区移民过来，有一定的资金实力，并具有一定的技能和知识。第二，在社会网络方面，中产阶层能够较迅速地融入小城镇当中，在自身发展的同时，也推动了大理本地经济的发展。他们通过建立各种圈子获得更多的资源和资本，但他们与生俱来的优越感又促使他们阻隔本地人对自身群体的融入。第三，这些移民以他们的技术经验改造着小城镇，将一些多元的、时尚的文化元素注入其中，并在市场的效应中达到了艺术与利益的双赢，同时参与到本地的政治、文化等领域，成为当地新兴的精英阶层。

但是，在对中产阶层的调查中，笔者也发现一些问题。第一，中产阶层移居大理，在带动大理经济繁荣的同时也推高了当地的物价。中产阶层不断在古城买房、租房，这导致很多本地人逐渐搬离原来的住处而选择离古城更远的地方居住，这样的现象不可避免将带来外地人"入侵"式的占领空间的后果，古城将不是本地人的古城。第二，社会生态环境遭到破坏。中产阶层人数在古城的增长，必然会带来资源的争夺和破坏，外来的资本在带动资源再生产的同时，也造成大理周边生态环境的恶化，例如生活垃圾、客栈排污对洱海水质造成破坏。不仅如此，社会生态环境的破坏还表现在推动当地人对工具理性的追求方面，这使当地人学会了斤斤计较，计算利益且变本加厉，时间长了，原本朴实、热情的当地人也会"愈走愈远"。第三，文化氛围在悄悄变质。大理的文化具有多元性，一方面中产阶层移民打造的文化为当地文化的发展注入了活力，但是另一方面文化糟粕也影响了地域文化的纯洁，使得本地文化尤其是民族文化及历史传统文化受到了冲击和挑战，最明显的表现便是年轻人日益抛弃对传统文化的学习和传承，转而复制和崇拜中产阶层的生活方式。

总之，中产阶层"逆城镇化"生活方式的选择，一方面体现出在城市发展到一定阶段后，随着"城市病"问题的出现，城市已不能满足中产阶层对自身生活质量提升，文化、精神等的更高追求，这是他们选择逃离城市的一种方式；另一方面，生态环境好、有文化特色的小城镇及村落也日益受到"中产阶层"的青睐。而中国特色小城镇走可持续发展的生态模式，并且发挥其文化特有的内涵在一定程度上能够缓解大城市的各种矛盾，让城市人从心理角度予以认同，这也是大理独特的地方和值得去推广的方面。但是在这一过程中也出现了各种问题，因此，只有避免其出现的负面影响，积极发挥其正面的影响，把握好"逆城镇化"的趋势，才能为边疆民族特色文化小镇找到发展的出路。

参考文献

蔡之兵、周俭初，2014，《中国逆城镇化危机研究》，《天府新论》第 4 期，第 65~70 页。

陈伯君，2007，《"逆城镇化"趋势下中国村镇的发展机遇——兼论城市化的可持续发展》，《社会科学研究》第 3 期，第 53~57 页。

〔美〕丹尼斯·吉尔伯特、约瑟夫·A. 卡尔，1992，《美国阶级结构》，彭华民、齐善鸿译，中国社会科学出版社。

段学慧，2014，《"逆城市化"还是"伪逆城市化"——基于中西方的比较研究》，《河北学刊》第 2 期，第 85~89 页。

方金友，2007，《中产阶级的演变及社会功能》，《国外社会科学》第 3 期，第 54~57 页。

黄小花，1997，《发达国家的"逆城镇化"现象及其启示》，《城市问题》第 6 期，第 8~9 页，第 18 页。

郎咸平，2012，《中国的逆城市化之殇》，《城市住宅》第 6 期，第 42~45 页。

李春玲，2011，《中国中产阶级的发展状况》，《黑龙江社会科学》第 1 期，第 75~87 页。

李春玲，2013，《如何定义中国中产阶级：划分中国中产阶级的三个标准》，《学海》第 3 期，第 62~71 页。

李路路、李升，2007，《"殊途异类"：当代中国城镇中产阶级的类型化分析》，《社会学研究》第 6 期，第 15~37 页，第 242 页。

李培林，2015，《新型城镇化与突破"胡焕庸线"》，《人民日报》1 月 8 日。

李培林、张翼，2008，《中国中产阶级的规模、认同和社会态度》，《社会》第 2 期，第 119~220 页。

李强，2001，《关于中产阶级和中间阶层》，《中国人民大学学报》第 2 期，第 17~

20 页。

廖筠，2003，《城市化进程中的"逆城镇化现象"——"非转农"问题分析》，《上海经济研究》第 6 期，第 15~19 页。

《马克思恩格斯全集》第 13 卷，1962，人民出版社。

马少吟，2015，《从消费到生产：大理古城生活方式型旅游企业主移民的生存特征》，《旅游学刊》第 5 期，第 81~87 页。

马姝、夏建中，2004，《西方生活方式研究理论综述》，《江西社会科学》第 1 期，第 242~247 页。

〔美〕米尔斯，2006，《白领：美国的中产阶级》，周晓虹译，南京大学出版社。

宋时飞，2010，《辨清"伪逆城市化"》，《中国经济导报》8 月 21 日第 3 版。

孙群郎，2005，《20 世纪 70 年代美国的"逆城市化"现象及其实质》，《世界历史》第 1 期，第 19~27 页，第 143 页。

王建平，2005，《中产阶级：概念的界定及其边界》，《学术论坛》第 1 期，第 146~150 页。

王兴中，2000，《中国城市社会空间结构研究》，科学出版社。

王雅林，1995，《生活方式研究评述》，《社会学研究》第 4 期，第 41~48 页。

王永龙，2011，《逆城镇化：当前城镇化建设中的现象透视——基于安徽省和县城镇化的调查与思考》，《哈尔滨市委党校学报》第 2 期，第 19~23 页。

新周刊，2015，《大理，让人变小》，湖南文艺出版社。

张宛丽，2008，《当代中国中产阶级的研究界定》，《探索与争鸣》第 7 期，第 10~11 页。

周晓虹，2008，《中产阶级与中国社会的改革开放》，《探索与争鸣》第 7 期，第 8~10 页。

Brace C., 2003, *Rural Mappings. Ch. 4 in Country Visions*, Cloke, P., ed. (Pearson: Harlow).

Brian J. L., Berry, eds., 1976, *Urbanization and Counter-urbanization* (Berkerly Hills, CA: Sage Publication).

Champion A. G., ed., 1989, *Counterurbanisation: The Changing Pace and Nature of Population Deconcentration* (London: Edward Arnold).

Findlay A. M., Short D., Stockdale E., 1999, *Migration Impacts in Rural England*, *Report to the Countryside Agency* (Cheltenham: The Agency).

Green A., 1997, "A Question of Compromise? Case Study Evidence on the Location and Mobility Strategies of Dual Career Households," *Regional Studies*, Vol. 31, No. 7, pp. 641-657.

Halliday J., Coombes M., 1995, "In Search of Counterurbanisation: Some Evidence from Devon on the Relationship between Patterns of Migration and Motivation," *Journal of Rural Studies*, Vol. 11, No. 4, pp. 433-446.

Halfacree K., 1994, "The Importance of the Rural in the Constitution of Counterurbanisation: Evidence from England in the 1980s," *Sociologia Ruralis*, No. 34, pp. 164-189.

Michael E. Sobel，1981，*Lifestyle and Social Structure*（New York：Academic Press，Inc.）.

Park R.，1922，*The Immigrant Press and Its Control*（New York：Harper & Brother Publishers）.

Schama S.，1996，*Landscape and Memory*（London：Fontana Press）.

Vartiainen P.，1989，"Counterurbanisation：A Challenge for Socio-theoretical Geography,"
Journal of Rural Studies，Vol. 5，No. 3，pp. 217-225.

作者简介

张慧　女

所属博士后流动站：中国社会科学院社会学研究所

合作导师：李培林

在站时间：2014. 10~

现工作单位：云南农业大学经济管理学院

联系方式：huihuineng@ 163. com

第三部分　文化变迁与传承

影视传播与族群文化发展

——以边境少数民众村寨生活文化塑形为例

彭流莹

摘　要：在信息繁杂、传媒发展迅速的时代，文化安全亟须维护。影视传播对边境少数民族族群文化的关注，不仅要面对现实、聚焦成像，还要实现对村寨民众的文化生活习惯和审美趣味乃至整个思维方式的塑形。以农村影视传播与民族村寨建设的现状为基础，本文试从影视传播与本土文化类型的断层与消亡入手，来分析如何完整保持本土文化的传统和民族特性，保持文化生态多样性。

关键词：影视传播　少数民族　民族村寨　族群发展
　　　　文化塑形

农业、农村和农民问题，始终是关系我国经济和社会发展的重大问题，事关全面建成小康社会的大局。按照新时代的要求对边境少数民族村寨的生活文化进行建设，将大众传播与人际传播有机结合，加强农村广播电视工作，推进农村电影数字化放映工作等，都在进一步完善农村影视文化传播的公共服务体系，为建设社会主义新农村提供硬件和舆论支持。

一　农村影视传播与民族村寨建设的现状

加强农村文化建设，包括加强农村有线电视事业和电影事业的建设和发展。在少数民族村寨建设中，影视文化的开展对丰富民众精神生活和民族文化传承有着积极的影响。

（一）农村影视传播

大力发展农村有线电视事业，加快实施有线电视村村通工程，对加速社会主义新农村建设和创建和谐社会具有极大的促进作用。从 1958 年我国第一台黑白电视机诞生，到 1970 年我国第一台彩色电视机问世，中国电视早已步入规模化生产阶段。据统计，1985 年，在中国电视机产量已达 1663 万台，成为仅次于日本的世界第二大电视机生产国时，农村每百户拥有电视机量仅为 0.8 台。[①] 农村影视传播有太大的空白需要填补。可喜的是，20 年后，随着国内市场经济发展，电视机等传播媒介更为普及，影视文化也开始成为文化消费的主要内容。当影视传播以迅猛之势快速发展时，有关农村文化建设的内容也越来越受到重视。2005 年中共中央办公厅、国务院办公厅《关于进一步加强农村文化建设的意见》[②] 和 2006 年国务院办公厅《关于进一步做好新时期广播电视村村通工作的通知》[③] 等有关文件，制订了"十一五"全国广播电视"村村通"工程建设规划。时至今日，不但在农村地区，广大少数民族村寨中拥有电视的家庭不断增多，而且少数民族地区农村彩色电视机的拥有率也基本跟城市持平，广大群众已经能够享受电视节目传播的丰富的文化内容。2016 年 4 月 5 日，国务院办公厅又印发《关于加快推进广播电视村村通向户户通升级工作的通知》[④]，对在广播电视村村通基础上加快推进广播电视户户通做出全面部署。少数民族群众不仅对高质量的电视文化有了新的要求，而且偏远自然地质灾害频发地区的少数民族群众，也对时政和危难信息的即时传送有更热切的企盼。

发展农村电影事业，满足广大农民群众日益增长的精神文化需求，是电影事业中的重要部分。1998 年文化部、国家广播电影电视总局提出了农村电影放映"2131"目标，即在 21 世纪初，在广大农村实现一村一月放映一场电影的目标。而今天，文联和文化部及广电系统的[⑤]"送电影下乡"活动

---

① 2012 年，全国农村居民家庭每百户拥有彩电 115.5 台，农村彩电拥有量涨幅快于城市彩电拥有量涨幅，农村居民彩电需求存在相对较大的空间。

② 中共中央办公厅、国务院办公厅于 2005 年 11 月 7 日出台。

③ 2006 年 9 月 20 日，由国务院办公厅印发。

④ 该通知明确，到 2020 年，基本实现数字广播电视户户通，形成覆盖城乡、便捷高效、功能完备、服务到户的新型广播电视覆盖服务体系。

⑤ 农村数字电影放映的片源，都是各地农村数字电影院线公司在国家新闻出版广电总局电影数字节目管理中心采购的。"数字节目管理中心有什么片子，就能放什么片子。"

仍作为紧密联系群众的优良传统在继续发挥作用。作为一项丰富农民文化生活的重点文化工程，其在实施中取得了基本成效。2007 年国家广电总局又出台了《农村数字电影发行放映实施细则》，规定总局每年选定不少于 60 部专供农村放映的故事片和不少于 30 部的科教片，由政府出资，委托中影新农村数字电影发行有限公司购买农村公益版权后，向全国各农村数字电影院线公司发行。这些年来，采购拷贝和更新电影放映设备，从使用 16 毫米胶片放映逐步转换为数字化放映，文化惠民系列工程在少数民族村寨文化生活中产生了积极的影响。

2006 年，《国家"十一五"时期文化发展规划纲要》把广播电视"村村通"工程和农村电影放映工程纳入农村文化建设重点工程，指出要"推进广播电视进村入户""加快推进农村电影数字化放映"，并提出要"全面实现 20 户以上已通电自然村通广播电视"和"基本实现全国农村一村一月放映一场电影"的目标。2016 年 3 月 31 日，国家新闻出版广电总局网站公布了 2015 年统计公报（广播影视部分）：截至 2015 年底，全国广播综合人口覆盖率为 98.17%，电视综合人口覆盖率为 98.77%。有线电视用户 2.39 亿户，有线数字电视用户 2.02 亿户。2015 年全年生产电视剧 395 部 16560 集；生产电视动画片 134011 分钟；生产故事影片 686 部，科教影片 96 部，纪录影片 38 部，动画影片 51 部，特种影片 17 部。作为当前我国最主要的视频收看方式之一，影视媒介的覆盖率和其在各地区的普及，一定程度上反映出影视文化对群众的影响。在少数民族村寨中，电视也日益成为民族群众生活休闲的重要平台之一。这给民族影视文化发展提供了发展契机，对扩大民族影视文化、在少数民族地区构建和谐文化具有重要意义。

在政府全面推进小康社会的建设中，影视媒介不仅为少数民族村寨带来了外来文化，还将发掘的民族信息向外界推广。这些为人们所构筑的拟态环境常常差异于原生态的现实，而我们在地缘之外通过影像对少数民族文化的体察更接近于这样一种拟像的生产。在信息繁杂、传媒发展迅速的时代，影视传播要做好文化安全的维护，影视媒介对本族群文化的关注，不仅要面对现实，聚焦成像，而且要实现对民众的文化生活习惯和审美趣味乃至整个思维方式的塑形功能。

（二）民族村寨建设的现状

少数民族特色村寨是指"少数民族人口相对聚居，且比例较高，生产生活功能较为完备，少数民族文化特征及其聚落特征明显的自然村或行政村"。民族特色村寨保护与发展政策源于国家民委提出的"少数民族特色村寨保护与发展试点"工作。① 2009 年 9 月 8 日，国家民委办公厅、财政部办公厅下发了《关于做好少数民族特色村寨保护与发展试点工作的指导意见》，该意见是我国少数民族特色村寨保护与发展试点工作的行动准则，是民族特色村寨政策的实施依据。2012 年 12 月 5 日，国家民委与财政部又制定并颁发了《少数民族特色村寨保护与发展规划纲要（2011—2015 年）》，这是少数民族特色村寨发展政策的纲领性文件，其在前言中明确了"少数民族特色村寨"的指称范畴。文件提出"十二五"期间在全国重点保护和改造 1000 个少数民族特色村寨。各省（区）市（州）地方政府也相应制定了具体的政策方案与措施。② "十二五"期间，少数民族特色村寨保护与发展目标主要包括：人居环境明显改善；群众收入大幅提高；村寨风貌、特色民居得到合理保护；民族文化得到有效保护；村寨基本公共服务体系进一步完善；民族关系更加和谐。据统计，2011 年，我国投入中央补助资金 1.1 亿元，共确定了 206 个村寨，覆盖 28 个省区市，涉及 35 个少数民族。据国家民委 2012 年 12 月发布的《少数民族特色村寨保护与发展规划纲要（2011—2015 年）》中的统计数据，"三年来，中央财政投入少数民族发展资金 2.7 亿元，同时吸引多方面资金，在全国 28 个省区市 370 个村寨开展试点，取得明显成效"（《关于印发少数民族特色村寨保护与发展规划纲要（2011—2015 年）的通知》，2012）。2014 年 9 月，国家民委公布了首批 340 个"中国少数民族特色村寨"。在我们的走访中，一方面大部分特色村寨和民族园的建设，都是村落社会的空间位移和复制；另一方面，如何将简单的民族民俗实物和事项的陈列，转变成一个真正意义上名副其实的民族生态博物馆，还是一个艰难且现实的问题。

在少数民族特色村寨的保护与发展中，除了民居与农林的自然生产之外，为保持地方特色和民族风格，实际上诸多村寨在偏向旅游发展时都面临着提高收入的现实困境。当地年轻人多外出务工，继承民族手工艺传统的本地人已经很少，本地货源更少。大部分少数民族特色村寨民居售卖的工艺品如刺绣、蜡染、编织、雕刻等大多也是从外进货。从着装到居所再到生活物

---

① 国家民委经济司内部统计资料显示：2009 年国家民委和财政部联合下文开展少数民族特色村寨保护与发展试点工作，全国 28 个试点省、自治区、直辖市共确定 121 个试点村寨，涉及 27 个少数民族，投入中央补助资金 5000 万元。

② 立足发展、保护利用，因地制宜、突出特色，科学规划、统筹兼顾，政府主导、社会参与、村民主体、自力更生是民族特色村寨保护和发展的五项基本原则。

件和各种细节，在村寨城镇化进程中，民众对物质的要求逐渐转变为对精神文化的追求。尽管实际的族裔着装随着居住环境和生活条件的变化而有所改变，但作为个体的他们，在日常着装汉化的同时也更加追求潮流化。影视媒体中对于民族特色的推介和宣传，使得他们更加注意自身的价值，包括对残存的本民族服饰的价值的挖掘。在四川汶川萝卜寨，羌族手工女士绣花鞋的标价与市面品牌女鞋价格相差无几。但对于绣片图案等的设计传统，年轻的售卖群体并不能说出个所以然来。在这些标志性的民族集居地，也都不约而同有所谓关于本民族服饰的有偿穿戴拍照活动。云南瑞丽中缅边境的村寨有缅甸布岛族姑娘提供的有偿合影活动，同时有现场的手工织布可供观摩。如何才能让民族特质更好地为本民族物质文明建设服务？发展特色优势产业的意义不言而喻。

　　我们走访的云南省德宏州，是傣族世居地之一。在建设社会主义新农村的背景下，要按可持续发展的规律，因地制宜地安排生产生活。实际上，大家更关心的是如何重建美丽的民族村寨，来发展见效快的旅游业。而真正摆在当地各级政府和少数民族群众面前的亟须解决的问题却还是环境保护和资源节约下的社会发展。对于影视传播与本土文化类型的断层与消亡，以及影视传播和民族文化的对外辐射、少数民族文化的危机四伏，我们应用民族学、人类学的思想来治理，以探讨如何完整保持本土文化的传统和民族特性，保持文化生态多样性。

二　影视传播与本土文化类型的断层与消亡

　　在边境多民族聚居地，大众传媒仍是文化的主要承载者和传播者。而影像传播的具象直接性和通俗理解性，使得其穿透社会生活的各层级，深入影响偏远城乡。在这些少数族群聚居地，本土文化面临断层和消亡的现实较为普遍。

（一）文化产品的选题应符合多元文化生态

　　为加强农村公共化建设的基础上的社会主义新农村文化建设，应开展多种体现地方特色的群众文化活动，以丰富群众的精神文化生活。影视媒介应该传播什么？在一个既定社会中历经世代所形成的思维模式和价值观念等的所谓文化，是社会发展进步的精神保障和精神动力。对此，我们应该清楚影视传播中文化产品的选题是否符合这种多元文化生态。如荧屏中只是无意识地对现代化的时尚生活信息进行传递，也会吸引人们对新鲜生活的追求；但当传播面对的是一个少数民族群体时，其传播的内容在这个族群观众所生活的世界里激起的涟漪会更加震荡。我们在 2015 年 8 月深入云南傣族景颇族地区调研，2015 年 10 月在贵州苗族侗族地区调研，2016 年 3 月在四川羌族地区调研。在三次调研中我们所接触到的当地少数民族群众都深受影视文化传播的影响。

联合国教科文组织第三十一届会议于 2001 年通过的《世界文化多样性宣言》重申，文化多样性是发展的源泉之一。但影视娱乐中的猎奇化手段既让少数民族群众对自己的身份更加珍视，也将正在流行的部分物像凸显在他们面前。当塑胶等材质的现代生活物件批量化进入边境少数民族民众的日常生活时，这似乎也让他们更贴近于影视中的现实生活。尤其是由于很多少数民族青年有到城市打工挣钱的淘金梦，自然取材的很多复杂工艺都会面临着后继无人的状态。民间手工艺传承和现代化工厂的利益差距在物质上的明显表现就是收入多寡，它偶尔也代表着一切社会人事关系的价值。面对这种对他族文化生活的潜移默化的淹没，民众根本毫无真正的挽救之力。而影视传播对所谓民俗仪式和民族文化事项等的拯救，使那些有纪念意义的物像大卷裹在切实的经济利润的面前实际上只完成了其最简单的史志记录功能。在影视传播中，一种细微的传播偏好会直接影响到受众对自我生存环境的认知，而媒介生产的现实也将重塑民众的生活和思维。

要按照国家基本公共文化服务指导标准，充分保障广播电视基本公共服务节目套数，并增加更多贴近基层群众需要的服务性广播电视栏目、节目。文化产品的选题若不能适应多元文化生态环境，那么民族村寨特色文化在沟通互动中会呈现文化趋同化的趋势。在多元文化背景的边疆省份，中华文化的一体化建设既要遵从社会主义核心价值观，也必须尊重各自文化的异质性。中国边疆多为少数民族集中的多民族地区，异质文化关系的处理关乎着社会的和谐统一。以云南为例，作为国内少数民族最多的省份，其在文化安全中的战略地位非常重要。差异化、多样化的生活习俗，宗教信仰构建的族群文化，在某些偏远落后的边区，对边民的思想和生活常常具有较大的影响和控制力。这些由于地理空间与社会环境的不同而形成的彼此不同的人类文化活动，就成了今天所指称的民族文化形态。

多元而有差异的节庆服饰及建筑等文化符号的传播，表征着不同艺术和宗教等民族规则的系统化状态。民族文化产品的内容资源传递着传统文化和独特价值体系的安全感，而在建设社会主义新农村和农村城镇化过程中，文化标志等被改变、文化特色被过度淡化或者强化的情况都容易使人们忽视其与自然的亲缘空间。各民族园等的建设以及节庆活动虽然也是民族文化的自觉，但以经济建设为中心的特色乡镇建设等的发展，实际已标示着民族文化产品和民族生活文化的渐趋消亡。

（二）利用移动互联媒体资源优势，进行媒介素养的培养

在影视传播的过程中，在宣扬民族特色、巩固民族情感的同时，也要注重民族的文化传统。当紧密联系民族团结大融合的发展历史时，内容的繁杂使其不可避免地受到外来文化的渗透和冲击。享乐主义、个人主义等的消极影响也随之而来，影响到村寨的政治信息传播、村民的政治参与、村寨的治理、村寨政治精英的媒介素养和村寨青少年的政治社会化等方面。村寨的"新生代"接纳了影视作品中现代化的生活理念，往往也怀揣着各种人生向往。从青少年健康发展的角度出发，面对市场上传播的非法影视作品和国外盗版光碟，我们需要利用各种媒体资源优势来加大净化影视市场的力度。在民族村寨文化建设中，为满足民众在现代化转型期的文化需求，影视文化要引导人们树立健康的、科学的生活观念和信仰，充分利用移动互联媒体的资源优势，对村寨民众进行媒介素养的培养。

对于借助移动互联媒体等传播介质来传递带有某些危及我国文化安全的价值观，使我国无法实时全面监控和督促民众来实现有选择性地接收的情况，我们必须借助媒介教育来完成对这种难以预测的社会威胁的预防。在那些由"微媒体"和"自媒体"等带来的个人自由参与社会传播的活动中，对价值观念和生活方式的各类信息的单向传递，也在批量地制造着域外文化的追随者。而在边境民族的传媒文化安全中，对外来资本的监管无法实现。对于边境个体创办报刊、电台和发行影像制品等情况，政府一直在加强自身的文化执法能力建设，以警惕"街头政治"和"颜色革命"对本土文化价值体系的撕裂。

当一个民族交流、传递信息和表达情感时，语言文化所指称的民族生活习惯、风俗制度，以及其创造的物质器物等即具备相当的活力，能自行调节，以实现与影视传播技术等载体的平衡。一方面，由于文化的影响潜移默化，我们应守护民族文化和精神生活，不使其遭受外来文化的干扰和同化。大众对文化文明的自我抉择，在现代传播的发展趋势下，有时往往并不是外力干涉的结果，而仅仅是自我意志的瓦解，这推动了民族文化的蜕变和融合。另一方面，应按照村村通向户户通升级通知中的"统一联动、安全可

靠、快速高效、平战结合"的原则，统筹利用现有广播电视资源，加快建立中央和地方各级应急广播制作播发和调度控制平台，以实现其与国家突发事件预警信息发布系统的连接。在汶川地震中，人们可以明显感受到广电传媒节目的时效性，其对文化生活的稳定和安全有着基础的调适和保障作用。在重大危难面前，影视传播往往有利于中华民族的信仰和道德权威在民族村寨生活中的重建。

加强文化安全意识，主动训练和培养民众有鉴别地使用各种传播媒体以习得知识和技能。为利用即时的移动互联设备，训练受众参与和运用媒介的基本技能，我们首先要帮助大众确立科学的媒介观念，如通过网络建设边疆文化数字长廊，使乡镇文化站能够提供免费查阅的信息、驾照理论模拟学习等。虚拟空间中的活动仍与现实世界有着紧密联系，传播渗透也需要我们的主动塑造。从自身来说，由于着重于道德的约束和规范，国家利益和文化安全要求受众能把自己对各种媒介信息的见解和批判主张等传达给更多的人。例如少数民族新闻传播人才的培养，使他们能用媒介信息为民族生活和社会发展做出努力，以最大限度地保持民族文化自省和自觉，强化知识分子及其社会功能与本民族保持最紧密的联系。这种队伍的建设，可以帮助少数民族地区培养更多具有鉴别和建设能力的文化传承者。

（三）国民性重塑与非物化形态的传承

主流意识形态关注文化认同，但在本民族题材的发掘中，对民族文化的传播更是文化安全的重要保障。在集成各族人民世代相传的文化活动和表现形式，定期举行传统文化活动或集中展现传统文化表现形式的场所和文化空间中，非物化形态的文化是民族精神的载体和象征，承担着对国民心态的调整以及国民性的重塑。其实，影视传播对民族群众思想的影响的过程是润物细无声的。从社会主流意识形态和社会先进思想的宣传来看，在科学发展观的支撑下，民族和谐、大繁荣需要影视传播这一手段的积极介入。

以原生态音乐的传播为例。在芒市的文化调研中，我们发现该地有 5 个景颇族青年深受影视娱乐的影响，他们于 2011 年组建了"景颇男儿组合"。他们吸取了积极的影视娱乐形态，以景颇族特色为基础，在景颇族民歌中加入现代原创元素，使其既保留了景颇族民歌的意味，又富含时代意义。随后，他们在 2012 年云南台的春晚和 2013 年央视 3 套的"我要上春晚"节目中的表演，都能体现他们对景颇族文化的传承和对影视媒体的热心。对于本民族文化，年青一代的他们进行了有取舍的改创。其实，我们在对非物化形态的文化进行传承时，如对冗长的歌、诗进行影像采录和文字记载，必然是能保存其历史的原生性的。但现实情况是民族文化的根基已经在影视媒介的介入下发生位移，文化表演的方式不可能完全以其原汁原味的境况呈现。我们在对羌族的萨朗表演和侗族大歌的走访中发现，不少少数民族民众对于文化仪式沦为"四不像"的表演方式表示不满。在走访中我们还发现，存在借服饰器具甚至把不同族系表演者借过来凑场的真实事件。节日文化中，仪式仍然是重要的载体，这些表演认为神圣的群体文化仪式的终极目标是进行世俗的媒介仪式展演。

村寨文化传播的价值理念有时会变成一桩经过策划的媒介事件。须知，虽然原生态的淳朴民风不能保护民族文化地区的整体环境，但是即使人口结构发生变化，人口流动更加频繁，变化中的人们的精神和心理需求以及其对信息娱乐的需求也并未改变。因此政府应为民族村寨提供文化资源，扶持当地组建民族文化展演队，为村民提供所需的农业种植、科技和卫生保健方面的书籍，如德宏州文体新闻出版局在挂钩芒轩村后，全面实施农村公共文化基础设施建设，建立了具有民族特色的 10 个村组文化活动室。非政府组织的支持对于决策影响巨大，我们应重视民间组织并能借用它们的力量。另外，在少数民族非物化形态文化的传承中，应充分重视文化动员和引领的不可或缺的作用。

三　影视传播和民族文化的对外辐射

电视所营造的拟态环境不仅促进了人的社会化，而且影响到族群文化的变迁。民族语言共通标志着边境民众的相互识别与认知，信息的有效传播和思想舆论的调控关系着国家的政治安全，影视传媒成为边境民族村寨社会环境稳定的检测仪。

（一）边境文化安全风险识别

民族村寨的文化活动，尤其是原始宗教与民间信仰，一直呼唤文化安全的管理。而在少数民族边境地区，信仰，尤其是宗教信仰跟民众的生活紧密相关。信仰即他们的灵魂，宗教的仪式对于生老病死以及日常不能自我开解的人生苦痛和烦恼来说有着劝慰镇定的功效。在云南边境，当人们转向现实认为当佛爷没有出路时，他们会更盼望找到使自己能够糊口立命的途径；对于本地教义的坚守来说，外僧入寺会不会直接威胁到族群文化的版图，也曾引发关注。新修的教堂作为新的信仰变成新的传播平台，传教者成为文化符号的代表者，边境乡镇文化站几乎没有力挽狂澜的力量。在外来宗教进行大规模替代之前，我们可以发现，针对南传佛教中外僧入寺与边境文化安全风险识别的问题，影视媒介完全可以发挥其巨大的正面导向作用。

影视文化舆论导向的主要内容在于正确引导伦理道德和行为规范，这类似于通过社会中自觉自愿的赞同、认可来实现对文化意识形态的影响。当外僧被民众请入本土村寨主持事务进行民间交流，满足民众的信仰需求时，从形式上看，这必然会对国家文化安全产生一定的风险。加强对边境未开发地区的影视文化服务，积极进行族群文化的宣讲介绍、恢复重建和支持帮扶工作；加强神职人员对诸教信众的积极引导，勿将南传佛教的教职培训和交流视为异文化的渗透，这样传统民族文化还是会有新的发展动力和基础的。这既能降低少数民族文化和教育不足的风险，又能保证政府舆论引导的通达。

而影视节目所设置的内容议题、所倡导的思想意识和价值观念往往会引发社会舆论的广泛讨论。调研中，云南电视台的"新视野"栏目给我们提供了一个借鉴。作为云南电视台建台以来第一个真正意义上的国际新闻节目，其关注南亚与中国相关领土争议、军事冲突与反恐、灾难等问题，并且报道中国和云南省与东盟各国的合作、交流情况。这一栏目为一些重大选题以及内容的政治导向进行把关，在对有关国际关系、社会问题处理的基础上，对族群文化现象进行描述，注意把握其对传统和现实的触动，注意对内和对外宣传的区别。通过完善基本公共服务节目的保障基础，通过政策引导、市场运作等多种手段增加公益节目对民族文化信仰等的服务，逐步通过良好的文化宣扬和引导培育优良传统，降低文化信息传播中的安全风险。

（二）同族同源与边境文化安全交流

同一民族在历史进程中通常都具有共同的心理和行为模式，能在共同的文化背景中获得价值认知和精神结构上的归属与认同。在边境纷扰中，民族身份的认同和国家的界限常常会陷入尴尬之中。如虽然中缅边界划定给佤族群众造成了身份困惑，但20世纪几乎全员参与的抗英和抗日斗争曾使佤族人民空前团结；中国景颇族与缅甸克钦邦的族人同族同源，其族人族系亲属关系并不会因为国界划定而分离。大量稳定的民间交往覆盖了经济层面和科教文卫等各个方面，这也暗含着身份认同的隐患。塞缪尔·亨廷顿在《文明的冲突与世界秩序的重建》一书中强调过文化的差异及文化在国际沟通与交流中的重要作用。在同族同宗的边境文化交流中，随着民族交流上升为国族交流，民族伦理文化也会发生历史性的变迁。

影视传播对民族伦理文化内核的稳定，有其相应的形式和内容的变迁。边境的少数民族村寨往往同根同源，文化的传播对于紧邻我国边境的同族民众具有同样影响。如当前缅甸境内的景颇族民众与我国境内的景颇族民众在生产、生活等方面依然保持着紧密的联系；缅甸佤邦和克钦邦的群众可以收看中国的电视节目，使用人民币，甚至他们接收的手机信号和购买的日常消费品都是中国生产的。当国家对少数民族群体予以政策上的重视和倾斜时，对于其被优待的身份认同，可以凝聚边境少数民族群众的向心力，而影视传播则可以恰如其分地发挥其文化催化剂的作用。这时对国家政策的解读，对区域政策信息的组织化传播来说，在政策的施行和贯彻中，影视媒介尤其是地方媒体发挥着关键的辅助性作用。

民族村寨往往与周边地区在经济、文化交往方面关系密切。以云南为例，在中国和东盟合作的框架下，通过与东南亚国家进行民族影视文化的交流和互动，可以推进民族之间的友好往来，这对其海外市场的扩大具有重要意义。在这里，文化挟持和思想引导已经无关语言的问题。例如，境外的"越南之声"广播电台除了播放越南语和英语节目外，还播放十二种少数民族语言节目，这使我国边境少数民族收听时没有语言障碍。边境民族与邻国的少数民族一般都有着独特的亲缘性，他们彼此之间有着共同的语言、生活习惯和民俗信仰。在与东南亚、南亚各国的交流合作中，跨国春晚的举办不失为一项积极推进桥头堡建设的重要举措。2013年云南广播电视台与泰国中央中文电视台共同携手，在泰国曼谷皇家宴会大厅举办"合家欢中泰情"——首届中泰两国大型春节联欢晚会。电视对外来文化的传播，建设着国家形象，也影响着少数民族地区本土的生产、生活方式和思想观念。影视文化的多样性发展，对于扩大民族影响力，推动中国与东南亚国家之间的文化交流具有重大意义。

在这种同族同宗的边境民族村寨中，通过与邻国进行民族影视文化交流互动，联合举办中国文化周、电影周等，可以增强我国民族文化在区域文化活动中的活跃程度。通过影视剧渗透价值观念，传递本土文化仍然是民族村寨特色文化建设和文化交往的有效方式。涉外影视作品融合了民族历史和民族特色，其中的国民形象不但是民族文化的载体，而且对维护国家文化安全具有重要意义。如2013年上映的电视剧《舞乐传奇》，是由中央电视台、中共云南省委宣传部、缅甸宣传部国家影视管理局、云南广播电视台以及其他几个影视传媒公司联合出品的。剧中涉及古代骠国（今缅甸），对南诏古国以及云南瑞丽各民族的民俗活动（如景颇族传统目瑙纵歌）等都有全景描述；而佛教文化与西南边陲楼阁寺庙等文化景观，具有感染力，也是电视剧在海外传播中向受众展现的直观的视觉文化。在缅甸，该剧拥有广阔的市场。通过扬是抑非，营造良好的交流和互动氛围，影视传播成为中国文化安全的重要渠道，既宣扬了民族精神和民族风尚，又使边境族群和平友好交往。

（三）信仰与社会凝聚力

除宗教之外，通过家族、宗族与村委会等组织结构所形成的社会凝聚力，在某种意义上也具有强大的世俗力量。大部分民族村寨都有家族或宗族势力，即包括头人、寨老等在内的乡村事务管理组织。无论在贵州从江县岜沙苗寨还是在黎平的肇兴侗寨，很多特色村寨都曾在血缘与地缘基础之上建立村民自治组织，并且多数民族村寨中的民众还要受到民族习惯法所提供的处世之道的约束。例如，少数民族的婚姻习惯与《婚姻法》或冲突或协调，我们在云南走访中即发现部分少数民族对婚姻中不端行为的惩戒极其严厉。村寨秩序曾是维系依赖原生的地域血缘关系生活的人们的最基本的准则，如婚丧嫁娶的准则，生活间互相帮助、互相约束，因此村民的评判标准会规制人的言行、理想和生活观念。

宗族脉络和建立在共同信任和共同心理特征基础上的民族习惯，对改善社会、整合人心曾起到了一定的积极作用。但随着社会变迁，影视文化所弘扬的效果往往胜过村镇干部和政府其他公职人员的管理和引导。而为了使对村民进行的教化、约束发挥较大的效用，影视传播所提供的新观念以其便捷的社会资本，为当下的乡村治理创造了更为便利的条件。体现民族文化传统的很多影视作品都在展映，从探索少数民族村寨个体生命、自然和社会历史到保护民族文化的虔诚心境，影视传播一定程度上在其中也扮演了更为重要的角色。

曾经凝聚民众的村规民约和习惯法，会失去原有的拥护与支持。如黎平县莲花寨的侗族人民自古以来就注重人与自然的和谐相处，主张不破坏生态环境，但影视文化所形成的权威和效力会不自觉地鼓舞社会的各种经济化、产业化的运作行为。该地将林业坡地开垦为粮食耕地，对林木的过度砍伐、开发，使得水受到污染且造成山坡耕地出现严重的水土流失，传统的村规民约已经不能有效阻止周边环境的生态恶化。而2016年1月，在位于德宏州陇川县的云南景颇园举行的"景颇文化体验日"庆典仪式上，德宏景颇族文化的精髓似乎可"一览无遗"。但实事求是地在傣族村寨中调查发现，原先赖以生存的稳定的生态环境已经发生根本性的变化。在旅游发展的利润面前，可持续发展的思路仍需要被充分地考虑、贯彻和执行。只有当一个民族的文化内容被自己的民众发自内心地接受和喜爱时，其文化产业才真正具备了可开发的经济潜力。另一实例，傣语中的"龙山"意为"神居住的地方"，西双版纳的傣族人认为有水源的地方就是龙山，寨子旁边的龙林不能被砍伐。动植物生灵崇拜的信仰曾经保护了整个水田生态。而现代化的经济发展将龙山进行开发并在其上种了经济作物，这使生态系统被破坏。当民众从农作中抽身发展旅游时，民族的文化信仰也开始走向瓦解。电视新闻也许可以帮助其建立顺畅的利益诉求表达机制，可以培养全民参与社会建设和保障的意识，更能为群众的社会参与和自我生存环境的保护等提供良好渠道。

影视文化的传播属性关系着国家形象，作为公共精神文化空间中最直接、最有力的建设者，其对民族信仰和社会凝聚力的维护有着重大意义。在影视文化内容创新中，应继续重视具体少数民族群众日益增长的精神文化需求。而影视节目生产的机械重复和速食性，常常导致人们没有反省和批判而盲目模仿，这导致家庭社会矛盾产生和信任信仰体系崩溃。

面对社会转型期的观念碰撞，娱乐市场的解放，在情感舒压的同时，文化的认知和教育功能也会被一定程度地消解。大众审美取向低俗化对核心价值观也产生威胁，传统文化和民族特色文化的流失同时还会带来文化认同感的削弱。在文化战略推进过程中，根植于社会各层面的种种矛盾性景象显而易见，少数民族节庆气氛淡化，情人节、圣诞节等流行，人们开始去教堂唱诗而放弃山歌对唱等活动，一些传统节日和习俗正在被逐渐简化和替代。在吸收外来文化的同时，影视传播要引导大众发展自己的文化；在接受和认同外来文化的同时，要坚持好的文化信仰必须在场；在见微知著的文化现象背后，无论潜藏多大的矛盾都要帮助民族村寨坚守自身文化阵地。在政府主导下，强化政府责任和影视传播的协调配合，运用相应的策划手段，促进民众信仰心理和信仰习惯的形成，能够提高社会合作效率、增进民族和谐。

对于文化信仰的诠释，民族传统道德文化的彰显，影视传媒是文化的主流阵地。虽然部分伪民俗在传播中不可避免地被建构，但对地方文化最直接的坚守也在一定程度上反映着区域文化历史和自然地理风光。在不改变根本文化立场和价值取向的前提下，影视传播都承担着有选择地传承优秀民族文化的任务。影视媒介在题材选择时应当客观公正地构建和传播真实的世界图景，在确定评论观点时应持有正确的价值取向。

影视文化的输出同样面对国际挑战，借用既有文化资源与意识形态加强认同感，对文化软实力进行了迥然不同的诠释。当在国门之内观察其他国家和地区时，我们应该通过影视传播来尽量减少民族村寨建设的决策和行为的偏颇。在建设小康社会的进程中，以边境少数民族村寨生活文化塑形为例，来关注影视传播与族群文化发展，既是落实科学发展观、构建社会主义和谐社会的重要内容，也是建设社会主义新农村，满足广大农民群众多层次、多方面精神文化需求的有效途径。

参考文献

新华社，2005，《中办国办关于进一步加强农村文化建设的意见》，http：//news. xinhu-anet. com/politics/2005-12/11/content_ 3906616. htm。

新华社，2006，《国家"十一五"时期文化发展规划纲要》，http：//news. xinhuanet. com/politics/2006-09/13/content_ 5087533. htm。

广电总局，2007，《关于印发〈农村数字电影发行放映实施细则〉的通知》，http：//dy. chinasarft. gov. cn/html/www/article/2011/012d79521feb0f3b4028819e2d789a1d. html。

国家民委办公厅、财政部办公厅，2009，《关于做好少数民族特色村寨保护与发展试点工作的指导意见》，http：//jjfzs. seac. gov. cn/art/2016/11/10/art_ 8617_ 269577. html。

国家民委办公厅、财政部办公厅，2012，《少数民族特色村寨保护与发展规划纲要（2011—2015 年）》，http：//www. seac. gov. cn/art/2012/12/7/art_ 149_ 172616. html。

国家民委，2012，《关于印发少数民族特色村寨保护与发展规划纲要（2011—2015 年）的通知》。

国家民委，2014，《国家民委发布首批"中国少数民族特色村寨"名录》，http：//jjfzs. seac. gov. cn/art/2014/9/25/art_ 3383_ 215105. html。

国务院办公厅，2016，《关于加快推进广播电视村村通向户户通升级工作的通知》，http：//www. gov. cn/zhengce/content/2016-04/21/content_ 5066526. htm。

作者简介

彭流萤　女

所属博士后流动站：中国社会科学院社会学研究所

合作导师：罗红光

在站时间：2014.9~

现工作单位：中国文联电影艺术中心电影理论研究部

联系方式：329987392@ qq. com

以《双伯郎》《关公祭刀》论石邮傩神的宗族化[*]

黄清喜

摘　要：以往的傩文化研究多采取静态视角，研究的重点表现为关注傩文化的来源、表象特征、艺术价值及资料搜集与整理等，而对傩品的特性关注较少。因此，缺乏有关傩文化的地方-社会性对话、动态变迁和整体性研究，使结论未能体现各傩品的特殊内涵并使研究流于泛泛。本文以石邮傩的宗族化为例，以当地人的理解去解读傩文化能探究出某一傩品的真正内涵。

关键词：石邮傩神　宗族化　傩品特殊内涵

一　引子

傩是中国土生土长的文化，它以顽强的生命力从无文字的史前文明走过漫漫征程并延续至今，这说明它具有旺盛的生命力。这种旺盛的生命力说明傩从来就不是历史的"遗留物"，而是生生不息之民众生活的一部分，具有深厚的"中国元素"内涵。因此，傩文化无论从时间的深度还是空间的广度来说都担当得起"我国传统文化事象中一颗璀璨的明珠"（黄清喜，2012）这一美誉。赣傩是这颗明珠最闪光的部分之一，南丰傩则是赣傩中

---

* 本文获中国博士后科学基金面上资助项目（第59批）资助，项目名称："傩舞表演艺术的文化解读——以江西抚州市南丰县的石邮傩为例"（项目编号：2016M591623）。

的佼佼者，而石邮傩则是南丰傩的代表。南丰傩是新中国成立后最早被学者关注的傩舞之一，因此，对南丰傩的研究已有较为丰富的成果。如1953年各省区民间文艺会演中，南丰傩班参加了省里的会演，其中《开山》节目于1954年最早参加正式会演。1957年石邮傩班的《跳判》参加了全国会演，引起轰动，该节目的名称在北京专家建议下改为《钟馗醉酒》。1956年3月30日至4月28日，中国舞蹈艺术研究会傩舞调查研究组赴南丰等地调查，获得大量第一手资料，撰写了《江西省"傩舞"调查介绍》。与此同时，广州军区文工团、海军政治部文工团、空军政治部文工团和江西的文艺团体纷纷至南丰考察。其中，江西省歌舞团改编傩舞《和合》为《丰收乐》，并在各地成功演出；稍后欧阳雅等人整理出《江西傩舞资料》。而"文革"结束后的20世纪80年代以来，无论民间傩班还是学者对傩舞的研究都达到最佳状态，这其中就包括对石邮傩的研究。

对石邮傩的研究已有很多成果，其中四部较有参考价值，分别是《江西南丰傩文化》（曾志巩著，"中国傩俗礼仪文化丛书"系列，2005年由中国戏剧出版社出版）、《江西省南丰县三溪乡石邮村的跳傩》（余大喜、刘之凡著，"中国地方戏与仪式之研究"工程成果之一，1996年由王秋桂主编，作为"台湾民俗曲艺丛书"出版）、《敬如神在：柏堡傩文化生态研究》（中国人民大学2002级美术专业博士研究生陈圣燕的博士论文）和拙作《石邮傩的生活世界——基于宗族与历史的双重视角》（本人博士学位论文）。以往的傩文化研究多采取静态视角，研究的重点为关注傩文化的来源、表象特征、艺术价值及资料搜集与整理等，而对傩品的特性关注较少。因此，缺乏有关傩文化的地方-社会性对话、动态变迁和整体性研究，使结论未能体现各傩品的特殊内涵而使研究流于泛泛。拙作《石邮傩的生活世界——基于宗族与历史的双重视角》以当地人的理解去解读傩文化，从而达到真正探究石邮傩（某一傩品）深厚内涵的目的。这正是本文所说"石邮傩为宗族傩宗族化过程中一个很好的例子"的原因。

二 石邮傩之二节目《双伯郎》和《关公祭刀》解读

石邮傩共八个节目，故叫八脚傩。它们按演出先后顺序分别为《开山》、《纸钱》、《雷公》、《傩公傩婆》、《跳判》、《凳子》、《双伯郎》和《关公祭刀》。每个节目都有其故事，故事里既包含了深厚的文化内涵又表现了吴氏祖先的智慧——既体现了每一神祇的历史渊源，又将祖先神形象融入其中。这既是石邮吴氏强调傩来自《封神演义》的原因，也是石邮傩为吴氏宗族傩的原因。吴氏以跳宗族傩的方式追忆祖先，而所跳之众傩神皆为其祖先神，即宗族傩用宗族祖先神来跳，这才是石邮傩的文化内涵。可以说，石邮傩是吴氏尊崇祖德①，实现祖先遗志②的一次身体性总展演。限于篇幅，本文只以石邮傩之《双伯郎》《关公祭刀》为例进行阐述，以石邮吴氏的思维去理解吴氏的理解。

（一）《双伯郎》

《双伯郎》是石邮傩独有的一个双人舞节目。因为兄弟俩关系亲密无间，相当默契，所以这个节目中两人的动作都是一致的，表演内容为二人对神灵的祭祀。现在一般是七伯张水根跳一郎，四伯聂毛富跳二郎。"双伯郎"为两兄弟之意，是石邮俚语，不能说是南丰俚语，因为"两兄弟"南丰其他地方不这样称呼。目前所有关于石邮傩的书都把这一称呼说成是南丰俚语，这夸大了它的使用范围，是不对的。这两兄弟相貌非常相似，除一郎眉心间多只眼外，其他都一模一样。正因如此，现在"双伯郎"一词在石邮用得很广，如生了一对双胞胎，就说是生了一对双伯郎；打牌拿到一个对子，就说拿到一对双伯郎等。

那么，这两兄弟是谁？《傩神太子鸣词》中有"二郎元帅"和"一郎二郎神将"句，而石邮族人都说这两兄弟是杨戬和哪吒，而关于杨戬和哪吒谁是一郎谁是二郎，很多人都把二郎神跟二郎混称了。因《封神演义》中杨戬有三只眼，是二郎神，于是有人说杨戬是二郎而哪吒是一郎。实际上，杨戬是一郎，哪吒是二郎。因此这里还有一个对一郎二郎身份的辨认问题。下面我从他们的身世和田野所见两个方面对这一问题进行阐释。

首先说他们的身世。

先说杨戬。说杨戬身世之前需说二郎神。二郎神的来历说法很多，现以比较流行的五种身世为例加以说明。第一种是秦代蜀郡太守李冰第二子，助

---

① 遵从祖德，即吴氏遵从同宗同源和"让"的祖德，参见黄清喜《石邮傩的生活世界——基于宗族与历史的双重视角》，中国社会科学出版社，2016，第151页。

② 祖先遗志，即建立一个比姬昌及其后人建立的大周朝更为繁荣昌盛的国度以证明本族能力。遵从祖德为实现祖先遗志。吴氏祖先遗志宏大，需认同"同宗同源"以联合族人来实现目标，而在目标未能实现之前，吴氏不能向世人展示其祖先遗志，故而在历史的跌宕起伏中发展出"让"的祖德。参见黄清喜《石邮傩的生活世界——基于宗族与历史的双重视角》，中国社会科学出版社，2016，第151~152页。

父斩蛟锁龙，筑堰平患，蜀人奉为灌口二郎神，祠祀不绝，亦称为灌口二郎。第二种是"隋代嘉州太守赵昱斩蛟定患，后又显灵平定水灾，民感其德，立庙灌口，奉为二郎神，亦称为灌口二郎"（徐崇立，2012：113）。这是《绘图三教源流搜神大全》中所记之清源妙道真君。第三种是《封神演义》和《西游记》中所记玉皇大帝的外甥杨戬，且看《封神演义》中对他的叙述："杨戬曾练过九转元功，七十二变化，无穷妙道，肉身成圣，封清源妙道真君。"（许仲琳，1983：364）这是明显在用赵昱的封号。第四种是"晋邓遐为襄阳太守，斩沔水蛟除患，乡人立庙祠祀，因尝为二郎将，后尊为二郎神"（马书田，1997：380）。第五种说法是：

> 相传二郎神是印度四大天王中之北方多闻天王毗沙门二王子独健，佛教护法神之一。独健，经常领天兵护其国界。佛经中有传说，唐天宝元年（742年），大石、康居等五国围攻安西（今新疆库车县），安西向朝廷告急。安西路远，救兵难至，唐玄宗派高僧不空请毗沙门天王发神兵救援，带兵出征者即天王二太子独健。他用体硕如猾的金毛鼠将五国联军的弩弦器械全部咬坏，迫使五国退兵。其后玄宗命天下州府都设坛供养天王及其部从形象，于是独健二郎神形象广泛传播。当然，外国神传入中国要经过改造，因独健有战功，那么，塑造其形象为战神杨戬就再合适不过了。（张政烺，1982）

据张政烺的研究，这种土洋结合式的改造从元明杂剧中所演二郎神之事迹看，并未消除其原为毗沙门多闻天王之子的痕迹。

从上可以看出，杨戬只是二郎神五种身世传说中的一种，即作为中国神话中的第一得力战神。当然，这说的就是《封神演义》等作品里的故事：杨戬血统高贵，身世坎坷，虽是玉皇大帝的亲外甥，但曾力抗天神，劈山救母，号灌口二郎神；他师出名门，拜在昆仑派十二上仙之一玉鼎真人门下；从魔家四将兵围西岐城一役中首次出场后就牢牢占据了姜子牙军中第一战将的位置。其实从《封神演义》可以看出，杨戬形象的二郎神这时已经是个合成品，如前所说，其用的是赵昱的封号。而根据张政烺的研究，在杨戬为二郎神化身的同时，民间于元明杂剧中还糅合了毗沙门多闻天王二王子独健的形象。这种见地非常深刻。笔者认为其还不只是将独健糅合了进来，其实在某种程度上五种形象都存在，只是看哪一或哪几个形象所占成分多一些。而经张政烺的这一糅合，杨戬跟哪吒的关系就密切了。

现在让我们来看看哪吒的身世。《三教源流搜神大全》卷七中这样记载的：

> 哪吒本是玉皇驾下大罗仙。身长六丈，首带金轮，三头九眼八臂，口吐青云，足踏盘石，手持法律，大喊一声，云降雨从，乾坤烁动。因世界多魔王，玉帝命降凡，以故托胎于托塔天王李靖。母素知夫人生下长子金吒，次木吒，帅三胎。哪吒生五日，化身浴于东海，脚踏水晶殿，翻身直上宝塔宫。龙王以踏殿故，怒而索战。帅时七日，即能战，杀九龙。老龙无奈何而哀帝。帅知之，截战于天门之下而龙死焉。不意，时上帝坛，手搭如来弓箭，射死石矶娘娘之子，而石矶兴兵。帅取父坛降魔杵，西战而戮之。父以石矶为诸魔之领袖，怒其杀之以惹诸魔之兵也。帅遂割肉刻骨，还父而抱真灵求全于世尊之侧。世尊亦以其能降魔，故遂折荷菱为骨，藕为肉，丝为筋，叶为衣而生之。授以法轮密旨，亲受"木"、"长"、"子"三字，遂能大能小，透河入海，移星转斗。吓一声，天颓地塌；呵一气，金光罩世；锦一响，龙顺虎从；枪一拨，乾旋坤转；绣球丢起，山崩海裂。故诸魔若牛魔王、狮子魔王、大象魔王、马头魔王、吞世界魔王、鬼子母魔王、九头魔王、多利魔王、番天魔王、五百夜叉、七十二火鸦，尽为所降，以至于击赤猴，降孽龙。盖魔有尽而帅之灵通广大，变化无穷。故灵山会上以为"通天太师威灵显赫大将军"。玉帝即封为"三十六员第一总领使"，天帅之领袖，永镇天门也。（徐崇立，2012：330）

这是道教关于哪吒的记载。

其实，佛教中也有关于哪吒的记载。哪吒是佛教护法神之一，毗沙门多闻天王三王子。在佛经中"哪吒"是梵文 Nalakuvara 的音译略写。唐代僧人大广智不空翻译的《北方毗沙门天王随军护法真言》称哪吒为北方毗沙门多闻天王的第三子。而多闻天王有五子（一说四大天王各有九十一子），除了三王子哪吒之外，前面所说的独健是他的二王子。

前面已说，张政烺认为杨戬化身的二郎神于元明杂剧中糅合了毗沙门多闻天王二王子独健的形象。笔者的看法是可能五种形象都不同程度地存在，他们组成了一个"二郎神系"，就看哪种形象于某个特定的二郎神身上体现得更突出些。这就把"二郎神系"中不同特色的二郎神体现了出来，如哪里的二郎神李冰父子的形象多一些，哪里的二郎神杨戬的形象多一些，哪里的二郎神毗沙门多闻天王王子的形象多一些，哪里的二郎神五种形象结合后杨戬和毗沙门多闻天王王子这两种形象体现得更突出些等。从佛教的角度看，独健是毗沙门多闻天王二王子，哪吒是毗沙门天王三王子，他们确实是兄弟关系。可见，"二郎神系"中体现独健形象的二郎神在早期的元明杂剧中和哪吒的关系非常密切。而这种早期元明杂剧中的形象在直至如今的石邮傩中都还有原原本本的体现。这就是双伯郎的身世。当然，从这个侧面也说明石邮傩确实具有元明遗风。而如果不懂这一层关系去看《双伯郎》，则既对杨戬和哪吒是两兄弟关系感到疑惑，又对杨戬为一郎耿耿于怀，认为怎么都说不通！这是从两人身世上进行的阐释。

其次从笔者田野之所见来分析。我为什么会提出二郎神是一郎呢？这是笔者田野观察的结果，之后笔者在田野调查的启发下去查找其身世的相关资料。现在让我们进入田野中去。石邮傩中的《双伯郎》无论从哪方面看，二郎神都处于更重要的位置。因循古礼，东边为大，挂圣像时二郎神挂在哪吒东边；出场时二郎神先出，且也是在东边跳；安座放圣像时地位高的圣像放在下面，二郎神圣像放在哪吒圣像的下面（见图1）。特别有一次，笔者亲自体会到大伯①说一郎是二郎神。那时笔者正在拍摄挂圣像的全过程，无意中拍摄到大伯和三伯都潜意识地知道二郎神是一郎的情景。一般傩班弟子在挂好圣像后会让站在傩神庙前面的人看看圣像挂正了没有。然后人们就会告诉挂圣像的弟子哪个圣像该往左拨一点、哪个圣像该往右移一点等。那次是三伯唐贤仔挂东边的圣像，我亲眼看见大伯叫三伯把一郎扶正时，三伯是将二郎神扶正了。可见在大伯和三伯心目中，一郎是二郎神。但在石邮，确实很少人会说二郎神是一郎，几乎都说二郎神是二郎。甚至资深如丫仔②，我们在讨论一郎、二郎问题时，他都坚决说

---

① 大伯：石邮傩专门用语，不是指称父亲的哥哥。石邮傩文化圈民众对傩班弟子以"伯"相称，傩班共八弟子，称为八个伯。"伯"是兄弟的意思，所以他们八个人是"八兄弟"。八个伯按职位大小顺序排列分别为大伯、二伯、三伯、四伯、五伯、六伯、七伯、八伯。现任大伯为罗会武，现任二伯为彭金孙，现任三伯为唐贤仔，现任四伯为聂毛富，现任五伯为彭春根，现任六伯为罗润印，现任七伯为张水根，现任八伯为饶金泉。大伯是石邮傩八弟子中辈分最大、权威最高者，也是石邮傩傩仪的主持者，领导其他七弟子。

② 丫仔原为傩班三伯，后因出车祸使一只脚残废了，不能再跳傩，这才出了傩班。而前任大伯罗会文十多年前就想把丫仔培养为接班人，把傩班所有知识如规矩、仪式、禁忌等都告诉了他。可惜丫仔后来脚受伤了，不得不离开傩班，但对石邮傩知识的了解除现任大伯外应该说就他了解最多了。丫仔出傩班，唐贤仔升为三伯。说"资深如丫仔"就是说前任大伯把丫仔作为接班人培养，所有傩班知识都教给了他。而十多年前丫仔已是傩班三伯，说明他资格也非常高，所以不管从他对傩班知识的了解，还是他在傩班中的地位来说，丫仔的资格都很高，这才说"资深如丫仔"。

二郎神是二郎。普遍的情况是，石邮族人甚至包括大部分傩班弟子都持丫仔的这种观点。但从上文我们可以看出，虽然不知其所以然，但根据他们自己日常习惯的潜意识，笔者认为至少大伯和三伯知道一郎是二郎神。这除了他们习惯的潜意识中认定东边或下面为大之外，还有一点就是他们没读过书，其头脑里没有二郎神的概念，不管圣像叫什么，跳傩期间挂在东边或安座时放在下面的圣像更大，更大的就是一郎，因为跳傩期间三只眼的双伯郎圣像挂东边，安座时放下面，其更大，所以他就是一郎。因为石邮族人都习惯地称二郎神为杨戬，所以杨戬是一郎，哪吒是二郎，不能把二郎神跟论资排辈的二郎相混淆。还有一种容易把二郎神杨戬误认为二郎的原因是，二郎神本身就是神，故而这个"神"字就多余了。因此"二郎神"变为"二郎"，"二郎神杨戬"就变成"二郎杨戬"了。久而久之，本意已被人们所忘记，但"二郎杨戬"已在人们头脑中记录下来。《双伯郎》里又刚好用排位方式把这两个圣像叫作一郎和二郎，于是，虽然身为一郎的"二郎神杨戬"位排于东，但人们仍然叫他"二郎杨戬"了。这样问题就出来了。如果二郎是杨戬，那么一郎就是哪吒了。而一郎更大，挂圣像时本应摆东边，而为何二郎摆东边呢？这就矛盾重重，不能自圆其说了。于是这成了石邮族人的苦恼。这就是我要提出他们身份辨认问题的原因了。

　　然而，一郎和二郎虽然分别是杨戬和哪吒，并且以佛教成分居多，但按理，在中国，佛教中杨戬和哪吒的形象流传时间并不长，道教中两者的形象一直占据统治地位。那么，为什么石邮傩《双伯郎》能将他们的佛教形象一直流传下来呢？这就是吴氏宗族的过人之处。吴氏不是生搬硬套地把两个不相干的人拿来，而是将自己祖先的形象也融入了其中。

　　杨戬为中国神话中之第一战神，而哪吒为姜子牙军中之先行官，两大战神于《封神演义》中都立下赫赫战功。但《封神演义》中说的都是他们的道教身份，即他们并非亲兄弟。佛教故事的融入拯救了《双伯郎》，最终将寄托着宗族祖先形象的杨戬和哪吒真正变成了亲兄弟。这就是上面所讲的关于杨戬和哪吒两人佛教身份的作用，于是《双伯郎》最终在佛教身份的作用下为吴氏服务了。这里略举两例。

　　首先是吴芮。吴芮有一亲弟弟叫吴筵，兄弟俩亲密无间，文治武功都名震一时。只是弟弟后来随徐福另走他乡（后听说东渡到日本去了），而自弟弟吴筵走后他们兄弟再未见过面。后世子孙为表对祖先吴芮和其弟吴筵的追思，在编制宗族傩时把他们的形象融入其中。这也是为什么

《双伯郎》节目虽兄弟俩手拿兵器但没有一个交碰动作，没有做出对抗的姿势。《双伯郎》表现的尽是敬拜、祖德——"敦睦"的身体展演，目的是在祝愿兄弟世代和睦的基础上将其发展为祈祷和平、吉祥、和谐、和睦、团结和友好，是一种实现祖先遗志所必需的、宗族繁荣后"同一源流""同宗同源"景象的身体展演。对于《双伯郎》，石邮流传着这样一句话："金鼓相鸣，放马南山。"这是它同仇敌忾象征意义的最好表达。

二郎　　　一郎

图1　双伯郎

其次是周八起义时他身边的两位吴姓大将军。这是不能言明的，但在族谱中有所体现，因为族谱中有对"忠奸"的辩驳。嘉庆九年的《曙亭序》就说："故谱牒之续修，则祖宗之德业焕然一新，俾子孙之贤而智者阅之，而知谁为贤臣，谁为孝子，谁为忠义，谁为节烈，兴起其趾美承休之念。"（吴曙亭，2007：793）虽名为表述修谱之重要性，但其真实意图恐怕是对吴氏参加了周八起义心知肚明故而对当时社会上存有诋毁其宗族的行为进行辩驳吧？要不然怎么说"谁为贤臣""谁为忠义"呢？为着宗族的名誉，吴曙亭必须为吴氏有所辩白，因为祖德和祖先遗志的激励及辉煌的家世渊源，历代贤人达士也都曾表达过其宗族能够担负起"穷则独善其身，达则兼济天下"的责任，所以吴曙亭就说得理直气壮了。因此《双伯郎》中隐性地存有周八起义军中吴氏双雄的形象。这样，《双伯郎》在杨戬和哪吒身份的掩护下可成功地将吴氏祖先的形象一代一代地堆加上去。

（二）《关公祭刀》

《关公祭刀》是石邮傩最后一个节目，单人舞，又叫《关公》或《祭刀》，表演的是阵前磨刀祭祀的场景。石邮傩的第一个节目《开山》也包含磨斧（钺）祭祀情节，这两个节目首尾呼应，成一种周圆象征。当然，"磨（斧）刀"也表现了吴氏祖先强调"工欲善其事，必先利其器"的自强隐忍思想。在表演中对磨斧（刀）祭祀表现出的无比敬重，是对出征前旗开得胜、凯旋的祈愿，这是仪式的神圣性所需要的。现在一般是三伯唐贤仔或八伯饶金泉跳这两脚傩。

关公红脸美髯，石邮圣像也如此，因此石邮人也说是跳关公，《傩神太子鸣词》中也有"关圣帝君，关平周仓"，但如果不细问或没达到交心的程度，可能也就只知道这么多了。其实此关公非彼关公，此关公乃《封神演义》中之武成王黄飞虎（见图2）。石邮傩的《关公》跳的是黄飞虎反纣，倒戈朝歌的故事。而无论黄飞虎还是关公，其身世都是彪炳千秋的。现在就让我们来看看他们的身世。

先看黄飞虎的身世。《封神演义》中黄飞虎家族七世忠良，在商朝世居高位。黄飞虎的父亲黄滚是商朝赫赫有名的镇边老帅，黄飞虎本人也被封为镇国武成王。然而，纣王受妲己蛊惑，荒淫残暴。为满足一己私欲，连黄飞虎的妻子也不放过。黄飞虎之妻为守贞节跳摘星楼而死。黄飞虎之妹为纣王王妃，痛斥纣王对兄嫂之行为，被纣王摔下摘星楼而死。黄飞虎身负家仇国恨，为推翻荒淫无度的暴君，拯万民于水火，他起而反商。经周密布置，他率一千家将，偕同二弟、三子、四友反出五关，联合姜尚讨伐商纣，跟随者众。黄飞虎的起义军发展很快，一时声威大振，势不可当，在牧野首战大捷。后黄飞虎统帅三军夺取潼关，直逼商朝国都朝歌（即今河南省淇县），然于渑池（今河南省渑池县）不意战死。黄飞虎在兴周灭商的战争中立下赫赫战功，被周武王封为"开国武成王"。周武王评价黄飞虎"德行天下，义重四方，施恩积德，人人敬仰，真忠良君子"（许仲琳，1983：306）。姜子牙封神时"特封尔为东岳泰山天齐仁圣大帝①之职，总管天地人间吉凶祸福"（许仲琳，1983：958~959）。

---

① 据《绘图三教源流搜神大全》（徐崇立，2012：369~370）载，东岳，三月二十八日生。泰山者乃群山之祖，五岳之宗，田地之神，神灵之府也。在兖州秦符县，今太安州是也。以按唐《会要》曰："武后垂拱二年七月初一日封东岳为神岳。天中王王后万岁。通天元年四月初一日，尊为天齐君。玄宗开元十三年加封天齐王。"宋真宗大中祥符元年十月十五日诏封"东岳天齐人圣王"。至大中祥符四年五月尊为帝号"东岳天齐仁圣帝"。淑明皇后，圣朝加封"大生"二字，余封如故。帝五子，宣灵侯，惠灵侯，和惠夫人，至圣炳灵王，永泰夫人，居仁尽鉴尊师。

由上可知，黄飞虎不但是周朝开国者的左臂右膀，为吴氏祖先打江山立下汗马功劳，而且其死后地位亦无人能及。因此在其宗族傩中展现黄飞虎形象就既是对黄飞虎的崇敬，又是对后世子孙的鼓舞与激励了。在吴氏祖先的精心安排下，吴氏跳傩的目的终于达到了，所有傩神都是护佑自己宗族的祖先神。

然而圣像处处表现的是关公形象。关公即关羽，如面具是枣红脸，有美髯须，兵器也是关公的青龙偃月刀，根本没一点黄飞虎的影子，外人一看就知道是在跳关公。关公于《三国志》和长篇历史小说《三国演义》中描写最多，享有与"文圣"孔子齐名的"武圣"美誉，集忠孝节义于一身，是位被后世神话的全能神。关于关羽信仰的研究很多，这里不加阐释。但这样一位具有忠、勇、信、智、义品质的大神在统治者有意推崇的过程中必须于本族傩中有所表现，不然，本族傩的地位就要受到来自官方和民间的双重挑战了。说官方是说与官方所推崇的意识形态相一致；说民间是说因关羽信仰深入民众，为跟上时代，关羽形象必须纳入傩中来，不然世人就要对石邮傩的能力产生怀疑了——连民间最信仰的全能神关羽都没有，石邮的老爷能有多大能耐？然而对于吴氏来说，关羽确实进不了石邮傩，因为关羽信仰是后来兴起的，不具备吴氏祖先神的身份。而石邮傩是宗族傩，必须具有吴氏祖先神身份才有进入的资格，于是，吴氏祖先再一次发挥他们的聪明才智，将这位全能神接纳了进来。至于如何接纳，则是族人如何认定跳《关公》跳的是黄飞虎的问题。

这里有一个从《封神演义》里衍化出来的故事。在石邮流传着这样一句谚语："关公本是黄飞虎，红脸祭刀因遇父。"话说黄飞虎到了他父亲黄滚镇守的界牌关，自反纣之后，商军一路追杀，现在到了老父亲镇守的关隘，总算可以松口气了。正如家将黄明所说："再也不须杀了。前关乃是老太爷镇守的，乃是自家人。"（许仲琳，1983：289）没想到黄滚食古不化，听说黄飞虎反了朝歌，一路上杀出来，毁了他黄家七世名誉，心下懊恼，要将"这反贼"拿解回朝歌，于是摆开阵势要来擒拿黄飞虎。而黄飞虎没想到老父亲如此不近人情，在战场上突兀地与老父亲相遇对决，一下子把脸都给吓红了！因黄飞虎吓红了脸，所以现在跳傩的圣像就和关公一样成红脸了。这是吴氏精英为能将黄飞虎与关公联系起来所发挥的想象。而确实，在《封神演义》中黄滚始终要将黄飞虎擒拿回朝歌，要不是黄明用计诈降烧了黄滚的粮草，那是非打不可了，因此确实存在两父子要对决的情节。于是吴氏祖先通过自己夸张而带有浪漫主义的想象编出阵前遇父吓红脸的故事来使黄飞虎与全能神关公达到一致。这样，关公的形象就因这"一吓"拉进了石邮傩。这就是吴氏祖先智慧地将黄飞虎与关公身份互变的演绎，从而把关公与石邮傩联系了起来。

而其实，与其说黄飞虎的脸吓红了，不如说是被他老父亲那一番大义凛然、掷地有声的话语给羞赧得红了脸。现摘录如下：

> 只见黄滚大喝一声："我家受天子七世恩荣，为商汤之股肱，忠孝贤良者有，叛逆奸佞者无。况我黄门无犯法之男，无再嫁之女。你今为一妇人，而背君亲之大恩，弃七代之簪缨，绝腰间之宝玉，失人伦之大体，忘国家之遗荫，背主求荣，无端造反，杀朝廷命官，闯天子关隘，乘机抢掳，百姓遭殃，辱祖宗于九泉，愧父颜于人世，忠不能于天子，孝不尽于父前。畜生！你空为王位，累父餐刀！你生有愧于天下，死有辱于先人！你再有何颜见我！"（许仲琳，1983：292）

这一席话有谁听了能不羞愧得满脸通红？黄飞虎也被他老父亲这一席言语说得"默默无言"，就要下骑受缚。那么，说红脸，就应该是这时了。还好有黄明等家将先围困黄滚再用计逼反了他，不然黄飞虎就真束手就擒了。

当然，因关公为后世所追捧，把关公形象加在黄飞虎身上就是一种与时俱进的创新了。而借关公形象来彰显宗族神灵黄飞虎的内核，或以关公信仰来体现黄飞虎的形象并为大家所追捧就要做到具有关公之"形"，于是圣像变为枣红色脸，表演时是手提青龙偃月刀了。而实质的"神"就用民间的传说来流转，因此就有了以上故事。聪明的吴氏祖先是用了这两种方式来使关公信仰与黄飞虎信仰相结合并使之发扬光大的。而其实，从东岳大帝的地位、全国所建之东岳庙及东岳大帝所掌管的职值来看，在关羽信仰还未兴盛之前，东岳大帝应为民间最主要的信仰之一。这也使吴氏高贵的身份显露无遗：民间广泛信仰的大神东岳大帝是为吴氏开疆拓土、建国兴邦的祖先神！东岳大帝信仰应为清朝（为其入主中原寻找信仰支持而抬出忠义双全的关羽）以前民间最广泛的信仰之一，只是传承至清后，因统治者的有意推崇而使关公信仰过于强盛，从而遮蔽了许多原有信仰，这样就使黄飞虎的东岳信仰体现得不明显了。

图 2 关公

三 结论

石邮傩是众祖先神在吴氏祖先带领下来为本族开疆拓土，兴邦建国，实现祖先遗志，完成吴氏历史使命的，表现为以"玩趣"的形式在吴氏宗族内部年年的年年①以寄寓实现祖先遗志及驱灾灭邪，保地方人寿年丰、族人多子多福的方式来跳傩的。吴氏祖先发挥其聪明才智将众祖先神转化为祖先率领众傩神来为其主人（吴氏宗族）跳傩的方式最终使石邮傩成为吴氏宗族傩。这才有了石邮傩是吴氏宗族的"玩趣"，是其宗族的家产，跳傩也只在其宗族范围内跳的现象。而说石邮傩为吴氏宗族傩不仅说石邮傩有如上现象，而且指众傩神都是吴氏祖先神即吴氏祖先及其率领的宗族守护神。傩神不具备吴氏祖先神这一身份就进不了石邮傩，而一旦进了石邮傩，众傩神即使以前身份并非吴氏祖先神也必须将其进行改编，即改编成具有吴氏祖先神身份的傩神。众傩神只有具备其祖先神这一身份才能真正护卫其宗族，为其宗族、为实现祖先遗志而舍生忘死地奋斗。这正是石邮傩为吴氏宗族傩的原因，也是民间崇拜祖先的原因。石邮傩在历史演进过程中为适应时代需要，存在多次将自家祖先神融合当时信仰神祇的现象，从而达到与时俱进。这使石邮傩众傩神在历史演进过程中一身兼具多种神祇形象，因此，石邮傩众傩神经历了一个信仰神祇身份与吴氏祖先神身份相融合的过程，并以突出吴氏祖先神的形象成就了石邮傩为吴氏之宗族傩。

① "年年的年年"，石邮族人俚语，指年复一年。

参考文献

黄清喜，2012，《赣傩发展史及其研究历程》，《怀化学院学报》第 3 期。

黄清喜，2013，《石邮傩的生活世界——基于宗族与历史的双重视角》，北京师范大学博士学位论文。

马书田，1997，《中国民间诸神》，团结出版社。

（清）吴曙亭，2007，《吴氏重修族谱·老谱文献》之《曙亭序》，江西省玉山县志办家谱制作中心。

（清）徐崇立，2012，《绘图三教源流搜神大全》，上海古籍出版社。

（明）许仲琳，1983，《封神演义》，人民文学出版社。

张政烺，1982，《封神演义漫谈》，《世界宗教研究》第 4 期。

作者简介

黄清喜　男

所属博士后流动站：华东师范大学社会发展学院社会学一级学科流动站

合作导师：田兆元

在站时间：2015.9~2017.9

现工作单位：赣南师范大学黄金校区历史文化与旅游学院

联系方式：iamnorvin@163.com

论"孝"的起源、演变及其当代转化[*]

杨建海

摘　要："孝"是中国文化的最显著特征。本文以"孝"的历史变迁为纵轴，以不同时代的社会结构为横轴，全面分析了"孝"的起源、演变及其当代转化。自殷商的祖宗崇拜产生"孝"为始，经周代为利于宗法统治而将祖先崇拜转化为人伦秩序，到孔子把"孝"与"敬""养""礼"结合起来，完成孝道的伦理转向。后经汉代"移孝作忠"的发展，"孝"的含义不断得到扩展，由调整自然亲情的伦理秩序转变为具有政治教化和宗教信仰等多种功能的普遍道德。此后一直到清末民初其皆为历代统治者所推崇和民间所认同。历史上发挥巨大作用的"孝"，在面对现代社会变迁的冲击之时，也不得不顺应时代变化而发生转化。本文认为孝道伦理应顺应时代变迁的要求，由原来适应家族主义的传统孝道转变为适应个人主义社会的现代孝道。

关键词：孝　起源　演变　转化

中国传统社会建基于伦理秩序之上，而这个伦理秩序又以"孝"为基础和核心，从"养父母之身"开始，推及到人伦规范、社会秩序和国家治理，因此，孝在中国历史上一直作为伦理道德之本、行为规范之首而备受推崇。在实践意义上，"孝"作为一种典制，是社会组织伦理规范的纲领，长期维护着社会伦理秩序。在文化意义上，"孝"作为伦理道德的基础，是中

---

　*　本文已发表在《华中农业大学学报》（社会科学版）2017年第1期，此处略有删改。

国传统文化最具普遍性、代表性的符号。然而，近代以来，在中国文化受到西方文化强烈冲击之下，在国人要图强变法面前，"孝"及孝道文化受到了很多的质疑和批判。尤其是"五四"和"文革"期间，孝道更是遭到了空前的浩劫。幸运的是在改革开放之后，尤其是近年来，国家和社会逐步认识到传统文化的价值，在国学热的同时，对孝、孝道及孝文化的研究也方兴未艾。但是，热潮不代表研究的深入，要想对"孝"有一个透彻而全面的理解，首先需要厘清"孝"的基本概念和命题。

一 "孝"的起源与形成

孝道思想具体起源于何时，目前学术界尚无定论。因为在没有确切的考古发现和事实文字记载的情况下，学者们所得出的一切结论都只是推测，只有想象中的接近，而没有事实的结果（王小虎，2014：13），所以，我们只能在古籍文献中探寻其思想渊源。

从现有资料来看，金文中就出现了"孝"的记载，如"天子明哲，观孝与申（神）""其用亨（享）孝于皇神祖考"等。但是通过考察殷、周时期祖先崇拜的宗教传统发现，这时候的"孝"还无法体现人伦的意味。因为殷商时期的祖先崇拜是宗教生活的核心。殷人认为祖先可以直接拜谒上帝，成为上帝与人世间的主要媒介。既然祖先是人界和神界的媒介，其自然也成为人间的主宰，从而可以降祸授福。这也就是殷人特别重视厚葬，对祖先有宗教式崇拜的原因。

周朝继承了殷商祖先崇拜的传统，并且有过之无不及的是，特别把文王升格为天神。这样一来，使原本只是属于一个家族的文王，经由神化，成为周人共同孝敬的对象。可见，西周时代的"孝"的观念不在伦理生活层面，而在政治生活层面。这是因为，新得天下的周人，最主要的工作是进行政权巩固，而最能统治人心的力量就是宗教，所以周人极力宣扬文王的德业，并进一步把文王、武王神圣化，使他们成为凝聚整个民族的焦点，政治团结的象征。"孝"的观念在这种运作中，变成每一个个体与神圣偶像之间的连接点。比如在《诗经》里就多有对文王、武王的"孝思""追孝""克孝"的记载，其用意就是加强这种人神之间的连接，以促进民族的凝聚和政治的团结。因此，这时候的"孝"只能说介于宗教与伦理之间。

伦理规范意义上的孝，到孔子时才完全突显出来。自此也开启了两千多年来"孝"对中国人的人格特质以及行为模式最具影响力的部分。以孔子为代表的儒家先贤在春秋战国时期，完成了孝道从宗教到哲学、从"追孝"到"养孝"的转变。众所周知，孔子创建了以"仁"为核心观念的哲学体系，并且"约礼入仁"，用"仁学"的观点重新解释了西周的"礼"。并且认为孝敬父母不再是因为社会的外在压力、鬼神的约束，而是出自人们内心的一种情感要求和道德自觉。孔子还将"孝"与"礼"结合起来，说对父母长辈，应该"生，事之以礼；死，葬之以礼，祭之以礼"。

孝道在孔子时代形成，有两个重要原因[①]。一是到孔子时代，中国以单系亲族组织为原则的社会结构已经趋于定型。在这种亲族组织中，以父子关系为主轴的伦常关系，如君臣、夫妇、长幼、朋友的行为，都是以父子关系为准绳的。因此，提倡孝道是稳定这一社会结构最为有效的社会力量。二是作为孔子核心思想的"仁"是人类行为的最高准则，但是"仁"是一个普遍性的原则，要落实到具体行为上，必须有一个特殊性原则作为实践"仁"的资具，而"孝"这一观念就承担了把"仁"贯彻到具体行为的责任。事实上也是如此，随着周王室的权力式微，三代以来的宗法社会开始土崩瓦解、摇摇欲坠，以下犯上、兄弟相残、父子相戮等不伦现象屡见不鲜。在这种背景下，以孝道为核心的宗法伦理必须重新构建，用以规范人伦及社会秩序，而孔子确实也完成了这一使命。

二　"孝"的含义与演化

孝道观念既然已经形成，那么何为"孝"？《尔雅·释训》中对孝的解释是"善事父母为孝"；《说文》的解释是"善事父母者，从老省、从子，子承老也"。当今学者对"孝"的金文字形的解释与上述说法大体相同，《辞海》对"孝"的解释是"善事父母"，几乎与《尔雅》的解释完全一样。康殷的《文字源流浅说》分析得更有趣，"像'子'用头承老人行走。用扶持老人行走之形以示'孝'"（宋金兰，1994）。可见，"孝"的古文字形和"善事父母"之义完全吻合，因而"孝"就被看作子女对父母的一种善行和美德。从这个角度看，"孝"字在当时的界定包含三个方面的含义（焦国成、赵艳霞，2012）。一是就行为主体而言，特指子女，非子女之行不得称"孝"，强调下代对上代的"孝"，体现代际的互

---

①　参阅韦政通《中国孝道思想的演变及其问题》，《现代学苑》（台湾）第 6 卷第 5 期，1969，第 169~177 页。

动与传承。二是就行为性质而言，是"善"或"善事"。子女的所作所为应该是很好的、尽心尽力的、自己觉得好且别人也认为好的行为，也就是说，子女的孝行要体现出"善""敬"，这样的行为才称得上"孝"。三是就行为对象而言，在家庭关系结构中，善待或善事的对象只能是父母，且应该主要是指在世的父母，待父母以外的其他人再好，也不得用"孝"字称之。

如果说孝道观念形成于孔子时代，孔子成为孝道观念承前启后的转折点，那么孔子以后的孝道，在概念、范围或意义、功能上都发生了重大的变化。作为孔子再传弟子的孟子对"孝"进行了范围和意义上的扩展和挖掘，并且对孝的行为规范做了详细的说明。在孔子时代，"孝"仅为众德之一，孟子开始把孝的价值逐步提高，尤其是"亲亲"原则的建立，把"孝"在孔子时代仅作为父子一伦的规范，极化为治国理政的唯一标准。其经典论述分别出现在孟子和万章①，以及孟子和桃应②的问答里。从这两篇问答里可以看出孟子的价值观念：当国法与亲情相冲突之时，国法要从属于亲情。甚至有学者认为，从孔孟到秦汉孝道思想的演变之中，是"忠"与"孝"、"私情"与"国法"混同的过程（韦政通，1969：169~177）。

尤其到了汉代，随着汉王朝"孝治天下"的治国方略及举孝廉等制度的实行，孝与仕途、利益紧密地联系在一起。自此，孝、孝道观念和孝道伦理更是有了根本性的转变。而成书于汉代的《孝经》和《礼记》对此观念的形成起到了关键性推动作用。《礼记》可以说是在所有的古籍中对孝道阐述得最为丰富的一部，通过对孝普遍化的论述，认为人间的一切价值都可以包含在孝道之中③，通过对孝行、孝容、孝祭的规范，把孝子所可能涉及的行为事项，都做了详细规定④，通过孝道与治道关系的阐述，实现了孝道与

---

① 万章问曰："象日以杀舜为事，立为天子，则放之，何也？"孟子曰："封之也，或曰放焉。"万章曰："舜流共工于幽州，放驩兜于崇山，杀三苗于三危，殛鲧于羽山，四罪而天下咸服，诛不仁也。象至不仁，封之有庳。有庳之人奚罪焉？仁人固如是乎？在他人则诛之，在弟则封之。"曰："仁人之于弟也，不藏怒焉，不宿怨焉，亲爱之而已矣。亲之欲其贵也，爱之欲其富也。封之有庳，富贵之也。身为天子，弟为匹夫，可谓亲爱之乎？"（《孟子·万章上》）

② 桃应问曰："舜为天子，皋陶为士，瞽瞍杀人，则如之何？"孟子曰："执之而已矣。""然则舜不禁与？"曰："夫舜恶得而禁之？夫有所受之也。""然则舜如之何？"曰："舜视弃天下犹弃敝屣也。窃负而逃，遵海滨而处，终身欣然，乐而忘天下。"（《孟子·尽心上》）

③ 夫孝，置之而塞乎天地，溥之而横乎四海，施诸后世而无朝夕，推而放诸东海而准，推而放诸西海而准，推而放诸南海而准，推而放诸北海而准。（《礼记·祭义》）

④ 夫为人子者，出必告，反必面，所游必有常，所习必有业。（《礼记·曲礼上》）

政治的互通①。概而言之，事孝（亲）如事天，事天如事孝（亲），至此孝道与天道实现了融合。

与《礼记》成书年代相去不远的《孝经》更是孝道思想的集大成之作。它作为殷周敬天祭祖思想的延续，通过对孔子、曾子和孟子有关孝道思想的梳理、归纳和总结，是对儒家孝道伦理的系统化和理论化，也是儒家孝道伦理创造完成的标志。在不到两千字的文本里，《孝经》对孝源（孝的根源）、孝行（孝的方法及其功效）、孝德（孝是政治行为的根源，政治是孝的自然延伸）等孝道伦理进行了阐述和论证。换言之，《孝经》通过对孝行和为政之德及其关系的梳理归纳，将本来规范血缘关系的家庭伦理变成了国家政治哲学，将简单父子亲情的伦常转化成具有宗教意义和政治教化功能的普遍德行。自此开始，经过历代政治的推广、民间的教化、制度的辅助，"孝"作为最重要的文化基因，开始在中国人的血液里流淌。

经过《礼记》和《孝经》两部经书的影响，汉代在"独尊儒术"和"天人合一"思想指导下，从理论上完成了"移孝作忠"，也在实践上开始了"以孝治天下"的王朝统治。在汉代，"孝"既是皇权合法性的来源，也是君主的统御之术。因此，汉代的统治者以多种方式宣传"孝"、实践"孝"。第一，皇帝以身作则，行孝重孝。汉朝皇帝谥号大多都有"孝"，颜师古说："孝子善述父之志，故汉家之谥，自惠帝以下皆称孝也。"第二，将"孝"政治化，用行政手段强化孝。设置"孝悌常员"掌管孝行事务，开设"察举孝廉"选拔官吏，设置"三老"管理民间教化。第三，倡导尊老敬老的社会风气。颁布"养老诏"，赐"鸠仗"以尊重高寿翁妪，体恤年老病残。第四，"孝治"不仅褒奖行孝悌者，还严惩"不孝罪"者。褒奖措施如宣传"孝子"、普及民间孝道、实行养老政策、维护父母特权、设孝经博士、重视并推广《孝经》等；同时对不孝者的惩罚十分严厉，规定对不孝者要"斩首枭之"（肖群忠，2001：67）。可见，汉代经过一系列运作，把君主的统治整合进了家庭的伦理秩序，一为皇权专制找到了一条合法性的来源，二是借助"孝"重新构建了以"孝"为核心的社会秩序，三为君主统治谋到了统御之道。

虽然魏晋隋唐时期儒家文化相对衰弱，以儒学为基本价值观念的孝道和

---

① 人道亲亲也。亲亲故尊祖，尊祖故敬宗，敬宗故收族，收族故宗庙严，宗庙严故重社稷，重社稷故爱百姓，爱百姓故刑罚中，刑罚中故庶民安，庶民安故财用足，财用足故百志成。（《礼记·大传》）

汉代的情况相比没有那么受到极度的重视，但总体来说依然是 "孝治天下"。这是因为，其一，经历两汉三百多年的推广、教化和熏陶，"孝" 已经渗入社会机理和民众心理，制度的惯性会延续社会对 "孝" 的依赖；其二，这一时期的政治比较动荡，特别是魏晋南北朝，时常城头变换 "大王旗"，你方唱罢我登场，以 "忠" 来教化百姓，显然不符合谋权篡位者的心理要求，因此还要用 "孝" 来促进社会团结。到了唐代，虽然 "孝" 依然不太受重视，但是皇家出于统治需要，使孝道伦理仍然获得充实和发展。一是唐玄宗两次注疏《孝经》，使其成为至今使用的通行版本；二是《孝经》成为科举考试的必修科目；三是作为中华法系最高立法成就的《唐律疏议》，对 "孝" 特别重视，其中体现 "孝" 的有 58 条之多（杨志刚，2012）。

宋代可以说是孝道伦理的中兴时期。因为伴随着理学的兴起，宋代的先哲们进一步对 "孝" 进行了阐释和论证。他们认为礼是文、理是本，礼是理的社会化表达，仁、义、礼、智、孝都是天理内在的属性，是外显于社会关系准则的人伦道德观念，并由此论证 "人伦即天理"。因此，"孝" 在宋代出现了发展的又一巅峰。其一，"人伦即天理" 的哲学论证，最终发展为 "三纲五常" 这个极端化的礼教秩序，这对以后明、清两朝的 "忠孝合一"，甚至是愚孝的发展产生了深刻影响；其二，随着社会结构的变革和氏族大家庭的衰败，士大夫和乡绅逐步取代豪强地主成为地方政权的实际领导者，因此，这一时代的乡绅、士大夫们开始注重孝道在民间的推广和实践，以利于基层社会的稳定。他们通过编写劝孝诗文、乡规民约、家规家范等，使孝道教化通俗易懂，便于在民间流传。比如邵雍编写的《孝悌歌十章》、朱熹编写的《古今家礼祭》以及修改增删的《吕氏乡约》都流传甚广、影响很大，成为民间行孝效仿的范本。

元代朝廷虽然不如中原政权那样重视孝道，但出于统治的需要，孝也有所发展，成书于元代的《二十四孝》就极大地丰富了孝的素材。明代，基于农民出身，朱元璋深知 "孝" 在民间的无穷力量，故在兴 "孝" 方面注重从自身做起，以身作则，躬行孝道；登基之日，即率世子及诸子奉神祖，谒太庙，追尊四代祖考妣。洪武一朝，荐举讲孝，科举讲孝，选拔官员亦讲孝。朱元璋还以养老的方式教化孝道：赐老人以衣帛，授以爵位，评议官员，理民诉讼，并明文规定 80 岁以上的老人由官府养老。与此同时，民间士绅也承继宋代的传统，重视用乡规民约约束百姓，王守仁就在平定江西、福建、广东、湖南四省农民起义后，撰写和颁布了《南赣乡约》以约束和教化百姓。

清朝入关承继大统之后，不断学习汉族文化，传诵儒家经典，当然也借助"孝"的力量进行统治。康熙皇帝就特别强调三纲五常，而把三纲五常中的"孝"放在首位。他认为，帝王治天下，要"推之有本，操之有要"，而这个"本"与"要"就是"首崇孝治"。与此同时，民间力量也借助通俗的教材，如《百孝图》《劝孝篇》《老来难》等，不遗余力地推广和宣传孝道，这种广泛的传播一直持续到清末民初。

三 中外"孝"文化比较下的本土特征

虽然"孝"是儒家文化独有的文化特征，但是作为处理亲子代际关系的自然感情，在不同宗教、文化里都存在"孝"，尽管在许多文化中没有出现与"孝"相对应的概念，但这并不意味着其他文化中没有"孝"的观念。可以说，在世界的许多古老民族中，都不同程度地存在着与中国的这种"孝"观念类似的习俗或意识。如在早期希腊，人们就很注重对父母的尊重。

与儒家强调"身体发肤，受之父母，不敢毁伤"不同，佛家要求以"剔除须发，穿上袈裟"为出发点辞亲出家、严持禁戒，以解脱烦恼、出离生死。因此，由印度传入中土的佛教教义最初与"忠君孝亲"的儒家文化产生了激烈的思想交锋。为佛教的存在和传播起见，中土高僧们开始尽力挖掘佛教中有关孝亲的思想资源，通过不断地接纳和弘扬孝道，使佛教在中土生根发芽并茁壮成长为中国文化中的一股重要力量。

佛教经典虽然不像儒家那样视"孝"为"至德要道"，但对孝道也非常重视，如《杂阿含经》卷四曾痛斥弃父不养者"虽具人形，实同兽心；有子如此，尚不如杖"；称赞一位叫郁多罗的少年婆罗门乞食供养父母，"如法乞求，供养父母，令其安乐，除苦恼者，实有大福"。然而，关于提倡孝道的佛教经典，最为流行的当数《佛说盂兰盆经》、《地藏菩萨本愿功德经》和《佛说父母恩重难报经》。这些讲说孝道的经典的流行，既是佛教与中国宗法相结合的产物，也使佛教由此走出深山古寺，进入小民百姓的心田，成为一种具有草根性的文化形态（韩焕忠，2009）。

一般认为，日本属于儒家文化圈。但是，同尊儒家文化的中日两国，在对孝的问题上有着极大的差异。这种现象也不难解释，因为任何一种伦理价值观，都是在一定的社会环境和人文条件下生成和存在的，当它被传播或引进到另一不同文化价值系统的异处时，其内涵必然会因当地社会环境和人文条件的需要以及民族心态的浸濡而发生"变异"（刘金才，1994）。原生于中国的儒家伦理进入日本亦是如此，原汁原味的儒家伦理也会逐步演变、内化为日本自己的儒家伦理。虽然孝在日本伦理价值中占据重要位置，也有诸如"子女对亲长要恭顺、服从，亲长老后子女要负抚养义务"等孝道的基本伦理规定，但当其与对天皇或主君的义务——"忠"发生冲突时，则必须放弃孝道。因此，和中国的"孝道至上"相比，日本是"忠德优先"。

综上，我们发现尽管世界上各大宗教对孝道的论述有所差异，但从哲学伦理学层面考察其中的"孝论"，并对它们的思想内涵进行对比和思考，则不难发现，至少在孝为德性与德行，孝是客观的伦理义务与责任，孝道通天或通神诸方面，这些宗教的确是可以相通的（王文东，2014）。只不过，在其他宗教或文化中"孝"主要重于亲子之间的代际亲情，类似于我国道家文化的"自然之爱"，而儒家文化的"孝"则衍生了诸多的其他功能，以孝为纽带，实现的是"家国同构，君父一体"。唯一的例外可能是深受儒家文化影响的韩国对"孝"的态度和中国的类似，甚至是比中国更重视"孝道"，比如当忠孝发生冲突时，中国有可能"先忠后孝"，而在韩国绝对是"孝大于忠"。因此通过和其他文化语境下"孝"的比较，以及纵观孝道伦理内涵的演变与发展，笔者认为孝在传统中国，尤其是在宋以后的中国社会，具有其他文化所不具备的四大功能：人伦亲情、社会团结、政治教化和宗教信仰。也就是说，唯有中国的"孝"具有如此强大而复杂的政治、社会和伦理功能。自然地，中国学者普遍地认为中国文化是"孝"文化，并进而认为"孝是中国文化中具有根源性、原发性、综合性的核心观念和首要文化精神，是中国文化的显著特色"（肖群忠，2004）。

四　孝道伦理的当代反思

在"孝"的中外比较中，笔者提出"孝"在中国所独有的四大特征：人伦亲情、社会团结、政治教化和宗教信仰。正是因为"孝"具有如此全面的功能，所以在融合亲子关系，维护社会秩序和促进社会团结，辅助政府进行政治教化，以及代替宗教信仰等方面，其在中国历史上发挥了无可替代的作用。正如罗国杰的分析，孝在一定时期内有力地维护着中华民族的和谐发展，凝聚着以血缘为纽带的宗法氏族关系，为维系家庭团结和保持社会稳定发挥了特殊重要的作用（罗国杰，2003）。也可以说，它是中国传统文化内在的、深层的元意识，是德之根本、政治法律之运作基础、教育教化之核心内容，甚至连中国人的生活方式、民俗、艺术等都深受其影响（肖群忠，1998）。

众所周知，儒家的孝道伦理建基于传统较少流动的农业社会和以宗族为基础的宗法社会结构之上。可是，自清末民初以来，特别是新中国成立以后，在西方科技文明的冲击之下，孝道伦理遭受了沉重打击，从民国初年对孝道伦理的质疑，到新中国成立初期的社会主义改造，再到改革开放之后社会流动加剧和宗法社会的衰退，每一次大的社会运动或变革都是对孝道伦理的巨大冲击，每次我们也都有大厦之将倾的感觉。好在文化总有其生命力，"孝"文化亦是如此。在社会变迁对孝道伦理冲击之时，也有多股力量努力阻止着孝道伦理的滑坡。一是从民国之始的新儒学运动一直致力于推动儒学文化的复兴和弘扬，这对孝道伦理一直起着滋养作用；二是随着改革开放之后意识形态的松动，国学也开始逐渐复兴，对孝道伦理的重整旗鼓是绝好契机；三是民间孝道意识的觉醒和政府对孝道伦理的提倡，共同推动着孝道伦理的复兴。

任何文化都是建立在一定的社会结构基础之上的。面对当前人口流动加剧、家庭规模小型化甚至核心化所导致的社会结构急剧变迁对孝道伦理的冲击，要求孝道伦理必须进行调整，从而适应新的社会形态和结构。关键问题是如何调整？笔者认为，一是在历史上要借鉴基督教和佛教的两次宗教改革运动，二是在实践上要借鉴日本、韩国和中国台湾地区孝道伦理当代转化的现实经验。

始于16世纪的基督教新教的宗教改革运动和佛教进行的"人间佛教"改革，基本上都使宗教信仰更加世俗化、理性化和人性化，在推动了两教的普世化的同时，也使自身得到了长足的发展。这就给孝道伦理改革提供了重要启示：成功的变革必然是要适应社会变迁的发展要求。根据当前的社会结构，孝道伦理要由原来适应家族主义的传统孝道转变为适应个人主义社会的现代孝道，也即"孝道双元模型"提出的亲子关系要由过去的单向"权威"转变为双向的"相互"。

日本、韩国都早于中国进入现代社会，社会和家庭结构的变化以及人们思想意识的转变，也迫使它们早于中国思考"孝"的伦理转向问题。它们的共同特征是深刻把握时代变迁给孝道带来的冲击，摒弃威权单向的旧孝道，建立亲子平等的新孝道，同时也十分重视孝道价值对社会建设的重要作用，力图通过孝的弘扬和推广提高人的道德素质和社会秩序的和谐。尤其是韩国在2007年通过世界上第一部《孝行奖励资助法》，从法律的高度助力政府和民间通过多种形式推动孝的学术研究、孝亲活动、孝文化的宣扬以及志愿者服务运动等，现实中这对促进社会互爱和家庭养老照护都起到了重要作用。

　　总之，孝道伦理的变革要在适应时代变革的前提下，回归"善养其身"的孝道的本源，并借助儒家"推己及人"的思想"移孝为爱"，在促进人伦亲情的同时，为社会增加一份爱的力量。

参考文献

韩广忠、肖群忠，2009，《韩国孝道推广运动及其立法实践述评》，《道德与文明》第3期。

韩焕忠，2009，《佛教对中国孝文化的贡献》，《武汉科技大学学报》（社会科学版）第6期。

焦国成、赵艳霞，2012，《"孝"的历史命运及其原始意蕴》，《齐鲁学刊》第1期。

〔德〕卡尔·白舍客，2002，《基督宗教伦理学》（第二卷），静也等译，上海三联书店。

刘金才，1994，《中日伦理价值取向比较——以传统文化中的"忠孝观"为中心》，《人文杂志》第1期。

罗国杰，2003，《"孝"与中国传统文化和传统道德》，《道德与文明》第3期。

宋金兰，1994，《"孝"的文化内涵及其嬗变——"孝"字的文化阐释》，《青海社会科学》第3期。

王文东，2014，《论世界性宗教在孝道观上的相通——以中国文化中的各大宗教孝论为例》，《湖北工程学院学报》第2期。

王小虎，2014，《再论孝思想的起源和演变》，载舒大刚编《儒藏论坛》，四川大学出版社。

韦政通，1969，《中国孝道思想的演变及其问题》，《现代学苑》（台湾）第6卷第5期。

肖群忠，1998，《论孝之形而上意义》，《社科纵横》第2期。

肖群忠，2001，《孝与中国文化》，人民出版社。

肖群忠，2004，《〈中国孝文化研究〉介绍与摘要》，《伦理学研究》第4期。

杨志刚，2012，《论〈唐律疏议〉对〈孝经〉的承嬗离合》，《东北师大学报》（哲学社会科学版）第6期。

叶光辉，2009，《华人孝道双元模型研究的回顾与前瞻》，《本土心理学研究》（台湾）第32期。

张践，2000，《儒家孝道观的形成与演变》，《中国哲学史》第3期。

张秋梅，2007，《基督教的孝道观——兼比较其与中国儒家孝道观的异同》，《哲学与文化》（台湾）第4期。

朱岚，2010，《中国传统孝道思想发展史》，国家行政学院出版社。

作者简介

杨建海　男

所属博士后流动站：中国社会科学院社会学研究所

合作导师：景天魁

在站时间：2013.12~

现工作单位：北京工商大学经济学院

联系方式：13811416017@139.com

第四部分　基于群体视角的
社会治理

个案工作对出狱女犯的介入研究[*]

艾晶

摘　要：女犯出狱后，往往会面临各种困境，为更好地帮助她们适应社会，个案工作的介入就显得尤为必要。在本文中，工作者主要运用心理分析理论和"人在情境"中理论，帮助案主充分调动资源，发掘自身潜能，使其尽快化解危机，完善自身。

关键词：个案工作　女犯帮教　优势资源

一　问题的提出

近年来，女性犯罪人数逐渐攀升，造成更多的女性入狱服刑。由于与社会脱离，出狱后的女犯在心理、认知和行为上都出现了不适应，进而引发新的社会问题。女犯的长期服刑生活使其对于社会上的新变化，不能很快地适应，从而形成心理上的迷茫期，特别是由此而引发的困惑和自我哀怨再加上社会的孤立和排斥，使其很容易再次走向犯罪深渊。但是目前社会各界对于这一问题并未予以足够重视，针对出狱女犯的各项设施建设和服务还不是很完善，没有专门的机构或服务人员对出狱后的女犯实施进一步的有效帮助。

由于我国针对出狱女犯的社会救济制度建设还处于起步阶段，女犯出狱

---

*　文中所用案例资料由沈阳师范大学 2009 级本科生刘小曼提供，笔者担任指导教师。本文为2016 年沈阳师范大学重点教改项目"女性工作室的开发与应用研究"部分成果、2011 年国家社会科学基金项目"转型期女性流动与社会分层研究"（项目编号：11BSH029）部分成果，曾发表于《理论月刊》2015 年第 6 期。

后的社会适应和再社会化存在很大的困境。一名犯人尤其是女犯出狱后往往会面临社会上的各种"有色眼光"，正因为这些有色眼光，女犯在出狱后往往很难找到工作，生活困难；另外，社会的孤立和排斥也加重了出狱女犯的自卑感和无助感，造成出狱女犯心理上的失调，从而影响了她们的家庭生活和社会交往。如何帮助这一特殊群体重塑生活的信心和理念，帮助她们更好地融入社会生活，成为目前社会各界关注的重点所在。

面对我国在出狱女犯矫治和帮助方面的缺失，本文试图用社会工作方法进行介入研究，以更好地帮助女犯解决实际问题。社会工作是一门兴起相对较晚的学科，但是社会工作的工作理念和方法是在实践中被不断认证和完善的。那么对于出狱后的女犯，社会工作是否也能发挥积极的作用？在具体的社会工作服务过程中，是否能将专业的服务理论切实地运用到出狱女犯的实际问题中，帮助案主解决问题？在实际的社会工作服务中，如何处理一些应激性事件？鉴于此，本文尝试运用个案工作方法对一名出狱女犯进行实际辅导，以验证社会工作方法和模式对出狱女犯帮教工作的有效性，帮助女犯重新树立对于自己和生活的信心，有效获得所需的资源，拥有正常的人际交往和社会生活。

二 研究意义及研究方法

针对出狱女犯在心理上的自卑和无助，在人际交往方面所面临的社会孤立和排斥及很难找到工作以维持自身生活等一系列问题，本文运用社会工作专业知识为其在不同层次上进行增能赋权，帮助案主获得应有的资源，顺利实现再社会化。一方面可以引导这一群体出狱后的平稳过渡，避免她们再次犯罪，这有利于维护家庭和社会秩序的稳定，促进社会的良性运行。另一方面，通过对出狱女犯的社会工作模式研究，寻求帮助出狱女犯再社会化的有效措施，可以为社区制度和机构建设提供参考，为出狱女犯的社会资源重组提供实践经验，进而为整个社会对于女犯的接纳和认知开辟一个新局面。

就方法而言，本文主要以访谈为主，问卷调查为辅。因为工作者对案主采取个案工作介入的方式，所以主要是通过工作者对案主的访谈，切实感受案主的情绪变化、心理发展和行为表现情况，并以此为依据来对案主进行心理和行为定位，选取符合案主实际的个案工作模式，制订恰当可行的矫治方案。本次个案辅导对案主的访谈主要采用半结构式访谈，即在和案主见面之前，针对案主情况制定好相应的访谈提纲和介入计划，并且对于访谈中可能出现的问题做出相应的应急处理，保证与案主的交谈不偏离主题，同时给予案主谈话积极性的发挥空间，以更好地帮助工作者了解案主信息，保证访谈质量。对案主采取个案访谈的方式可以从案主那里获取必要的第一手资料，但是有些情况下，因为受案主情绪及实际访谈过程中某种不可抗力情况的影响，很难获得全面可靠的资料，所以在对案主进行深度访谈的同时，对于案主所生活社区居民的调查也是必要的。在本案例中，工作者便制定了相应的调查问卷，通过综合分析来了解案主周围人群的情况及他们对案主的接受程度。

同时，结合文献分析方法，整合案主信息，制订科学的辅导方案。由于工作者本身知识和能力的限制，不可能面面俱到，这种情况下文献分析便可以帮助工作者吸取更多专家学者的经验，使个案辅导更加科学和全面，这提高了分析的信度和效度。如在本文中，相关的文献主要是一些专家、学者对于这一领域的研究成果及政府关于出狱女犯的相关政策法规等，在一定程度上为工作者的个案工作提供了有力的参考。

三　理论基础和文献综述

（一）理论基础

本文意在运用个案工作的方法对案主进行矫正帮教，针对案主问题，拟采用心理社会治疗模式，因此在进行个案访谈及总结分析的过程中，主要借助的是心理社会治疗模式的相关理论，以使辅导更具科学性。

1. 精神分析理论

西格蒙德·弗洛伊德（Sigmund Freud）的精神分析理论在心理学研究上有重要的影响。他提出个人人格结构分为本我、自我和超我。只有当本我得到满足后，才会考虑自我和超我，但在现实生活中，本我的实现不能超越道德和法律的要求；但如果本我受到压抑，那么在自我和超我的实现中也会发生冲突，以致出现人格偏差。西格蒙德·弗洛伊德指出要解决这种本我、自我和超我之间的冲突，自我防御机制是社会人自身化解人格冲突和矛盾的主要方式。

2. "人在情境"中理论

心理社会治疗模式认为，心理和社会因素是在生理因素之外影响个人行为不可缺少的部分，人的行为是受到生理、心理和社会三重因素综合影响的。也正因为如此，对一个人的行为进行分析就应该充分考虑到这三重因素的综合作用。

综上，心理社会治疗模式主张只有把人的行为放到特定的情境之中，以理解案主的行为，才能真正地以同理心来观照案主的心态，制定切实可行的访谈提纲和辅导计划。

（二）文献综述

随着出狱女犯这一特殊群体引发的诸多社会问题的出现，很多学者都对这一特殊群体进行了相应的关注，提出了针对这一群体的矫治措施。梅里·莫拉什（Merry Morash，1994）对于美国出狱女犯的社区帮助进行了一定的研究，阐述并分析了在美国社区内对于出狱女犯的帮助举措，如为出狱女犯提供社区服务的机会，这对增强出狱女犯的自我认同和社区居民对于她们的接受起到了很好的促进作用。学者韩亚华（2005）对于出狱女犯的心理有着深刻的理解，他认为出狱女犯在不能获得应有的资源时，会存在嫉妒心理，这种心理会主导她们的行为，从而造成新的行为偏差。该研究从心理方面深刻剖析了出狱女犯的特殊心理特征，对于我们制定有关措施、防止女犯重新犯罪具有借鉴作用。杨木高在关于出狱女犯自卑心理及其对家庭的影响研究中，认为出狱女犯在社会生活中的自卑心理对于家庭和谐和家庭中未成年子女的成长有消极的影响，会使未成年子女自卑，从而产生行为偏差。针对这一情况，该研究认为应加强对出狱女犯自信心的辅导，使其能很好地面对生活（杨木高，2012）。唐斌（2008）则关注了社会工作干预下出狱女犯的"同伴研究"，即关注出狱女犯的交往群体，认为应引导此类群体建立正常的人际交往关系，并能使其受到"同伴"的积极影响。以此为基础帮助女犯建立健康的交往圈，使她们可以在他人积极的影响下，树立正确的行为取向。

这些研究都为我们提供了宝贵的经验，为我国出狱女犯的帮教研究进行了很好的指导，本文选取案例正是在此基础上对出狱女犯进行的个案辅导，希望能在出狱女犯心理和社会资源上帮助其实现有效的再社会化。

四　案例资料介绍

（一）案主资料

案主 S，女，37 岁，中等身材，原籍四川，讲一口带着四川口音和山东口音的普通话，说话大嗓门，喜欢化妆和追求时尚的东西。因为家乡贫穷，案主在 15 岁时离开四川外出打工，有被骗和被拐卖的经历，后被迫嫁给一个常年疾病缠身的人。曾和多个男人保持不正当男女关系，因此和丈夫关系恶化，二人长期处于冷战状态，甚至案主多日不回家也不过问。案主文化程度偏低，小学没毕业，没有基本的法律意识和常识。由于案主自身经历，其不愿意相信周边的人，更不愿意和别人交流，和邻居也不怎么来往。直至染上毒瘾，因为缺乏毒资，其经常偷窃他人财物，并走上贩毒道路。2005 年，其因偷窃和贩毒被判处有期徒刑 7 年，于 2011 年出狱。

（二）背景分析及注意事项

本文所选取的案主和工作者同在一个村庄，基于工作者对调查地的社会文化有一定了解，其可以更好地帮助案主获得所需要的资源。如在该村，随着经济的进一步发展，一些人的观念也发生了变化。年轻人纷纷到城里打工，受一些不良文化的影响，再加上所受教育有限，很多人走上犯罪的道路。但对于多数村民来说，其很难接受犯罪，对于犯过罪的女性更是难以理解，因此，出狱女犯的社会认同和社会资源的获得在该村都面临着重重困难。本文中的案主就是一个典型的例子，由此，工作者更是小心谨慎，以期更好地帮助案主。

在实际的访谈中，工作者认真记录案主资料，并在案主的许可下，进行录音。在每次访谈之后，工作者都将案主资料仔细整理分析，以便为下次访谈制订合理的计划。为了保证访谈信息的效度，工作者在每次和案主交流后都认真核对访谈笔记，并对访谈过程中案主的情绪进行原始的记录，例如，在访谈中案主的笑，是真诚的笑还是无奈的笑，通过仔细分析、辨别来最大限度地保证所记录信息的真实性，为研究分析提供可靠的第一手资料。

在信息记录和分析的过程中，社会工作者要时刻记得自身的职业伦理和职业要求，保持客观中立，明确责任，不能因为同情案主的某些遭遇而不客观分析，从而对案主的过错存在偏见和歧视。在分析案主资料时，对于案主每次表现出来的问题，都要综合评析，制订解决方案，以在下次和案主交谈时对其进行适当的引导和帮助，另外在每次访谈结束后，都要对辅导过程做一次评估。合理的评估可以帮助工作者了解案主的表现情况，以便更客观地制订下次的矫治计划，避免重复错误的发生，最大限度地保证辅导效果。

（三）案主的社会认可度

为更好地了解案主，工作者在介入前，曾通过发放问卷和随机访谈的形式对案主的社会认可度进行了调研。由调研数据可知，在本村中 82% 的被调查者表示对案主的情况不是特别了解，只知道她是被拐卖到这里的，并对她的遭遇表示同情。绝大部分人没有和案主交往过，认为案主是个不好交流的人，总是趾高气扬，和别人不来往。此外，几乎 100% 的被调查者都知道案主生活作风有问题，和不同的男人有染，但是这些人的妻子并不知道真实情况。当工作者问到"既然同情案主的经历，为什么不主动和案主来往"这一问题时，被调查者都表示因为案主的生活作风有问题，他们怕被别人议论。

出狱后，因为案主有偷窃经历，所以被调查者们一致认为她是一个不可信的人，不愿意和她来往；又因为她有贩毒经历，和外面的涉黑团体有不正当的接触，所以被调查者觉得和她交往可能会对自身的人身安全造成威胁。但有 71% 的人表示如果她能改好的话，就愿意给她一个机会，只不过他们对此并不抱有太大的信心，认为像她这样的人一定会再次犯罪，还认为其很难完全戒掉毒瘾，只要一有机会就会重蹈覆辙。在问到是否愿意给予案主帮助时，有 43% 的女性被调查者表示愿意尝试一下，但令人难以置信的是，所有的男性被调查者都表示不愿意，原因是不想让人说闲话。此外，在工作者问及"你如何看待主动帮助 S 的人"这一问题时，基本上所有人都认为这不正常，觉得如果有人这样做就一定更深层的原因，如和案主有不正当的关系或是其自身行为不端等。

（四）初步问题诊断

第一，生活相对困难。案主出狱后，身上始终贴着曾经犯过罪的标签，到处碰壁，没人愿意接触她；找工作也很困难，没有单位愿意接收一个犯过罪的人，更没人愿意和她一起工作，案主只能靠做一些零工或拾荒变卖废品勉强维持生活。

第二，社会的孤立和排斥。由于案主曾对他人和社会造成过伤害，在惧怕或者惩罚的心理作用下，周围人选择了孤立、歧视甚至排斥案主。在生活中，几乎没有人愿意和案主来往，用人单位也不愿意接受她，这使得案主找不到工作。案主笑称自己是被社会抛弃的人，这种想法是很危险的，可能会引发案主对社会的不满，从而再次走上犯罪的道路。我国在这一方面的制度规范还十分不完善，加上社区监督和引导力度不足，社会很难改变人们对像案主这样"有前科"的人的看法。特别是女犯，面临的压力更大，这种情况下出狱女犯想要重新融入社会，开始新生活成为一种空谈。

案主的求职经历如下。在本案例中，案主自己想做一个诚实的人，不想再欺骗别人，在找工作时，案主都会坦白自己曾犯过罪，入过狱，但也因此遭到拒绝，找工作非常不顺利。后来，案主碰到一个在监狱里认识的姐妹，她告诉案主要隐瞒进过监狱的经历，然后再好好工作就行了，没有单位会拒绝工作努力的人。案主照她的话去做，果然找到了一份在服装加工公司工作的活，虽然很苦很累，但案主还是很珍惜这次来之不易的机会，积极努力，争取多干活。案主的努力工作终于得到了老板的肯定，谁知好景不长，案主去门店送货，一个认识的人碰巧经过，看到案主在那工作，就和老板说了案主的入狱经历。从那以后，案主发现老板看她的眼光不对，并且处处挑她的毛病，案主知道老板嫌弃她的过往经历，为了维护自己残破的自尊干脆主动离开了。此后，在找工作的过程中，她更是到处碰壁，没有单位愿意接收像她这样有前科的人。

第三，自卑感和无助感。案主从小的经历使她不愿意相信别人，总认为人和人之间只是利用和被利用的关系，并且案主没接受过多少教育，素质较低，这使她看别人总有深深的敌意。自出狱后，人们对她的冷漠和有色眼光又使案主在生活中变得越来越自卑，内心充满无助和苦闷。自尊让她不能低头，只能装作很坚强，不在乎，但她又无力改变自己的生存现状。

对于像案主这样的女犯来说，是生活的无奈使她一步步走向错误的深渊。她从家乡出来，试图改变自己的生活，这说明她是个不愿意向生活屈服的人，有很强的自尊心。也正是这样，对于由其犯罪经历和自身素质过低所引起的自卑感，案主从不轻易表露，也缺乏诉说的渠道。自尊和自卑两种情绪深深地困扰着她，使她身心俱疲，对自己的生活乃至社会产生了消极的想法。

五　介入过程及成效分析

（一）矫治目标和流程

在本案例中，我们的目标是让案主能进行正常的社会交往和社会生活，提高案主的自信心，减少案主的无助感，增强其面对生活问题的能力。在此基础上帮助案主进行心理调适，多与人接触，相信他人，建立一个正常的交往圈子；在增权过程中帮助案主提高适应生活的能力，进而找到工作，确立目标，开始正常的生活。主要分三个阶段进行。

第一阶段，问题澄清，工作者与案主建立相互信任的关系，帮助案主认识到目前主要存在的问题及问题的可改变性，让她尝试着面对自己，也面对周围的人。

第二阶段，通过与社区协调，给案主一个服务他人的机会。一方面在服务的过程中使她感受到与他人交往、帮助他人的乐趣，从而加强案主与人交流的能力并借此改善案主的经济状况。另一方面，社区服务可以让村民感受到案主的善意，明白一个人的过去并不代表一切，使村民消除对案主的敌意和不安全感。

第三阶段，创设机会让案主学习基本的法律知识，使其具有一定的法律意识，明白是非曲直，能采取理性的方式处理问题。

（二）矫治方案和措施

1. 增权，帮助案主获得所需的社会资源

很多出狱女犯都面临着社会资源的缺失，这就需要在一定层次上为案主增权。以"增权"为主要取向的社会工作认为，个人或群体拥有的权利是变化和发展的，无权或弱权的地位状况通过努力是可以改变的（吴大华、夏成福、刘敏，1991）。基于此，工作者主要引导案主积极参加社区服务和重大事件的社区决策，来改变其不利处境。同时，通过案主和本村村民的交流，加强彼此的认识，增强其社会认同。

在辅导过程中，工作者要始终相信案主，增强和案主的交流力度。在增权的方法论层面，社会工作认为，个体行为不是被过去事件所决定的，如能在一种结构性和社会性的关系中给其一定的机会，个体就能够改变他自己。因此，工作者鼓励案主进行社会参与，使她在和他人的交往中，增强交流能力。

增权在矫治过程中可以很好地促进案主的心理和能力建设，通过运用增权的方法，我们把目光放在案主的优势上（放大一个人的优点，缺点相对就变小了），这可以增强案主开始新生活的信心，有效地发掘案主的自我能力和环境资源的优势。这样从社会工作价值观的角度切实地维护了案主的利益，有效避免了标签效应的影响，从而帮助案主重拾生活的信心，着手建设自己的新生活。在本案例中，根据案主的情况，工作者主要从以下三个方面为其增权。

第一，资源获得层次。改变案主受到广泛歧视的现状，加强案主的社会交往和获取社会资源的能力，帮助案主争取到与健康社会及进步文化相匹配的社会公正和社会平等待遇（帕梅拉·特里维西克，2010）。因为案主在出狱后，社会地位相对低下，没有获得正常交往的机会，所以，工作者主要帮助案主增强社会表达和优化资源的能力，强化其社会适应能力。

第二，个人能力层次。即案主自己获得所需资源的能力。就本文的案主而言，作为出狱女犯，其是社会上的弱势群体，加上教育程度较低，其也没有相应的生活技能。因此，工作者应帮助案主增强个人能力①，强化自我效能。

第三，社会交往层次。即提高案主人际交往的能力。人际关系是一种重要的社会资源和社会资本，同时也是获取和配置资源的一种有效手段和方法。处于被社会歧视地位的出狱女犯，由于社会资源较为缺乏，受到社会的排斥，这一群体很难获得他人的认可。出于自身交往的需要，在本案例中，案主在尝试和他人交往时也总是碰壁，因此，工作者帮助其树立和他人交往的信心，增强交往的能力。

2. 加强法律知识的教育和普及

社区应定期举办有关法律常识的讲座，加强社区居民的法律意识。很多女性之所以犯罪都是因为自身法律知识的缺失，特别是对于出狱女犯来说，她们是愿意了解一些基本的法律知识的。

3. 政府加大对出狱女犯的救济力度

政府可以设立咨询服务机构，为出狱女犯提供帮助，如信息咨询、心理辅导和就业指导等。在本案例中，工作者借助政府的相关扶持政策，通过协调，村委会愿意给她提供一个工作的机会。虽然只是在村内打扫卫生，但是对于案主来说，她就有了生活的来源，并且通过做一些社区服务工作，可以改变村民对她的看法。自此，很多人愿意试着和她交流，这增强了案主的社会接受度。

有了村委会的帮助，案主的生活就有了保障：一方面，以村委会的名义发出呼吁，希望其他村民也能多帮助她；另一方面，村民在一定程度上也起到了监督的作用，督促案主向正确的方向发展。案主感受到了关怀，这有利于她的心理改造和行为完善，使其能够积极配合社区的各项工作，完成矫治

---

① 案主的能力应包括适应环境的能力和在各种不利环境下表达需要、获取和控制资源的能力等，参见康树华、刘灿璞、赵可《女性犯罪论》，兰州大学出版社，1988，第128页。

任务。

4. 对出狱女犯再社会化的心理调适

女犯在出狱后要面对社会的"有色眼光"，再加上长期和社会脱节，其心理压力很大，她们被排挤在社会边缘，很多时候这又加大了其重新走上犯罪道路的概率，因此加强女犯的心理建设是很必要的。

就本案例而言，对案主要采取直接治疗和间接治疗相结合的模式，工作者首先和案主建立相互信任的专业关系，直接和案主进行交谈，对于案主的积极表现给予支持，正面强化她的行为，对于案主存在的一些问题则直接介入，帮助案主改变不恰当的行为。

5. 挖掘潜能

主要是帮助案主获得再社会化生活的技能，从而在一定程度上帮助案主解决生活困难的问题，使其更好地融入社会。在本案例中，工作者发现案主对于时尚领域很感兴趣，并且尤其喜欢美甲，于是工作者便帮其找到了一些美甲的教科书并请人进行指导。就此，案主学会了很多修指甲的技巧，并且自己创造出很多新花样。就连工作者都夸奖她是时尚达人，她不好意思地说希望开一间美甲店，把到她那儿的女孩子都打扮得美美的，认为女孩子就要收拾得漂亮一点。并且，她还开工作者的玩笑，说不爱打扮将来嫁不出去怎么办。基于此，工作者看到了案主的进步。

很多出狱女犯由于长期和社会脱离，无法跟上社会发展的脚步，在出狱后，面临生活困难及社会适应的问题。这时，工作者要在与案主的交流中发现案主的兴趣或某方面的潜能来鼓励案主，帮助她们获得生活的技能，这是出狱女犯能否再次融入社会的很关键的一环。

（三）案例评估

找出辅导过程中出现的问题，积累经验是社会工作评估的目的。社会工作评估应采用相对方便实用的方式，以减少时间的消耗和成本的浪费。因此，案例评估建立在问卷调查的基础上，同时观察案主的行为，对比其心理及行为在结案时所发生的变化，根据辅导目标，对本次个案工作的成效做出评定。具体如下。

1. 案例的结果评估

（1）案主的情绪变化。在第一次接触案主时，她对周围的一切都不感兴趣，心情很压抑，对生活也失去希望。经过工作者辅导后，她愿意与人交流，可以自食其力，对生活又重新充满信心。

（2）案主的生活变化。刚接触案主时，案主没有固定的工作，生活难以得到保障。在个案辅导结束时，她能够有一份工作养活自己，同时能积极服务他人，改变了人们对她的看法，案主的社会认同度和人际交往的能力得到了提高。

（3）案主的知识技能变化。在本案例中，案主由开始的完全不懂法律，触犯法律受到制裁到懂得基本的法律知识；由开始的没有一技之长来养活自己，到后来学会了美甲，并且凭着自己对流行时尚的了解，能很好地利用这一技能来养活自己，这都充分展示了案主的进步。同时，案主通过工作，也证明了自己不是无用的，认为自己可以自食其力，对生活充满希望和信心。

2. 社工辅导技巧评估

在本案例中，工作者由于自身经验的不足，犯了急于求成的毛病，曾一度使辅导陷入僵局，经过督导老师的耐心讲解，才重新对案主进行研究、分析，并运用了心理与社会治疗模式的方法及技巧，和案主建立相互信任的关系，这取得了一定的成效。此外，工作者运用增权的方法，充分发掘案主的长处，并激励案主利用自身的优势，来获得一技之长，拥有立身于社会的资本。同时，发动村民帮助案主，使案主愿意接受他人，慢慢地尝试和他人交流。在治疗过程中，工作者使案主认识到自己的不正确行为，并对其进行矫治，教会案主理性地面对一些问题，了解基本的法律知识，规范自身的行为，这基本上取得了预定的效果。

3. 其他评估

在本案例中，虽然工作者很顺利地帮助案主解决了生活适应问题，但由于条件所限，工作者仅从其所处社区支持网络对其进行了相应的支持和帮助，并未从其家庭尤其是案主丈夫入手进行相应的关照。这主要是因为案主丈夫长期患病在床，夫妻感情恶化，案主实际上处于独居状态，出于尊重案主的考虑，本案例并未涉及对其婚恋感情的介入。

六　结语

由上述案例可以看出，对女犯的矫治是一个很复杂的过程。女犯的心理往往不是我们平常人可以完全了解的，尤其是出狱女犯可能面临无助和自卑等多种复杂心理状态的困境。社会上又缺乏对于出狱女犯的有效帮助途径，这使得这一特殊群体在犯罪和正常生活之间摇摆。本文通过对出狱女犯的再社会化的描述，展现了社会工作在女犯矫治过程中的作用。社工通过运用个案工作的心理社会治疗模式与行为矫治模式，帮助案主认识到自己思想和行为的偏差，从而愿意接受社工帮助，开始自己的新生活。这是社会工作者尽的一点绵薄之力，但展现的是社会工作的巨大力量和发展空间，相信社会工作对于出狱女犯的辅导会发挥更大的作用，为社会和谐贡献应有的力量。

在我国，随着女性罪犯的增多，女犯的帮教也面临着很多困难。在生活和工作中，歧视女性的情况还普遍存在，这些不良影响也是促使女性罪犯增多的重要影响因素。欧美国家社会发展起步早，更早地面临了这一问题，对此它们都做了深入的探讨和研究，形成了较为成熟的模式，这给我们提供了一定的参考，① 这些模式和方法如能在实务中得到相应的推广，相信女犯的帮教资源会更多，这将更好地解决女性犯罪问题，促进两性的和谐发展。

我国的社会工作刚刚起步，还没有得到社会的广泛认可，仍处于发展阶段。在对出狱女犯的帮教方面，社会工作的理念在实际的工作中没有发挥应有的作用，加快社会工作走向职业化和专业化，仍有广泛的空间。随着我国社会建设的不断进步，国家逐渐认识到发展社会工作的必要性，发布了一系列促进社会工作发展的文件，以加大社会工作人才的培养，同时通过政府购买服务等方式支持社会工作的发展，这些都对未来女犯的社区矫治提供了相应的可能性依据。

参考文献

韩亚华，2005，《女性罪犯的嫉妒心理及矫正》，《河南司法警官职业学院学报》第 2 期。

〔英〕帕梅拉·特里维西克，2010，《社会工作技巧——实践手册》，肖莉娜译，格致出版社。

唐斌，2008，《社会工作专业干预下的同伴教育——以上海市 P 镇"女性戒毒沙龙"为例》，《青少年犯罪问题》第 6 期。

吴大华、夏成福、刘敏，1991，《犯罪与社会》，四川人民出版社。

杨木高，2012，《关于女犯心理矫治工作若干问题探讨》，《社会心理科学》第 7 期。

Merry Morash, 1994, "The Needs of Women Offenders," *Women, Criminal and Justice.*

---

① 如欧美为出狱女犯提供社区服务的机会，并侧重于家庭的影响。

作者简介

艾晶　女

所属博士后流动站：中国社会科学院社会学研究所

合作导师：王春光

在站时间：2013. 12~

现工作单位：沈阳师范大学社会学学院

联系方式：aijingpaper@ 163. com

农民工收入水平代际流动主观评价
差异的影响因素研究[*]

——基于 504 份问卷数据的分析

陈旭峰

摘　要： 农民工收入水平的代际流动问题日益引起整个社会和学术界的广泛关注。本文的研究主题是农民工收入水平代际流动主观评价差异的影响因素分析，提出了国家制度性因素、社会结构性因素、家庭先赋性因素、个人自致性因素会影响农民工收入水平代际流动的主观评价这一研究假设。Logistic 回归分析结果表明：国家制度性因素和社会结构性因素对农民工收入水平代际流动主观评价的影响都不显著，而家庭先赋性因素和个人自致性因素的影响基本上都是显著的。最后本文指出，必须在实现与国家制度性因素、社会结构性因素、家庭先赋性因素、个人自致性因素相适应的基础上来提出促进农民工收入水平代际流动的运行机制。

关键词： 农民工　收入水平　代际流动　四维度因素

一　理论视角与研究述评

国外的代际流动研究范式根据时间维度基本上可以分为四种类型。索罗

---

* 本文是笔者主持的第 56 批中国博士后科学基金面上资助一等资助（资助编号：2014M560155）的阶段性成果。本文已在《人口与发展》2017 年第 2 期上刊发。

金是西方社会流动研究的现代鼻祖，其《社会流动》一书开创了社会流动研究的现代传统，他的研究代表了"第一代流动研究范式"。Goldthorpe（2000）认为，在过去的五十年当中，社会流动研究不仅在理论研究上，还在方法研究上取得了非常大的成绩。同时，Goldthorpe（2007）还认为，就其他研究领域比较而言，社会流动研究的突破性进展更多的是依靠研究方法和分析模型的改进来实现的，其对理论研究的依赖性相对较弱。其原因在于社会流动的理论研究相对已经比较成熟，而缺乏的恰恰是研究方法和分析模型的创新。

Blau 和 Duncan（1967）提出的"地位获得模型"是"第二代流动研究范式"，该范式主要从个体角度探讨地位获得影响因素，在后续研究中该范式被不断丰富，如新结构主义强调结构性影响因素；Granovetter、Mark（1973）和 Lin Nan（1982）强调社会资本作用；Bourdieu Pierre（1977）非常注重文化资本作用，在他看来，教育发挥着文化再生产的隐形作用，来自社会上层的学生更容易通过教育获得成功；Giddens（1973）提出了"阶级结构化"理论，这一理论是在韦伯的阶级概念基础上提出的，该理论就是试图以强调"社会实践"来把社会行动与社会结构连接起来。

20 世纪 70 年代"流动表分析"技术的出现为"第三代流动研究范式"奠定了基础。"第三代流动研究范式"改进了"地位获得模型"，在分析时排除了由产业结构升级和教育扩张带来的影响，改变了以往分析对家庭背景作用的误判。之前的研究范式侧重对流动率的研究，而"第三代流动研究范式"侧重研究流动模式。在这一研究范式之下形成了大量的研究成果，代表性成果有 Erikson、Rokert 等人（1992）的《永恒的流动性：一项对工业社会的流动研究》。Breen、Richard（2004）的《欧洲的社会流动》一书的影响也较大，该书对欧洲十一个国家代际流动的历史与现状进行了比较研究。

由于"第三代流动研究范式"侧重研究静态的流动模式，对于流动过程的动态分析存在一些不足，于是理论界又尝试做出进一步修正，这激起了学术界新一轮的研究热潮，逐渐形成了"第四代流动研究范式"。Grusky（2001）认为，自"二战"以来，西方代际流动的量化研究特征日益突出，现已成为社会学众多研究领域中量化程度最高的领域之一。过于依赖量化研究也使得西方代际流动研究存在一些新的问题，诸如缺乏理论上的创新、与其他研究领域的交流沟通不顺畅等。

国内社会学界对代际流动研究前后有过两次特征比较明显的聚焦。"第一次聚焦"发生在 20 世纪 70 年代末 80 年代初以来我国政治经济转型时期，这一次聚焦的研究成果相对较少，在学术界的影响也相对较弱。"第二次聚焦"发生在 21 世纪初，由陆学艺牵头对当前中国的社会分层与社会流动进行了一系列研究，带来了国内学术界代际流动研究的一股热潮，从而在社会学界形成了众多代表性理论，如陆学艺等人的"中产化现代社会理论"、孙立平的"断裂社会理论"、李强和李培林的"碎片化理论"、李路路的"结构化理论"等。这一时期代表性著作有陆学艺（2004）的《当代中国社会流动》、边燕杰（2008）的《社会分层与流动：国外学者对中国研究的新进展》、段成荣（2012）的《中国流动人口研究》等。

国内关于代际流动影响因素的研究主要是从两个维度来进行解释的，分别是制度性因素和非制度性因素，其中，非制度性因素的涵盖面是比较广泛的。大多数学者都强调国家制度性因素对代际流动的重要影响，如吴晓刚（2007）非常关注我国城乡二元制度分割对代际流动带来的影响；国内很多学者日益关注社会结构性因素对代际流动的影响，如高勇（2009）的研究指出，代际流动研究最重要的是社会结构中的樊篱以及樊篱的变迁问题；也有不少关于家庭先赋性因素对代际流动影响的研究，如吴愈晓（2010）探讨了我国改革开放以来哪些农民更有可能成为农村中的精英阶层，并具体分析了家庭背景对其成为精英阶层的影响；国内很多研究侧重个人自致性因素对代际流动的影响，如王处辉、朱焱龙（2015）的研究认为，能否获得高等教育是个人文化资本的重要体现，是影响代际流动能否顺利实现的最关键因素。

也有部分学者对农民工的代际流动问题进行了相关研究，如卓玛草、孔祥利（2016）利用 2016 年全国 31 个省份农民工实地问卷调研数据，构建农民工代际职业流动理论分析框架。采用代际职业继承指数与流动性指数等多维流动性指标，测度分析了农民工代际职业流动呈现代际差异与代际传递双重嵌套的特征事实；秦阿琳（2013）的研究指出，随着农民工的代际继替，城市融入日益分化为"流动者"的融入与"移民"的融入两类人群的问题。这一变迁同时也标志着农民工已经开始由争取"流动权"向争取"移民权"转化，从"流动人口"的群体政治开始向"移民"的群体政治转型。

综上所述，国内外研究已经形成一个多视角、多层次研究体系。但该领域还存在新的拓展空间，原因在于以下几个方面。第一，以农民工为研究对象的代际流动问题值得深入研究。人口流动可能改变原有代际流动机制，因此，研究农民工的代际流动问题，可为如何实现社会公平和正义提供更清晰解释。第二，如何在代际流动研究中更好地把宏观与微观分析结合起来需要更多探讨。宏观与微观分析结合主要指综合考虑国家、社会、家庭、个人等因素对代际流动的影响。宏观研究需要微观分析加以检验，微观研究需要宏观探讨来解释，两者缺一不可。第三，农民工代际流动研究需要综合考虑时间和空间因素。不同历史时期、不同地区农民工代际流动机制都存在明显不同，非常有必要研究不同时空条件下的农民工代际流动问题。第四，对农民工代际流动的研究还要深入系统地考察农民工内部分化的影响。农民工内部分化日益加剧，很有必要研究不同类型农民工的代际流动问题，特别是不同层次农民工和两代农民工之间的差异问题。

二　研究假设与变量的赋值

本文的主题是农民工收入水平代际流动主观评价差异的影响因素分析。笔者在借鉴以往研究的基础上，提出了本文的研究假设：国家制度性因素、社会结构性因素、家庭先赋性因素、个人自致性因素会影响农民工收入水平代际流动的主观评价。其中，国家、社会、家庭、个人四维度因素①是研究当中的自变量，而农民工对收入水平代际流动的主观评价②则是研究中的因变量。具体来说有以下四个更加具体的研究假设。

假设1：国家制度性因素会影响农民工收入水平代际流动的主观评价。受历史文化因素的影响，在我国，国家制度性因素的影响往往是根本性的，其表现形式也是非常多的，既有发挥直接作用的制度性因素，诸如户籍制度，也有发挥间接作用的制度性因素，诸如教育制度。当然，在不同的历史时期，国家制度性因素的影响是存在明显差异的。例如，新中国成立初期国家制度的重塑性特征会比较明显，"文革"时期国家制度的政治性特征会比较明显，而当前国家制度的市场性特征会比较明显。可以说，国家制度性因素对农民工收入水平代际流动主观评价的影响发挥着基础性作用。笔者用3

---

① 在本文中，笔者是通过问卷调查的方式来获得国家、社会、家庭、个人四维度影响因素的相关情况的，因此，其结果更多的是代表调查对象的主观评价和判断，而不是一种客观测量。

② 在调查问卷中，农民工收入水平的代际流动这一因变量是通过调查对象是否同意"与您的父亲在您这个年龄时的情况相比较，您的收入水平更高"这一说法来测量的，这一问题的答案包括完全同意、比较同意、一般、不太同意、完全不同意五项。根据 Logistic 回归分析对数据的处理要求，笔者将完全同意、比较同意这两项归为一类，赋值为1，表示子代比父代的收入水平更高，将一般、不太同意、完全不同意这三项归为一类，赋值为0，表示子代没有比父代的收入水平更高。

个自变量来衡量国家制度性因素，包括国家就业机会公平性、国家收入分配公平性和国家的社会流动机会。

假设 2：社会结构性因素会影响农民工收入水平代际流动的主观评价。社会结构性因素对农民工收入水平代际流动主观评价的影响主要表现在两个方面。第一个方面表现为社会的开放程度。当一个社会的结构表现出开放特征时，阶层之间的边界往往是模糊的，此时农民工收入水平的代际流动往往是比较容易实现的；而当一个社会的结构表现出封闭特征时，阶层之间的边界往往是清晰的，此时农民工收入水平的代际流动往往是比较困难的。第二个方面表现为"手段—目标"的匹配程度。这一理论是由美国的社会学家默顿提出的，他认为，对于一个健康合理、良性运转的社会来说，不仅要为每个人设置目标，还要为每个人提供实现目标的有效手段（王思斌，2003：290）。当手段与目标匹配的时候，人们能够通过有效的手段来实现目标，此时农民工收入水平的代际流动是比较容易实现的；当手段与目标不相匹配的时候，人们不能通过有效手段来实现目标，此时农民工收入水平的代际流动是很难实现的。笔者用 4 个自变量来衡量社会结构性因素，包括流入地社会排斥性、流入地社会融入难易度、流入地城市化进程、流入地工业化水平。

假设 3：家庭先赋性因素会影响农民工收入水平代际流动的主观评价。从资本的维度来看，家庭先赋性因素主要是指父母对经济资本、社会资本、政治资本、文化资本等各种资本的拥有情况，资本拥有量越多表明家庭先赋性因素越突出。家庭是社会化的基本单元，同时也承担着向子代提供经济、社会、政治、文化等各种地位资源的功能。社会流动研究最为关注的是父代的职业、教育、权力、单位等各类资源对子代地位获得的影响（李炜，2004）。魏晋南北朝时期的"九品中正制"和"龙生龙，凤生凤，老鼠的孩子会打洞"的俗语都是"血统论"的典型代表，都强调的是家庭因素对代际流动的重要影响，"阶层复制""阶层代际传递""阶层再生产"等现象都是家庭因素发挥作用的表现形式。笔者用 7 个自变量来衡量家庭先赋性因素，包括 16 岁时家庭收入水平、16 岁时家庭生活条件、16 岁时家庭书籍数量、父代对子代的教育作用、父亲的村干部身份、父亲外出务工情况、父亲的文化程度。

假设 4：个人自致性因素会影响农民工收入水平代际流动的主观评价。国家制度性因素、社会结构性因素和家庭先赋性因素是从宏观和中观两个层面探讨农民工收入水平代际流动影响因素的。在社会研究中往往很容易忽略个体主观能动性和微观层面因素的重要影响，其得出的研究结论带有很强的片面性和误导性。因此，从微观或个体层面的自致性因素来探讨农民工收入水平代际流动的影响因素是不可或缺的。自致性因素是相对于先赋性因素而言的，先赋性强调的是先天赋予的，而自致性强调的是通过个人后天的努力获得的。笔者用8个自变量来衡量个人自致性因素，包括文化程度、身体状况、工作稳定性、看书学习频率、参加组织情况、参加文化娱乐活动情况、参加教育培训情况、留城意愿。

本文的数据来自笔者主持的中国博士后科学基金一等资助项目"社会分层视域下的农民工地位代际流动研究"。该项目以农民工比较密集的杭州市为调查地点，问卷调查工作在2016年3月完成。为了使样本更具有代表性，该项目根据地域、年龄和层级三个特征，采用多次分层抽样法抽取农民工样本以开展问卷调查，共发放调查问卷600份，回收调查问卷535份，剔除无效问卷后，得到有效调查问卷504份，问卷的有效回收率为84%。通过对调查数据的分析，笔者发现：调查对象呈现在性别上以男性为主，其占到了61.1%；在年龄上第一代农民工和新生代农民工的占比非常接近；在受教育程度上以初中居多，其占到了调查总体的51.6%；绝大部分（98%）调查对象没有当过村干部；绝大部分（93.1%）调查对象不是中共党员；绝大部分（92.7%）调查对象来自浙江省外；大部分调查对象外出务工时间在10年以上，这一比例达到了54%。

根据Logistic回归分析对数据的处理要求，笔者对自变量进行了转换。笔者是从国家制度性因素、社会结构性因素、家庭先赋性因素、个人自致性因素"四维度"来选择自变量的。自变量的赋值及统计特征情况如表1所示。

表1 自变量定义及统计特征

单位：%

自变量	定义及统计特征	
	赋值1	赋值0*
国家制度性因素		
国家就业机会公平性	很公平（37.9）	不公平（62.1）
国家收入分配公平性	很公平（24.4）	不公平（75.6）
国家的社会流动机会	很多（47.2）	很少（52.8）

续表

自变量	定义及统计特征	
	赋值 1	赋值 0*
社会结构性因素		
流入地社会排斥性	不强（26.8）	很强（73.2）
流入地社会融入难易度	不难（33.5）	很难（66.5）
流入地城市化进程	很快（62.1）	很慢（37.9）
流入地工业化水平	很高（55.8）	很低（44.2）
家庭先赋性因素		
16 岁时家庭收入水平	很高（7.7）	很低（92.3）
16 岁时家庭生活条件	很好（13.5）	很差（86.5）
16 岁时家庭书籍数量	很多（16.1）	很少（83.9）
父母提供的教育帮助	很大（50.8）	很小（49.2）
父亲村干部身份	当过村干部（13.3）	没当过村干部（86.7）
父亲外出务工情况	有外出务工经历（53.2）	没有外出务工经历（46.8）
父亲文化程度	初中及以下（87.3）	高中及以上（12.7）
个人自致性因素		
文化程度	初中及以下（77.6）	高中及以上（22.4）
身体状况	很好（64.7）	很差（35.3）
工作稳定性	很稳定（38.9）	不稳定（61.1）
看书学习频率	经常看书学习（33.1）	很少看书学习（66.9）
参加组织情况	经常参加（11.3）	很少参加（88.7）
参加文化娱乐活动情况	经常参加（12.5）	很少参加（87.5）
参加教育培训情况	经常参加（17.3）	很少参加（82.7）
留城意愿	希望（56.2）	不希望（43.8）

* 在自变量的赋值过程中，笔者对于自变量原始数据中涉及"一般"选项的问题，都赋值为 0。

三 农民工收入水平代际流动主观评价差异 影响因素的模型分析

通过农民工收入水平代际流动主观评价差异影响因素的 Logistic 回归分析，可以发现：整个模型的 Nagelkerke R^2 为 0.282，这说明所有的这些影响因素能够解释结果的 28.2%。整个模型的卡方值为 114.154，卡方检验显著。从国家制度性因素、社会结构性因素、家庭先赋性因素、个人自致性因素对农民工收入水平代际流动主观评价的影响来看，国家制度性因素和社会结构性因素的影响都不显著，因此，假设 1 和假设 2 没有得到证实（见表 2）。家庭先赋性因素和个人自致性因素的影响基本上都是显著的，因此，假设 3 和假设 4 基本上得到证实。具体的分析结果主要有以下几个方面。①

第一，16 岁时家庭收入水平这一指标对农民工收入水平代际流动主观评价的影响是显著的（在 0.05 水平上显著）。就与 16 岁时家庭收入很低的农民工比较而言，16 岁时家庭收入很高的农民工收入水平比父代更高的可能性是其 2.908 倍。由此可见，16 岁时家庭收入水平这一指标的作用方向是正向的，16 岁时家庭收入很高的农民工收入水平比父代更高的可能性要大于 16 岁时家庭收入很低的农民工。因此，父代的收入水平会直接影响到子代能否顺利实现收入水平的代际流动。

第二，16 岁时家庭书籍数量这一指标对农民工收入水平代际流动主观评价的影响是显著的（在 0.01 水平上显著）。就与 16 岁时家庭书籍很少的农民工比较而言，16 岁时家庭书籍很多的农民工收入水平比父代更高的可能性是其 39.3%。由此可见，16 岁时家庭书籍很多的农民工收入水平比父代更高的可能性反而要小于 16 岁时家庭书籍很少的农民工。这说明，虽然 16 岁时家庭书籍数量这一指标的影响是显著的，但是其作用方向是负向的。

第三，父代对子代的教育作用这一指标在 0.05 水平上显著，其对农民工收入水平代际流动主观评价的影响是显著的。就与父代对子代教育作用很小的农民工比较而言，父代对子代教育作用很大的农民工收入水平比父代更高的可能性是其 58.5%。由此可见，父代对子代教育作用很大的农民工收入水平比父代更高的可能性反而要小于父代对子代教育作用很小的农民工。这说明，虽然父代对子代的教育作用这一指标的影响是显著的，但是其作用方向是负向的。

第四，父亲的村干部身份这一指标对农民工收入水平代际流动主观评价的影响是显著的（在 0.01 水平上显著）。就与父亲没当过村干部的农民工比较而言，父亲当过村干部的农民工收入水平比父代更高的可能性是其 2.306 倍。由此可见，父亲的村干部身份这一指标的作用方向是正向的，父

---

① 因为 $p<0.10$ 的显著性水平过低，其在统计学上基本没有什么意义，所以笔者对于 $p<0.10$ 的变量不纳入分析。

亲当过村干部的农民工收入水平比父代更高的可能性要大于父亲没当过村干部的农民工。因此，父亲的村干部身份是有利于子代收入水平代际流动的。

第五，文化程度这一指标对农民工收入水平代际流动主观评价的影响是显著的（在 0.01 水平上显著）。就与初中及以下文化程度的农民工比较而言，高中及以上文化程度的农民工收入水平比父代更高的可能性是其 1.960 倍。由此可见，文化程度这一指标的作用方向是正向的，高中及以上文化程度的农民工收入水平比父代更高的可能性要大于初中及以下文化程度的农民工。因此，不断提高农民工的文化程度是促进其收入水平代际流动的有效路径。

第六，身体状况这一指标在 0.05 水平上显著，其对农民工收入水平代际流动主观评价的影响是显著的。就与身体状况很差的农民工比较而言，身体状况很好的农民工收入水平比父代更高的可能性是其 1.813 倍。由此可见，身体状况这一指标的作用方向是正向的，身体状况很好的农民工收入水平比父代更高的可能性要大于身体状况很差的农民工。因此，"身体是革命的本钱"是非常正确的，改善农民工的身体状况也是促进其收入水平代际流动的有效路径。

第七，看书学习频率这一指标对农民工收入水平代际流动主观评价的影响是显著的（在 0.01 水平上显著）。就与很少看书学习的农民工比较而言，经常看书学习的农民工收入水平比父代更高的可能性是其 2.094 倍。由此可见，看书学习频率这一指标的作用方向是正向的，经常看书学习的农民工收入水平比父代更高的可能性要大于很少看书学习的农民工。因此，提高农民工看书学习的频率有利于促进其收入水平的代际流动。

第八，参加组织情况这一指标对农民工收入水平代际流动主观评价的影响是显著的（在 0.01 水平上显著）。就与很少参加各种组织的农民工比较而言，经常参加各种组织的农民工收入水平比父代更高的可能性是其 4.395 倍。由此可见，参加组织情况这一指标的作用方向是正向的，经常参加各种组织的农民工收入水平比父代更高的可能性要大于很少参加各种组织的农民工。因此，提升农民工的组织化程度也是促进其收入水平代际流动的有效途径。

第九，留城意愿这一指标在 0.01 水平上显著，其对农民工收入水平代际流动主观评价的影响是显著的。就与不希望以后留在城市的农民工比较而言，希望以后留在城市的农民工收入水平比父代更高的可能性是其 1.952 倍。由此可见，留城意愿这一指标的作用方向是正向的，希望以后留在城市的农民工收入水平比父代更高的可能性要大于不希望以后留在城市的农民工。因此，提升农民工的留城意愿同样能够有效促进其收入水平的代际流动。

表 2　农民工收入水平代际流动主观评价差异影响因素的 Logistic 回归模型

影响因素（括号内为参照组）			Exp（B）
国家制度性因素	国家就业机会很公平	（不公平）	0.615 *
	国家收入分配很公平	（不公平）	0.605
	国家社会流动机会很多	（很少）	1.502
社会结构性因素	流入地社会排斥不强	（很强）	1.682 *
	流入地社会融入不难	（很难）	0.730
	流入地城市化进程很快	（很慢）	1.556
	流入地工业化水平很高	（很低）	1.702 *
家庭先赋性因素	16 岁时家庭收入很高	（很低）	2.908 **
	16 岁时家庭生活很好	（很差）	0.658
	16 岁时家庭书籍很多	（很少）	0.393 ***
	父母对教育帮助很大	（很小）	0.585 **
	父亲当过村干部	（没当过）	2.306 ***
	父亲有外出务工经历	（没有）	0.792
	父亲是高中及以上文化程度	（初中及以下）	0.608
个人自致性因素	高中及以上文化程度	（初中及以下）	1.960 ***
	身体状况很好	（很差）	1.813 **
	工作很稳定	（不稳定）	1.449
	经常看书学习	（很少）	2.094 ***
	经常参加各种组织	（很少）	4.395 ***
	经常参加文化娱乐活动	（很少）	0.545
	经常参加教育培训	（很少）	0.562
	希望以后留在城市	（不希望）	1.952 ***
常数			0.110 ***
N			504
Nagelkerke R^2			0.282
-2 Log likelihood			523.213
卡方值			114.154

* $p<0.10$，** $p<0.05$，*** $p<0.01$

四　结论与建议

本文的研究主题是农民工收入水平代际流动主观评价差异的影响因素分析。通过以上分析，笔者得出以下几方面结论。第一，从国家制度性因素来看，没有变量对农民工收入水平代际流动的主观评价起到显著作用。第二，从社会结构性因素来看，没有变量对农民工收入水平代际流动的主观评价起到显著作用。第三，从家庭先赋性因素来看，16 岁时家庭收入水平和父亲的村干部身份这两个自变量对农民工收入水平代际流动的主观评价都起显著的正向作用。因此，父代的收入水平、父亲的村干部身份都会直接影响到子代能否顺利实现收入水平的代际流动。第四，从个人自致性因素来看，文化程度、身体状况、看书学习频率、参加组织情况、留城意愿这五个自变量对农民工收入水平代际流动的主观评价都起显著的正向作用。因此，不断提高农民工的文化程度、改善农民工的身体状况、提高农民工看书学习的频率、提升农民工的组织化程度、提升农民工的留城意愿都是促进其收入水平代际流动的有效路径。

为了更好地促进农民工收入水平的代际流动，必须有一个科学、合理、良性的运行机制。这一运行机制需要综合考虑国家制度性因素、社会结构性因素、家庭先赋性因素、个人自致性因素对农民工收入水平代际流动的影响。首先，从国家制度性因素来看，反映在促进农民工收入水平代际流动的运行机制要与外部环境相适应上，所谓外部环境是指农民工工作、生活的外在经济、社会、文化环境。促进农民工收入水平代际流动的运行机制如果背离了整个外部环境，与经济、社会、文化发展状况不相适应，其对促进农民工收入水平代际流动的支持绩效肯定会大打折扣。其次，从社会结构性因素来看，反映在要明确政府、企业和社会的权责分工机制上。促进农民工收入水平的代际流动是政府、企业和社会的共同责任，离开任何一方都会大大削弱政策实施效果。因此，政府、企业和社会要遵循合理分工、协调运转的机制，共同促进农民工收入水平的代际流动。再次，从家庭先赋性因素来看，反映在要不断强化家庭的经济资本、社会资本和文化资本上。家庭的先赋性因素是会显著影响农民工收入水平的代际流动的，而农民工父代的经济资本、社会资本和文化资本不足的问题较为突出，这严重制约了农民工收入水平代际流动的顺利实现。最后，从个人自致性因素来看，反映在促进农民工收入水平代际流动的运行机制要与内部环境相适应上，所谓内部环境是指农民工的经济、社会、文化需求。促进农民工收入水平代际流动的运行机制是服务于农民工的，如果背离了农民工这一内部环境，与其经济、社会、文化需求不相适应，那么促进农民工收入水平代际流动的举措也就成为了"空中楼阁"。综上，必须在实现与国家制度性因素、社会结构性因素、家庭先赋性因素、个人自致性因素相适应的基础上来提出促进农民工收入水平代际流动的运行机制。

参考文献

边燕杰，2008，《社会分层与流动：国外学者对中国研究的新进展》，中国人民大学出版社。

段成荣，2012，《中国流动人口研究》，中国人口出版社。

高勇，2009，《社会樊篱的流动——对结构变迁背景下代际流动的考察》，《社会学研究》第 6 期，第 1~17 页。

李炜，2004，《社会流动的影响因素》，《中国党政干部论坛》第 8 期，第 23~25 页。

陆学艺，2004，《当代中国社会流动》，社会科学文献出版社。

秦阿琳，2013，《从"流动政治"到"移民政治"——农民工城市融入的代际变迁》，《中国青年研究》第 8 期，第 4~8 页。

王处辉、朱焱龙，2015，《高等教育获得与代际流动：机制、变迁及现实》，《中南大学学报》（社会科学版）第 2 期，第 174~181 页。

王思斌，2003，《社会学教程》（第二版），北京大学出版社。

吴晓刚，2007，《中国的户籍制度与代际职业流动》，《社会学研究》第 6 期，第 38~65 页。

吴愈晓，2010，《家庭背景、体制转型与中国农村精英的代际传承（1978~1996）》，《社会学研究》第 2 期，第 125~150 页。

卓玛草、孔祥利，2016，《农民工代际职业流动：代际差异与代际传递的双重嵌套》，《财经科学》第 6 期，第 84~96 页。

Anthong Giddens, 1973, *The Class Structure of the Advanced Societies* (London: Hutchinson).

Bourdieu Pierre, 1977, *Cultural Reproduction and Social Reproduction* (New York: Oxford University Press).

Breen, Richard, ed., 2004, *Social Mobility in Europe* (Oxford: Oxford University Press).

Erikson, Robert, J. H. Goldthorpe, 1992, *The Constant Flux: A Study of Class, Mobility in Industrial Societies* (Oxford: Clarendon Press).

Goldthorpe, John H., 2000, *On Sociology: Numbers, Narratives and the Integration of Research Theory* (Oxford University Press).

Goldthorpe, John H., 2007, "Progress in Sociology: The Case of Social Mobility Research," in Stefan Svallfors, ed., *Analyzing Inequality: Life Chances and Social Mobility in Comparative Perspective* (Stanford University Press).

Granovetter, Mark, 1973, "The Strength of Weak Ties," *American Journal of Sociology*, No. 78, pp. 1360-1380.

Grusky, David, 2001, *Social Stratification: Class, Race, and Gender in Sociological Perspective*, (Boulder, Colo: Westview Press).

Lin Nan, 1982, *Social Resources and Instrumental Action in Social Structure and Network Analysis*, Peter V. Marsden, Nan Lin, eds. (Beverly Hills, CA: Sage Publications, Inc).

P. M. Blau, O. D. Duncan, 1967, *The American Occupational Structure* (New York: Wiley).

作者简介

陈旭峰　男

所属博士后流动站：中国社会科学院社会学研究所

合作导师：陈光金

在站时间：2013.12~

现工作单位：中共浙江省委党校社会学文化学教研部

联系方式：chenxufeng2008@163.com

追寻认同[*]

——国家-社会关系转变与慈善公信力的重建

刘　威

摘　要：表面上，官办慈善存在的诸多弊病，是引起舆论诟病的始作俑者，但实际上，慈善意义和基本价值的缺失、公众认同的转变和分化才是诱发信任危机的真正原因。从新中国成立到改革开放，慈善事业受到排斥，彻底中断。1994年，党和国家"为慈善正名"，赋予慈善合法性，不仅让慈善在中国社会"复活重生"，而且开启了官办慈善事业二十多年的黄金发展期。但是，国家恢复和承认慈善的"角色"，建立在治理社会、维护稳定的刚性需求之上，在于利用慈善事业的治理功能满足社会转型的实际需要。在党和国家的视域中，慈善只是作为一种社会治理工具而存在的。它们接受的仅仅是慈善的实用价值和外部性功能，并没有从根本上接纳慈善所蕴含的真正意义和基本价值。社会认同价值的缺席，为官办慈善事业陷入认同危机埋下了伏笔。因而，推动慈善事业的深度转型，不仅要转变慈善事业的组织架构、治理结构、运行机制，还要重构慈善事业的社会认同和价值基础。

关键词：为慈善正名　行政吸纳　官办慈善　社会认同

---

*　原文刊于《浙江社会科学》2014年第9期。本文是国家社科基金青年项目"公信力危机背景下官办慈善组织的社会认同重构研究"（项目编号：14CSH042）、国家社科基金重大项目"社会组织管理模式创新和推进路径研究"（项目编号：12&ZD061）的阶段性成果。

1994 年 2 月 24 日，值"中华慈善总会"在北京成立之际，《人民日报》发表了一篇十分特别的社论——《为慈善正名》（孙月沐，1994）。这篇文章借力主流媒体的声音和力量，以一种中国式的舆论宣教方式，一扫以往对"慈善"的妖魔化描述，让"慈善"公开重返政治舞台和公众视野。以这篇文章为发端，中国慈善事业回归正途，开启了一场漫长持久的自我"正名"之旅。慈善身份的"拨正"和慈善观念的"扭转"，不仅唤起了广大人民群众久违的慈善记忆，释放了社会的爱心能量和公众的慈善热情，而且赋予了慈善合法身份和合理角色，开启了中国慈善事业发展的黄金二十多年。

在这二十多年里，中国慈善事业在政府主导下，重返正常发展轨道、进入快速发展时期，各类慈善组织纷纷成立，蓬勃发展；募集资金物资成倍增长，力度空前；捐款捐物、志愿服务极其踊跃，爱心涌动；慈善社会影响不断扩大，深入人心。随着越来越多的人关注慈善、参与慈善、监督慈善，慈善事业在"跨越式发展"的同时，也逐渐暴露出种种问题。诸如"官办慈善""政府公益""暴力慈善""被慈善""慈善腐败""虚假慈善"等"中国式慈善"问题，无一不触动着人们敏感的善心，体制机制不完善、法律法规不健全、捐赠信息不透明、监督管理不规范，让中国人"闻善色变"，批评、嘲讽、质疑和观望接踵而来，让中国慈善事业陷入信任危机，饱受公众质疑，跌落舆论冰点。

二十多年前，中国慈善迫切需要"正名"，挣脱政治枷锁，获得政治承认，重回发展正途；二十多年后的今天，中国慈善事业亟须重新为自己"正名"，洗脱社会污名，重拾公众信任，找回身份认同。时代在变，慈善在变，人们对慈善的理解也在变，从"善行中华"的黄金年代，到"谈善色变"的冰点时代，中国慈善事业在一系列社会事件的冲击下，遭遇前所未有的身份尴尬和认同危机，其发展已经到了亟待转型的节点。喧嚣过后，官办慈善能否实现转身？慈善事业能否破冰前行迎来春天？慈善现代化能否顺利推进，实现复兴？这需要我们在转型的视域中，恰当地理解慈善、准确地定位慈善、积极地发展慈善，从历史经验、思想认知到文化认同、制度设计，重新为中国慈善正名。

一　慈善的"污名"：从"接纳"到"拒斥"

慈善事业是一个历史范畴。正如恩格斯所言，"一切已往的道德论归根到底都是当时的社会经济状况的产物"(《马克思恩格斯全集》第 20 卷，1971：103)，作为道德事业的慈善公益，在中国的发展源远流长、历久弥新，在不同历史条件下有着截然不同的表征和功能，其道德基础、表现形式、历史定位、大众认知均取决于所处的社会形态和社会制度。在历史脉络中审视中华慈善，我们不难发现，慈善事业在中华民族"大传统"的熏染下，有着一脉相承的历史基调，形成了与众不同的"小传统"。仁者爱人、民胞物与是中华慈善持久不衰的精神动力，孝慈为怀、乐善好施是中华民族世代相传的传统美德，崇尚仁政、宽厚待民是统治阶级约定俗成的政治方略。在这种共通和鲜明的历史基调中，慈善在不同历史时期和发展阶段的表现仍然存在天渊之别。

　　春秋以后，孔子以"爱人"释"仁"，描绘了"仁爱"为基础的大同社会理想；孟子视"恻隐之心"为"仁政"之始，倡导"出入相友、守望相助，疾病相扶持，则百姓亲睦"的社会互助观，至此，"尚仁爱、重人本"的慈善思想踪迹已清晰可见。入汉唐，佛教兴盛，寺院慈善迅速发展、僧侣布施异常活跃。至宋元时期，官办慈善与民间慈善相伴发展、交相辉映，福田院、居养院、安济坊、漏泽园、慈幼局、婴儿局等官办慈善规模逐渐壮大，日趋兴盛发达；范仲淹开"义田"，朱熹事"社仓"，刘宰办"粥局"，民间慈善异军突起，蔚然成风。清末民初，善书、善堂、善会十分兴盛，同善会、广仁会等民间慈善团体相继发展，现代慈善萌芽。特别是鸦片战争后，在欧风美雨的席卷和西学东渐的洗礼下，国内善举仿效西方，中国红十字会、上海万国红十字会等近代慈善机构纷纷成立。民国时期，民间慈善组织发展渐入佳境，教养并重、官绅商教多元参与的慈善活动初具规模。

　　从总体上看，历朝历代统治者都非常重视慈善救济对收揽民心、安定社会的重要作用，纷纷把社会救助思想上升为国家惠民政策，将慈善救济活动纳入官僚行政体制，故怜贫济弱、力行慈善成为开明君主的"恩赐"和有为政府的"仁慈"(王俊秋，2008：126)。因而，在"德治"理念的驱使和"王道"政治的引领下，慈善在不同朝代的境遇虽有所不同，但一直被政府接纳，占据一席之地。统治者的接纳，使慈善活动犹如涓涓细流，持久而绵长地流淌在历史长河中，养成了乐善好施的大众风尚和扶危济困的中华传统。

　　1949 年后，慈善的社会地位和历史境遇发生了巨大扭转。随着国家与社会关系的重构，中国共产党建立了一种总体性权力和再分配经济相结合的总体性社会，具体表现为：在经济社会结构上，实行高度集中的计划经济体制，国家垄断和包办全部社会职能；在社会整合方式上，以政治整合替代社会整合，政治权力渗透于社会生活的各个领域。党－国家的治理架构使整个社会生活的运作呈现高度的政治化和行政化色彩。在这种国家超越社会、政治压倒一切的逻辑中，中国共产党对旧有的慈善机构进行接收、改造和调整，从而巩固新生政权、维持政治社会秩序。1950 年，中国人民救济总会成立，将原来各类民间慈善团体统一并入其中。由此，民间慈善机构即被接收和改造，便不再独立，失去了生存发展的空间和活力。慈善事业的衰熄和停滞也就势所必然了。

随着极左思潮的蔓延和阶级斗争严重扩大化，社会生活被贴上了各种政治标签，在这种情势下，慈善事业也被卷入阶级斗争的旋涡，难逃政治化、阶级化的历史命运（刘威，2010，2014）。"特别是'文化大革命'中，慈善被视为洪水猛兽，当作资产阶级'人性论'、资产阶级的'糖衣炮弹'、腐蚀和瓦解人民群众革命斗志的毒药和砒霜，'狠批猛斗'，以致使人们避之唯恐不及，谈'慈善'而色变，直到我们几乎忘却了这个词。"（孙月沐，1994）激荡汹涌的政治运动给"慈善"戴上了几顶沉重的帽子：帝国主义殖民的"麻药"、资产阶级的"糖衣炮弹"、封建统治者蒙骗人心的"工具"、地主阶级愚弄民众的伪善之举。于是，政治化的"慈善"遭到政治的否定，在主流话语系统失去了存在的合法基础。社会上既无人倡导慈善，也无媒介宣传慈善。"'慈善'二字……被长久地故意地回避。仿佛是一个不合时宜的话题。甚或，仿佛是一个政治上极其有害的话题。似乎一公开倡导慈善，反而国将不国，民将不民了。"（梁晓声，2002）自然而然地，慈善成了禁区，备受冷落，长期无人问津。在这种特殊的历史境遇中，慈善事业的发展受到阻断，一度停止。虽然影响慈善事业发展的社会因素是多方面的，但是，慈善事业在当代中国的发展命运则更为典型地说明了政治环境对慈善事业的深沉影响。

二 慈善的正名：国家赋予合法性与重启发展

改革开放后，市场转型的加剧、社会经济的发展和思想意识的解冻为慈善事业的复兴提供了契机。1981 年，中国首家公益基金会——中国儿童少年基金会成立，辅助国家发展儿童少年教育福利事业。它实施了两项颇具影响力的公益项目——"春蕾计划"和"安康计划"。1987 年，新中国第一张公益彩票突破层层阻力，谨慎登场，开启有奖募捐的历史先河。1989 年，中国青少年发展基金会成立，书写了中国慈善事业史上不能绕开的动人乐章——希望工程，它成为中国最动人、最知名的公益项目。1994 年，中国迄今最大的综合性公益慈善组织——中华慈善总会成立，开展救灾、扶贫、安老、助孤、支教、助学、扶残、助医八大方面的慈善项目，形成了遍布全国、规模巨大的慈善援助体系。伴随着改革开放步伐，这些由特定事件串联起来的历史线索，闪耀着人性光辉、经历着风雨彩虹，构筑起中国慈善事业重回正轨的重要里程碑。

在社会转型发端之际，"为慈善正名"作为一个重大事件问世，正式翻开了中国慈善事业发展的崭新篇章。1994 年 2 月 24 日，以辽宁省慈善总会成立为契机，《人民日报》发表社论《为慈善正名》，吹响重启慈善事业的响亮号角："社会主义需要自己的慈善事业，需要自己的慈善家。"（孙月沐，1994）在这篇旗帜鲜明、立场明确的社论中，《人民日报》用灵动深沉的语调，为慈善"正本清源"："我们与'慈善'二字是久违了的……积德行善、救困扶危，历来是中华民族的美德，是我们世代传诵的行为规范之一。事实上，中国古代历史上就有行侠仗义、疏财济贫、助孤扶残、尊老爱幼的传统，有做这类善事的'好人'和'善人'，所谓'史不绝书，代有传人'。在人类历史上，亦复如是。而在现代，它又与人道主义、尊重人、关心人、爱他人等美德联系在一起，成为维系人心向善从美的力量，成为推动社会向前发展的一种精神与物质的动力。"（孙月沐，1994）

虽然这篇社论带有惯常的政治味道，但它使慈善卸去政治枷锁、洗脱政治污名、重获政治承认，富有转型与巨变的标志性意义。随着党和国家"为慈善正名"，慈善事业不再因为是"旧社会统治阶级麻痹人民的装饰品""资产阶级的糖衣炮弹"而被扫地出门，成为民族美德和优良传统；不再被视为"封建毒素""愚民工具""伪善之举"而大批特批，成为维系人心向善、推动社会进步的动力；不再是政治禁忌和社会禁区，而是可以公开谈论、自愿参与的公共议题。从此，慈善获得承认和新生，重启公益理念启蒙、公益行动探索的历史进程，它不仅再次以正面形象呈现国家主流话语系统，承担起辅助社会建设的应有角色，而且重新回归日常生活空间和社会公共领域，在媒介平台和社会空间渐趋活跃，并占据一席之地。

从上述意义上说，《为慈善正名》一文的公开发表具有十分显著的启蒙价值和历史意义，是中国慈善事业发展进程中的重要转折点。我们回望中国现代公益发展征途，不难发现，慈善事业与改革开放相伴相携、一路同行。如果说改革开放对于慈善的意义在于"释放社会自由、激发社会活力"（孙立平，2005），为慈善开辟空间和土壤，那么，"为慈善正名"就是在国家倡导下，赋予慈善合法性，让慈善"起死回生"、获得生命，再度启程。换言之，"为慈善正名"不仅是普及慈善精神、探索公益道路的权宜之计，而且是辅助国家政权建设、顺应时代发展潮流的战略之举。正所谓，"改革推动公益，慈善改变中国"。

从古至今，无论从"接纳"到"排斥"，抑或从"否定"到"承认"，还是从"污名"到"正名"，"国家"都是影响慈善发展的关键变量。在中国历史语境下，国家不仅能够赋予或剥夺慈善的合法性，使慈善获得或失去存在的基础，而且可以采取行政吸纳、官民合办、官督民办等方式，让民间慈善参与和辅助国家建设。

从本质上说，保障政治稳定和社会秩序是国家"发展"慈善事业的核心目标。发展慈善事业、提供公共服务、满足社会需求都是为了维持社会秩序和政权稳定；国家对待慈善的态度，不论"打""压"还是"推""拉"，都事关国家政权建设议题。正如波齐所言，"国家总是代表自己作为对社会进行全面管理的核心，超越地方主义，凝聚所有的个人、从社会中建构权力"（贾恩弗朗哥·波齐，2007：126）。因而，国家政权建设不仅在于集权，消除障碍性组织和分散化权力，增强组织、动员和控制能力，还在于增权，理顺各种权力关系，整合国家整体利益与公民个体权利的关系。从这个意义上，我们不难理解，新中国成立后，中国共产党调整、改造直至取缔慈善组织，在于政治的需要，增强新生政权的合法性；我们更不难理解的是，民国时期，欧风美雨、外侮内乱导致国家动荡、政府衰败，来自政权力量的干预减少，在一定程度上释放了慈善发展的社会空间，成就了慈善事业的"蓬勃生机"。总之，"成功取代其他统治替代者，最终成为辖区内所有公民利益和权利的归属中心"（王巍，2009），既是国家政权建设的基本目标，也是国家抑制或发展慈善的主要动因。

改革开放后，党和国家"为慈善正名"，赋予慈善正常地位，客观上是为了缓解体制转轨和市场转型带来的社会张力，但其深层原因则涉及国家统治的合法性增量问题。随着改革的深入，经济社会转型不仅带来了巨大的社会变迁，而且引发了激烈的社会冲突，亟须国家职能的调整和政府角色的转变。在新形势下，"国家不仅是……象征主权的组织，国家还必须完成一种面向公共组织的性质转变，使自己成为提供公共产品，管理公共财物，为公共社会服务的组织"（莱昂·狄冀，1999：22）。因此，恢复慈善名誉、发展慈善事业是党和国家在市场条件下做出的角色调整，是势之所导、时之所需。它有利于增强国家政权的合法性，提高党的执政能力和政府的公信力。

恰如福柯指出，作为公共权力的代理人，政府必须履行"牧养"（Pastoral）功能，进而言之，负责任的政府都会强调人口福利和保护性"治理术"（Michel Foucault, 2004：91）。而慈善救助是社会福利与安全机制的重要内容。从上述意义上说，随着改革开放的推进、生活水平的提高和贫富差距的拉大，国家有限的财力无力承担覆盖全民的社会保障重任，因而发展慈善事业成为社会保障体系的有益补充，慈善事业呼之欲出。在此条件下，党和国家因势利导，"为慈善正名"，推动慈善事业健康快速发展便是为了履行"牧养"功能，健全社会福利体系。市场转型的长期性和社会建设的艰巨性，不仅意味着慈善事业将长期存在，还决定了国家主导和助推慈善发展将是一个漫长的过程。

三　慈善的危机：行政吸纳与官办慈善的兴衰

自 1994 年慈善获得"正名"以来，慈善事业从受到政府批判到被政府肯定并大力推动，从被定义为"具有伪善性和欺骗性"的反面事物到"体现社会主义精神文明"的崇高事业，经历了巨大的身份扭转（田凯，2004）。这种鲜明反差更加凸显了国家"为慈善正名"的重要历史价值。具体言之，国家赋予的合法性不仅为慈善事业的重启和拓展提供了社会空间，让中国慈善进入一个崭新的发展阶段，而且使中国慈善带上了浓厚的行政色彩，为"中国式慈善"的未来发展道路埋下了伏笔。

可以说，党和国家主导的"为慈善正名"，不仅让慈善在中国社会"复活重生"，而且开启了中国慈善事业二十多年的黄金发展期，走过了一条在实践中探索前进的"再国家化"之路。二十多年来，国家主导的慈善复兴之路融合了本土特色和国际范式，使慈善事业在改革开放浪潮中破土而出、击水前行，一种独特的"中国式慈善"模式在激荡中成型。这二十多年，是国家主导、助推慈善事业发展的二十多年，是官办慈善组织集中发展、不断壮大的二十多年。在这二十多年中，官办慈善组织从萌芽吐绿到开花结果，走过了光彩照人的重要历程。

在重启发展之初，因为中国慈善事业已经中断多年、一片空白，严格意义上的慈善组织并不存在，所以，20 世纪 90 年代中后期以来，开启全面复兴之路的慈善事业并非原有慈善组织的延续，而是另辟新路、另起炉灶（周秋光、林延光，2014）。为了另辟新路、填补空白，政府凭借自身强大的动员能力和吸纳能力，从其内部分化出非营利组织，以便用合法的手段汲取民间分散的慈善资源（田凯，2004）。大量慈善组织依托于民政部门建立，和各级政府有着极其紧密的血肉联系。它们名为"民间公益组织"，实为"政府派出机构"，不仅组织负责人和工作人员直接来自政府，享受政府财政拨款和税费减免，而且组织运作基于政府逻辑展开，与政府存在委托—代理关系，出现了组织外部形式与实际运作逻辑的明显背离。

在慈善事业的恢复和发展过程中，"国家采取'社会的方式'进入社会，但是进入社会的国家已经不同于'纯粹的国家'，而'社会的方式'又打上了'国家的'烙印，国家对第三部门组织的干预和影响无处不在"（康晓光、韩恒、卢宪英，2010：288）。显然，这种慈善事业的"再国家化"历程集中体现了政府对慈善事业的支配作用。与制度文本的规定有别，在实际的制度实践中，政府是慈善事业的真正组织者、实际运营者、主要资助者（刘亚娜，2008）。它代替了民间力量，直接控制慈善组织的准入、干预慈善组织的业务、介入慈善组织的运作，严重限制了慈善组织开展活动的独立性和自主性。甚至可以说，在国家主导的基本框架下，党和政府决定了慈善事业发展的动力、方向和道路。在中国，发展慈善事业仍是一个典型的国家行为，作为社会公共领域的慈善尚未完全发育。

笔者认为，国家主导的慈善复兴之路，是"行政吸纳社会"理论模式的最好印证。在此，所谓"行政"，既包括政府或国家的"象征意义"，又包括政府或国家的"具体行为"，而"吸纳"则意味着政府通过自己的努力使得市民社会无法形成，市民社会反抗国家之类的社会结构更是无法发生。按照康晓光等人的分析逻辑，"行政吸纳社会"模式建立在"分类控制"体系的基础之上，其核心机制主要包括两个方面，即控制和功能替代。"'控制'是为了防止第三部门组织挑战政府权威，是为了继续垄断政治权力。而'功能替代'是通过培育'可控的'第三部门组织体系，并利用它们满足社会的需求，消除'自治的'第三部门组织存在的必要性，从功能上替代那些'自治'的第三部门组织，进而避免社会领域中出现独立于政府的第三部门组织，最终达到消除挑战势力和满足社会需求的双重目的。"（康晓光、韩恒、卢宪英，2010：288）因而，在"行政吸纳社会"模式下，"控制"优先于"支持"，"支持"的目的是为了更好"控制"，而政府和民间组织合作起来提供诸如慈善救助的公共服务，只不过是"控制"的副产品。从本质上言之，"'功能替代'是一种更为精巧的控制手段，通过主动回应来自社会的需求，从功能上'替代'被统治者的'自治'诉求，从而达到'通过替代实现控制'的目的。通过运用这些策略，政府不但赢得了权威政体的稳定，也赢得了经济和社会的发展"（康晓光、韩恒、卢宪英，2010：288）。

这种对中国大陆国家与社会关系的中国式解读，恰当地诠释了改革开放以来中国慈善事业发展的内在思路和深层逻辑。基于"控制"与"功能替代"的国家与社会互动机制，虽然具有明显的权威色彩和工具特质，但决定了中国慈善事业过去二十多年的发展路线，是"中国式慈善"得以发展成型的有力支撑。

近年来，国家主导的慈善事业不断获得了现实政策的大力支持。发展慈善事业不仅成为完善社会保障体系的重要内容，而且被纳入党和政府的宏观发展规划之中，慈善事业的地位被提升到一个更加重要的位置。党的十六届四中全会明确指出，慈善事业是以改善民生为重点的社会建设不可或缺的重要内容，要"健全社会保险、社会救助、社会福利和慈善事业相衔接的社会保障体系"。这是中国共产党第一次在党的文件中提出发展慈善事业，并将它提到"最广泛最充分地调动一切积极因素，不断提高构建社会主义和谐社会的能力"的高度来认识。在此基础上，党的十七大报告明确定位慈善事业是社会保障体系的重要补充。党的十八大报告在谈到"推进城乡社会保障体系建设"中，更加突出地强调"完善社会救助体系，健全社会福利制度，支持发展慈善事业"，使发展慈善事业成为促进国家治理现代化的重要环节。总之，国家的政策话语和制度文本不断地"拔高"慈善事业的地位和价值，不仅凸显了慈善的社会能见度和公众影响力，而且强化了"中国式慈善"的官办色彩。

在"行政吸纳社会"的发展逻辑下，官办慈善组织如雨后春笋般崛起。遍布全国的慈善会、红十字会、残疾人联合会是它们的典型。以慈善会为例，截至2012年6月，我国县级以上慈善会总数达到1923家，基本构建起覆盖整个中国社会的慈善网络。全国慈善会已成为我国接收社会捐赠的重要渠道，所接收社会捐赠总量多年来稳步增长。其中，2011年，全国各级慈善会共接受社会捐赠203.89亿元，占全国捐赠总额的24.13%。这些官办慈善组织依托以政府权力为运作核心的公益动员体系，具有巨大的刚性处理问题的能力与国家强力资源，能维持"低社会参与下的高慈善投入"式的高效发展（刘威，2010），在灾难救济、扶贫助困、教育培训等方面发挥了巨大作用，产生了有目共睹的历史功勋。在1998年"抗洪救灾"、2003年"抗击非典"、2008年"汶川地震"、2010年"玉树地震"、2012年"雅安地震"等重大灾害事件中，官办慈善组织活跃的身影和积极的行动书写了许多公益实践的精彩篇章，记录着中国慈善事业的发展丰碑。

随着慈善事业的深入发展和公众关注度的提升，慈善逐渐走入普通人的日常生活空间，成为大众日常生活的一部分，慈善事业也成长为一种颇具公共性的社会事业。2008年，全国爱心齐聚汶川、刮起全民慈善风暴，中国慈善迈进媒体宣称的"公益元年"，"中国式慈善"也获得井喷式发展。高潮过后，中国慈善事业进入低潮。随着郭美美事件、中华慈善总会发票门、卢美美事件、河南宋庆龄基金会事件等一系列负面事件的曝光，国人掀起了"问责风暴"。特别是"郭美美事件"之后，具有官方背景的慈善机构陷入舆论旋涡，饱受公众质疑，公信力危机重重。2011年以后，在"全民问责风暴"的持续冲击下，全国接收捐赠总额和红十字会系统的募捐额连年下降，个人捐赠降幅明显。

四　重新为慈善正名：从"承认"到"认同"

肆虐和持续的"全民问责风暴"，是对官办慈善弊病的质疑和抨击；慈善负面事件使官办慈善陷入信任危机，是对慈善事业名誉的侵蚀和损毁，使中国慈善发展跌落谷底。在此背景下，如何洗刷慈善的"污名"，重拾公众信任，创造性地回应广大公众关注的问题，重新为慈善正名，成为中国慈善事业正在面临和亟须解决的关键议题。从这个意义上说，"全民问责风暴"对中国慈善事业的发展既是"危机"也是"转机"，它既将官办慈善推向舆论的风口浪尖、饱受民众的口诛笔伐，也暴露了中国慈善事业的短板和缺陷，为"中国式慈善"的转型发展提供了契机。如何"转危为机"，重塑慈善在大众心目中的形象，既考量政府管理部门的胆略和智慧，也需要社会各界力量的协作和参与。

辩证地看，"全民问责"意味着"全面关注"，其本身就意味着慈善的反省和进步。慈善不再限于少数精英群体，不再囿于狭隘社会领域，不再属于富人的专利和明星的秀场，而是每一个普通人自由进出的领地，是他们关注、参与、行动的公共领域。因而，"全民慈善热情"及接踵而来的"全民问责风暴"，掀起了人人关注慈善的热潮，标志着中国慈善进入社会化、大众化、草根化时代，人人都可以参与慈善，每个人都是慈善行动的参与者、宣传者和监督者。因此，在这个时代，慈善发展的社会基础已然改变，公众的认同和参与成为推动慈善持续健康发展的关键动力。

在现代慈善公益活动中，社会认同是一个极为重要的基础性命题。围绕"我是谁"这一终极命题，泰菲尔（Tajfel）从个体和群体的互动关系中理解社会认同，即"个体认识到其属于特定的社会群体，同时也认识到群体成员的身份带来的情感和价值意义"（迈克尔·A.豪格，2011：9）。有别于这种心理层次的界定，社会学将社会认同纳入"社会的"范畴，认为它是一种集体意识、社会情绪和共同行动，是社会成员对身份角色、阶层地位、制度安排、变迁过程的认知和评价。面对网络社会的来临，卡斯特（2006）指出，认同是人们主动建构意义和经验的过程（曼纽尔·卡斯特，2006：6）。因而，在一个具体慈善活动中，社会认同是公众意愿和态度的体现，体现为公众对于慈善活动价值理念、组织发动和运作流程的肯定和信任；社会认同也是公众行动和力量的展现，即公众积极参与、热情奉献公益活动的程度和过程。

随着社会转型的加剧、利益格局的调整和价值观念的分化，中国社会的实践系统和观念系统在转型之中日趋自由、独立、开放、多元。诸多传统社会共识被打破，新的社会共识又尚未形成，社会认同呈现多元分化态势，价值观念的碰撞和话语冲突成为一种常态。在这种背景中，官方慈善组织由于沉疴的暴露和负面事件的冲击，在很大程度上丧失了来自公众的认同，耗尽了公众的信任。因此，就社会认同而言，"全民问责风暴"是官办慈善组织的社会认同危机的集中爆发。

正如前文所述，在过去二十多年，慈善事业得以存在和发展的合法性基础是国家赋予的。国家"给予"的合法性，不但为慈善事业的复兴之路提供了动力和空间，还使慈善的合理存在获得了社会"承认"。因而，在国家整合社会的基本框架下，国家的"承认"和允许构成了公民"承认"慈善的基本前提。在国家权威的主导和推动下，行政化的慈善事业快速发展，迎来了官办慈善的春天。这一历史渊源既使慈善事业高度依附于政府，打上了强烈的国家主义烙印，又使政治话语解读慈善成为一种惯例，发展慈善事业成为一种典型的国家行为。

但是，国家权威的"承认"建立在治理社会、维护稳定的刚性需求之上，进而言之，二十多年前，国家"为慈善正名"，恢复慈善的正常角色，在于利用慈善事业的治理功能，满足社会转型的实际需要。在党和国家的视域中，慈善只是作为一种社会治理工具而存在。恰如卡斯特（2006）所言，"认同所组织起来的是意义，而角色组织起来的是功能"（曼纽尔·卡斯特，2006：6），国家恢复和承认慈善的"角色"，接受的仅仅是慈善的实用价值和外部性功能，实际上并没有真正接纳慈善，更没有从根本上接受慈善事业蕴含的"意义"和基本价值。换句话说，国家"正名"慈善，只是赋予了慈善行政合法性，没有赋予慈善认同合法性，而它的行政合法性建立在服务社会治理的工具理性基础之上。诸如自由、平等、开放、独立、自主、个性等元素，是慈善公益的本意和特质，是慈善事业能够获得社会认同的基本价值。这些价值的缺席，为国家主导的慈善复兴之路埋下了隐患，为官办慈善事业陷入认同危机埋下了伏笔。

建基于国家"承认"的官办慈善系统是一个由政府运作、从上到下的庞大系统。它依靠与政府的密切关系，在动员、募集、配送慈善资源方面具有先天优势，但正是长期以来政社不分的状态，使慈善组织丧失了自身的独立性、自主性，滋生了论资排辈、官僚作风、形式主义、资源垄断、效率低下、暗箱操作、贪污腐败等诸多问题，导致了"全民问责风暴"的来袭和慈善信任危机的爆发。表面上，官办慈善存在的诸多弊病，是引起舆论诟病的始作俑者，但实际上，慈善意义和基础价值的缺失、公众认同的转变和分化才是诱发信任危机的真正原因。特别是互联网时代，公众对慈善的社会认同发生了翻天覆地的变化，在一定程度上重构了官办慈善存在和发展的社会基础。

二十多年后的今天，中国慈善事业经历了多事之秋的空前冲击，在阴霾未散的信任危机中，已悄然迈出转型发展的步伐。笔者以为，慈善事业的深度转型，不仅是组织架构、治理结构、运行机制的转变，而且是慈善事业的社会文化认同的变化和重构。过去，人们习以为常地将慈善视为政府行为，把慈善救助与政府救助、民政福利等同。现在，人们开始以民间的立场和社会的眼光看待慈善，在质疑和拒斥官办慈善组织的同时，呼吁慈善"褪去行政色彩、回归民间本色"。特别是"郭美美事件"后，慈善捐赠资金的流向出现了明显变化，具有官方背景的慈善组织备受冷落，壹基金等民间慈善机构成为个人捐赠的主要对象。这些均表明，公众对慈善事业的认同、理解和接受，已经呈现分化之势，发生了从政府行为流转为社会行为的巨变。

当居于垄断地位的官办慈善机构饱受责难之时，处在社会边缘位置的草根公益、民间公益、网络微公益喷涌而出，异常活跃、欣欣向荣，迸发出鲜活的生命力量，与官办慈善机构的持续低迷形成了鲜明对照（刘秀秀，2013；宋辰婷、刘秀秀，2014）。这些立足基层、扎根民间的草根组织，常常由无名精英振臂一呼，响应者众。它们借助微博、微信等网络传媒工具，发起了诸多轻松快乐的平民公益项目，诸如"大爱清尘""免费午餐""爱心衣橱""爱飞翔·乡村教师培训"等，深受大众喜爱。人人都可以参与公益行动、人人都能够创造公益价值，透明、开放、自由、平等、便利、高效是这些民间公益组织的典型特征，也是它们被大众认同的基本元素。这些民间公益项目的"认同建构是一个主观追寻意义的过程，而不再像传统社会认同那样是一个被动寻求角色归属的过程"（宋辰婷、刘秀秀，2014）。正是在这种更广泛的、主动的认同力量的驱动下，大众性、草根性、社会性的慈善事业已是大势所趋，官办慈善组织去行政化、去垄断化、去暗箱化亦成为不可逆转的改革潮流。

从上述意义上说，官办慈善的公信力危机，使国家赋予慈善的合法性基础受到了挑战和质疑，是一种深度的社会认同危机。危机事件所引发的争议和分歧标志着慈善事业的社会文化认同发生了根本性转变（刘威，2014）。国家赋予的合法性，以权威主义方式"承认"了慈善存在的合理空间，但它缺少基本价值"内核"的驱动，不能维系慈善生命的持续，也不能给予慈善组织持久的养分。换言之，国家的"承认"给予了慈善生命，却无法维系这一生命的持续健康成长。而进入大众化时代，慈善事业的生命力量最终需要公众认同的呵护。特别是当公众对慈善的认识和理解发生巨变时，慈善的认同合法性应来源于民间社会和普通民众，他们的参与、信任和认同是慈善事业发展源源不断的动力，也是慈善事业生命力的源泉。

因而，"中国式慈善"需要回归公共空间、还原民间本色，通过广大公众的选择、参与和评判、建构来重塑自身的合法性，赢得社会的信任和接纳，这是"重新为慈善正名"的基本路径，舍此别无他途。可以说，"中国式慈善"的命运在于能否重获社会认同。慈善终究是社会行为，终究要回归民间，在官方慈善机构深陷泥潭之际，这一诉求显得尤为迫切。庆幸的是，在"问题倒逼"之下，政府已开始尝试一系列改革、创新试验——从民办非企业草根组织直接登记、非公募基金审批权下放到官办慈善机构自我改良，尽管一切尚"在路上"，但已触及慈善事业组织、运行和治理的深层肌理。

五　结语

为了去除沉疴，官办慈善"去行政化"的争论之声不绝于耳，似成医治"中国式慈善"病灶的一剂良方。在公共舆论的视野中，"去行政化"成为中国慈善事业焕发生机的必经之途。但是"去行政化"之路须因时因地制宜，循序渐进，切不可操之过急。笔者以为，在中国社会转型的当下，尽管国家的控制力有所弱化，但国家仍然是社会生活系统的主导者，控制着社会话语的表达、社会规则的制定和社会资源的分配。尤其是国家拥有赋予或剥夺行政合法性的能力，而行政合法性依然是普通大众辨别慈善组织良莠真伪的重要标准之一。因而，慈善事业的改革和发展不能脱离国家的支持和鼓励，若离开国家的支持，慈善事业便如水中浮萍，任凭风吹雨打，孤苦无依，前途未卜。

需要指出的是，国家的支持并非盲目的干预，而是依法适度行使公共服务的职能，为慈善事业营造良好的社会氛围。在这一要求下，党和政府在慈善事业中的角色应适时转变，由"官办"转变为"官助"是势之所驱。它需要政府调整职能，从"限制""监控"转变为"服务""监管"，放权、让利、服务是基本原则，解除维稳"紧箍咒"、松绑社会组织是基本取向。目前，由于大势所趋，中国慈善事业已开始谋求转型发展契机，是否具有自由宽松的社会环境，是决定官办慈善能否实现转变的基本条件。只有松绑社会组织，建设性力量方能生成；只有回归民间本色，重构慈善事业的社会认同才是可能预期的结果。

二十多年前，党和国家力主"为慈善正名"。此后，在党和国家的力推下，慈善事业获得了二十多年的发展黄金期。二十多年后的今天，"重新为慈善正名"，国家仍然是主要责任者。与二十多年前不同的是，国家不仅要承认慈善的角色和功能，还要接纳慈善的意义和价值。

参考文献

《马克思恩格斯全集》第 20 卷，1971，人民出版社。

〔美〕贾恩弗朗哥·波齐，2007，《国家：本质、发展与前景》，陈尧译，上海世纪出版社。

康晓光、韩恒、卢宪英，2010，《行政吸纳社会：当代中国大陆国家与社会关系研究》，新加坡八方文化创作室。

〔法〕莱昂·狄冀，1999，《法律与国家》，冷静译，辽海出版社。

刘威，2010，《慈善资源动员与权力边界意识：国家的视角》，《东南学术》第 4 期。

刘威，2013，《解开中国慈善的道德枷锁——从"恻隐之心"到"公共责任"的价值跃迁》，《中州学刊》第 10 期。

刘威，2014，《冲突与和解——中国慈善事业转型的历史文化逻辑》，《学术论坛》第

2 期。

梁晓声，2002，《论慈善事业之当下意义》，《北京观察》第 3 期。

刘秀秀，2013，《网络动员中的国家与社会——以"免费午餐"为例》，《江海学刊》第
　　2 期。

龙永红，2012，《互惠利他链：官民慈善组织资源动员的比较研究》，南京大学博士学位
　　论文。

刘亚娜，2008，《我国慈善事业发展中的政府作用分析——基于中美比较的借鉴与启
　　示》，《中国行政管理》第 8 期。

〔澳〕迈克尔·A. 豪格，2011，《社会认同过程》，高明华译，中国人民大学出版社。

〔英〕曼纽尔·卡斯特，2006，《认同的力量》，曹荣湘译，社会科学文献出版社。

宋辰婷、刘秀秀，2014，《网络公益中认同的力量——以"免费午餐"为例》，《人文杂
　　志》第 2 期。

孙立平，2005，《现代化与社会转型》，北京大学出版社。

孙月沐，1994，《为慈善正名》，《人民日报》2 月 24 日。

田凯，2004，《组织外形化：非协约约束下的组织运作——一个研究中国慈善组织与政
　　府关系的理论框架》，《社会学研究》第 4 期。

王俊秋，2008，《中国慈善与救济》，中国社会科学出版社。

王巍，2009，《国家-社会分析框架在社区治理结构变迁研究中的应用》，《江苏社会科
　　学》第 4 期。

周秋光、林延光，2014，《传承与再造：中国慈善发展转型的历史与现实》，《齐鲁学刊》
　　第 2 期。

张奇林，1997，《论影响慈善事业发展的四大因素》，《经济评论》第 6 期。

Michel Foucault, *Dreyfus H.*, 2004, *The Subject and Power*, P. Rabinow（eds）（Paris：
　　Gallimard）.

作者简介

刘威　男

所属博士后流动站：中国社会科学院社会学研究所

合作导师：李培林

在站时间：2013.12~

现工作单位：吉林大学哲学社会学院

联系方式：jdlwdyx@ sina.com

新生代农民工社会距离中的
社会文化因素影响研究

史　斌

摘　要：本文运用实证调查方法，对新生代农民工与城市居民社会距离中的社会文化因素进行了详细分析，发现语言能力和社会风俗习惯是考察流动农民工文化适应的主要测量指标。其中，能听懂本地方言有助于减少新生代农民工的排斥预期，能开口讲本地方言则有助于缩小新生代农民工与城市居民的社会距离；能接受本地风俗习惯则有助于减少新生代农民工的排斥预期。

关键词：社会距离　社会文化　新生代农民工

一　研究背景

社会距离是"能够表现一般的前社会关系和社会关系特征的理解和亲密的等级与程度"，是理解社群融合和社群隔离的重要指标，目前学术界所使用的"社会距离"概念主要来自法国思想家塔德。塔德（2007）在《模仿的规律》一书中首创了这一概念，并将其用于表征阶级差异。塔德认为社会距离是阶级之间关系亲密程度的反映。德国著名社会学家齐美尔（2007）认为，社会距离是一种描述自我与外在客体内容间的特定关系。美国社会学芝加哥学派的帕克、伯吉斯等继承并发扬了齐美尔有关社会距离的思想，将其运用到对于种族和族群关系的理解上，使得社会距离成为一个极具丰富内涵的概念。帕克（Park Robert E., 1950）认为社会距离能够"使得我们开始自觉不自觉地意识到自身与我们所不能完全理解的种族和阶级之间的区别和隔离"。

博格达斯（Bogardus, Emory S., 1925）的研究促进了社会距离实证化。他设计了一套测量技术，包括7项内容：愿意与其通婚结成近亲关系、愿意让其成为俱乐部成员、愿意让其成为邻居、愿意让其成为我的同事、愿意让其成为美国的公民、只愿让其成为美国的游客、不愿让其与美国发生任何接触。Lee等人从小族群的感受角度出发，设计了另一套反转社会距离量表。包括5项内容：他们愿意您做他们的亲戚和其通婚吗？他们愿意您做他们的亲密朋友吗？他们愿意您住在他们隔壁吗？他们是否愿意您居住在附近？他们是否愿意您成为该国公民？（Lee, Motoko Y., Sapp, Stephen G., Ray, Melvin C., 1996）

国内学者的多数研究主要聚焦于流动人口与城市居民之间的相互关系，对于社会距离概念的使用也逐渐由最初仅限于研究种族（race）、族群（ethnic group）开始逐步向研究异质性社群（social group）过渡。卢国显从客观距离（行为距离）和主观距离（心理情感距离）两个方面对北京市流动人口与市民的社会距离进行了测量，认为制度方面存在的歧视导致了群体间的社会经济地位差异，并进一步增大了两者间的社会距离（卢国显，2003）。张海辉运用博格达斯量表和反转社会距离量表，从本地人和外地人感受的角度双向考察了两者间的社会距离，得出两者间的社会距离具有不对称性，并进一步解释了不对称性产生的原因（张海辉，2004）。郭星华等以农民工、小族群视角出发，将社会距离分解为三个层面——向往程度、排斥预期和整体感觉，作为研究民工社会距离的基本分析框架（郭星华、储卉娟，2004；郭星华、杨杰丽，2005）。许传新、许若兰通过因子分析方法对社会距离进行测量，发现新生代农民工与城市居民是一种"处于共同地理空间中的精神隔离"（许传新、许若兰，2007）。

导致社会距离产生的原因很多，生物差异、社会经济地位、职业差异、宗教信仰、意识形态等，都是影响社会距离的重要因素。其中，社会文化的差异是影响社会距离的最主要因素之一。帕克曾经指出，"语言、社会习俗、道德、习惯和理想的变异，像宽广的海洋和广漠的沙漠一样，将人与人之间隔离开来"。文化上的距离与地理上的距离并不是相同的概念，地理上相近的人群并不必然在文化上相亲，"英国人和澳大利亚人之间的交往远比德国人和法国人之间的交往更加亲密和自由"（Park, Robert E., 1950;

84）。帕克还指出，文化残留即意味着彼此适应和融合的不成功，就是"一个短距离"。孙九霞也认同文化对社会距离的影响，她认为交流先从有形的比较容易接纳的文化成分（如服饰、语言、饮食等）开始，以此为中介逐渐变革原族群既有的文化形式，促进无形的文化要素（如价值观、态度等）的日渐开放和相互渗透（孙九霞，2001）。

近年来，随着新生代农民工逐步成为农民工群体的主流，他们与城市生活主体之间的关系成为理论界和政府部门的关注焦点。根据全国总工会新生代农民工问题课题组的研究，所谓新生代农民工，是指出生于 20 世纪 80 年代以后，年龄在 16 周岁以上，在异地以非农就业为主的农业户籍人口（全国总工会新生代农民工问题课题组，2010）。他们出生于农村，却没有务农的经验和经历，他们对城市的认同已经超过了对农村的认同（王春光，2001；林彭、张东霞，2004）。对城市生活的心生向往，使他们减弱了对农村社会的认同；与城市居民在各方面的差异又使他们无法真正融入城市社会。本文试图以实证调查数据为依据，运用定量分析方法，从新生代农民工主体视角出发，对新生代农民工与城市居民社会距离中的社会文化因素影响做一个分析。

二　研究设计

（一）结构测量指标

从研究背景分析中，可以认识到，以新生代农民工为主体视角研究社会距离，实际上是作为主体的新生代农民工和作为客体的城市居民之间的一个双向互动过程。新生代农民工视角下的社会距离可以分解成两个层面：融入意愿和排斥预期。融入意愿是心理上主动渴望和向往融入城市居民群体的程度；排斥预期是当与城市居民发生社会交往时预期感受的排斥程度。以新生代农民工为主体视角研究社会距离的构成，一方面符合农民工社会距离的基本分析框架（郭星华、储卉娟，2004），另一方面也符合农民工自我归类和社会融合的主要过程（高海燕，2005）。

与研究相关的调查问卷由 3 部分组成，具体指标的操作化测量如下。

（1）背景资料：包括被访者的年龄、性别、婚姻状况、居留本地年限等。

（2）社会文化资料：包括被访者的语言能力、对本地风俗习惯的掌握和使用情况等。

（3）社会距离资料：借鉴社会距离量表和反转社会距离量表，并根据国内实际情况进行修订，设计了"融入意愿量表"和"排斥预期量表"（见表1），每套量表各包括6个问题。被访者从"5——非常愿意、4——比较愿意、3——一般、2——不愿意、1——很不愿意"中进行选择。这6个项目被认为代表社会距离程度逐渐增强，这样就形成了格特曼量表。在"融入意愿量表"中，将分值累加得到融入意愿值；在"排斥预期量表"中，以30减去分值累加得到排斥预期值。

表1　新生代农民工的"融入意愿量表"和"排斥预期量表"

	融入意愿量表	排斥预期量表
1	你是否愿意和本地人聊天？	你觉得本地人是否愿意跟你聊天？
2	你是否愿意和本地人一起工作？	你觉得本地人是否愿意和你一起工作？
3	你是否愿意和本地人成为邻居？	你觉得本地人是否愿意和你成为邻居？
4	你是否愿意和本地人成为亲密朋友？	你觉得本地人是否愿意和你成为亲密朋友？
5	你是否愿意和本地人一起参与社区管理？	你觉得本地人是否愿意和你一起参与社区管理？
6	你是否愿意和本地人通婚或结成亲戚？	你觉得本地人是否愿意和你通婚或结成亲戚？

（二）资料来源

宁波，位于浙江省东部、长江三角洲南翼，是浙江省三大经济中心之一，市域总面积9365平方公里，宁波城区下辖6个区，64个街道办事处（乡、镇）和235个居民（村民）委员会。截至2014年底，全市户籍人口583.5万人，其中市区229.6万人，登记在册流动人口460万左右。

调查样本采用选择典型地点、制作抽样框、进行多阶概率比抽样方法抽取。具体抽样过程包括四个步骤。第一，选择典型区域。根据外来人口集中和居住情况，选择城市中心区（江东区）、城市郊区（鄞州区）、城郊接合部（北仑区）外来人口居住相对集中的三个区域，作为本次问卷调查的抽样选择地。第二，制作抽样框。在所选择的典型区域内，根据外来人口暂住登记名单，清点该区域内所有出生于20世纪80年代以后，在宁波居住时间超过1年以上的外来人口的总数，明确每一个居住单元的具体位置和合格人数，然后将这些信息制成一个抽样框。第三，一阶抽样产生入户名单。利用该抽样框，根据随机数表产生的随机数字对应每一个统计的居住单元，产生需要调查统计的居住单元的人数和地点。第四，二阶抽样确定受访者。根据抽样名单入户选择调查对象，在入户选择调查对象的过程中凡是遇到一户多人符合入选资格的情况，就根据随机原则，把出生日期靠近抽样日期（4月1日）的个体作为本次抽样所选择的对象。

资料收集运用结构性问卷，通过具体面访形式进行。问卷调查工作从2014年4月初开始，到5月底结束。调查员主要由宁波大学商学院三年级本科学生构成，在访谈前经过了系统的专业培训。对所收集的资料也进行了随机电话抽样复核，确保了资料的信度和效度。根据上述方法，最后共计发放问卷300份，实际回收有效问卷220份，有效回收率为73.33%。

（三）研究假设

从实证角度来说，文化适应的认知指标验证起来比较困难（Bhugra, et. al, 1999）。原因在于，当我们考察群体间交往引起的变化时，认知和行为改变并不总是伴随相同时间进程发生。因此，文化适应很难直接测量。然而不可否认的是，对本地文化的适应会影响其社会认知，从而指导流动人口的行为，如他们穿戴的服装、吃的食物、交往的人群、坚持的价值观等，因此，某些行为更可能伴随文化适应的产生而发生。由于已有研究中未见流动农民工文化适应的量化研究和具体测量指标，本文参考借鉴了雷开春关于城市白领新移民文化认同的测量指标（雷开春，2008：68~69），将语言和社会习俗作为考察流动农民工文化适应的主要测量指标，并在此基础上提出研究假设。

语言具有象征价值，不同的语言变体代表着不同的方言和文化认同。方言是族群（民系）的重要特征之一，也是构成人们认同的重要依据之一。能听、会说、经常使用分别对应着语言使用者在语言习得、语言能力、语言态度三个方面的表现（Berger, M. E. van den, 1986：97~115），是考察外来人口掌握本地方言能力的三项重要指标。杨菊华认为，流动人口新到一个地方，首先遇到的就是语言问题，中国各地有自己的方言和土语，流动人口能否较好地掌握流入地的主要交流语言？在私人空间使用何种语言进行交流？语言能力和语言实践既反映了流动人口与当地居民的沟通能力和手段，也反映他们保留家乡文化的意愿。如果流动人口不会讲普通话和当地话，就表明他们缺乏基本的与当地居民沟通的能力，如果流动人口拥有较好的语言能力，但在私人空间使用家乡话进行交流，则在一定程度上说明他们并不愿意彻底融入当地的主流文化中（杨菊华，2009）。可惜的是，我们的调查显示，有相当一部分新生代农民工已经能听、能懂、能说宁波本地方言，但是无论在家中、工作场合或是社交场合，所有的抽样对象都选择老家方言和普通话作为主要交流语言，无一例选择宁波方言①。因此我们只能通过对新生代农民工听、说能力的考察，来验证其对社会距离的影响。通常认为，只有努力学会本地方言的新移民，才会尽量要求自己按照本地人的生活方式和价值观来看问题（谢宇，2006：119），因此其与本地城市居民之间的社会距离也就越小。

按照民俗学家的观点，所谓社会风俗习惯，是指特定社会文化区域内人们共同遵守的行为模式和规范，包括饮食习俗、生活习性等，它是文化适应的主要外在表现形式之一，对特有风俗习惯的遵守能够反映出个体的族群知觉（ethic awareness）（Rotheram，M. J.，Phinney，J. S.，1987：32～55）。新移民在进入迁入地后，只有在习俗、行为模式等方面不断地适应新的文化场景，才能够达到"入乡随俗"的境界。宁波地处浙东沿海，历史文化悠久，虽然从总体上看，与全国绝大部分汉族地区风俗、风情相近，但是也有一些宁波乃至浙东地区特有的风俗习惯，例如在饮食上喜食海鲜，口味偏咸；中秋节不过农历八月十五而过八月十六；农历正月初五要"放头炮"迎接财神等。这些特有的风俗习惯对于来自中西部地区的流动农民工，尤其是少数民族的农民工来说，可能会特别不习惯，甚至不适应。显然，只有愿意去了解、熟悉本地习俗和遵守本地价值观念的外来人口才有更强烈的融入本地城市的意愿，同时他们与本地原居民的社会隔阂才会更小。因此，笔者提出以下假设。

假设 1　语言能力假设：语言能力会显著影响新生代农民工的社会距离。

具体操作化为以下四个假设。

假设 1.1　能听懂宁波本地方言的新生代农民工融入意愿更大。

假设 1.2　能听懂宁波本地方言的新生代农民工排斥预期更小。

假设 1.3　能讲宁波本地方言的新生代农民工融入意愿更大。

假设 1.4　能讲宁波本地方言的新生代农民工排斥预期更小。

假设 2　社会风俗习惯假设：社会风俗习惯会显著影响新生代农民工的社会距离。

具体操作化为以下四个假设。

---

① 新生代农民工在家中的交流语言：老家方言占 65%，普通话占 35%。工作场合的交流语言：老家方言占 0.9%，普通话占 99.1%。社交场合的交流语言：老家方言占 10%，普通话占 90%。

假设 2.1　熟悉本地风俗习惯的新生代农民工融入意愿更大。

假设 2.2　熟悉本地风俗习惯的新生代农民工排斥预期更小。

假设 2.3　接受本地风俗习惯的新生代农民工融入意愿更大。

假设 2.4　接受本地风俗习惯的新生代农民工排斥预期更小。

（四）变量操作化

根据以往的研究经验和本文的研究假设，我们对新生代农民工的社会文化差异变量做了以下的操作化。

语言能力　采用得分计算方法。选择"能全听懂宁波本地方言"＝ 3 分，"听懂一些"＝ 2 分，"听不懂"＝ 1 分；"能讲宁波本地方言"＝ 3 分，"能讲一些"＝ 2 分，"不能讲"＝ 1 分，将变量转换成连续变量引入影响模型分析。

社会风俗习惯　采用得分计算方法。选择"很熟悉本地特有的风俗习惯"＝ 4 分，"大部分熟悉"＝ 3 分，"熟悉一些"＝ 2 分，"几乎不熟悉"＝ 1 分；选择"在日常生活中，完全遵守本地风俗习惯办事"＝ 4 分，"仅与本地人交往时才遵守"＝ 3 分，"从不遵守"＝ 2 分，"不知道"＝ 1 分，将变量转换成连续变量引入影响模型分析。

此外，为了考察社会文化因素的独立影响作用，同时也将年龄、性别[1]、婚姻状况[2]、居留本地年限[3]等基本变量作为控制变量引入分析。需要说明的是，因为流出地的影响在前期的数据分析中并未显现显著影响，所以在回归分析中没有将其作为控制变量放入其中。

三　结果与分析

为了具体验证社会文化对新生代农民工融入意愿和排斥预期的影响作用，我们首先将年龄、性别、婚姻状况和居留本地年限等个体特征作为自变量放入回归方程。然后将语言能力、社会风俗习惯分别引入方程。同时，方程还控制了基本个体特征的因素。因为融入意愿和排斥预期是连续变量，所以在验证时采用 OLS 线性回归的方法。

---

[1]　操作化为虚拟变量，男性和女性分别赋值为 1 和 0。

[2]　操作化为虚拟变量，已婚赋值为 1，未婚或离婚赋值为 0。

[3]　操作化为连续变量，从首次来甬（宁波简称）年份开始计算，包括不连续的居留时限。

（一）融入意愿

表 2 列出的是社会文化差异对新生代农民工融入意愿的 OLS 回归分析的结果，其中模型 1 检验的是控制变量的影响状况；模型 2、模型 3、模型 4 和模型 5 分别检验的是语言习得（听）、语言能力（说）、熟悉本地习俗和接受本地习俗对宁波市新生代农民工融入意愿的独立影响作用。

从表 2 中可以看出，模型 1 到模型 5 对宁波市新生代农民工融入意愿的解释力分别为 0.205（F = 14.752，$p < 0.001$），0.201（F = 11.746，$p < 0.001$），0.243（F = 14.754，$p < 0.001$），0.202（F = 11.825，$p < 0.001$）和 0.204（F = 11.936，$p < 0.001$），尽管模型的解释力均达到显著水平，但从解释力的提高程度上可以看出，仅有语言能力（说）对于新生代农民工的融入意愿有显著影响。

从模型 2 来看，在控制了性别、年龄、婚姻状况、居留本地年限等因素后，语言习得（听）与新生代农民工的融入意愿存在着差异，但差异并未达到统计上的显著水平，因此假设 1.1 不成立。

从模型 3 来看，在控制了性别、年龄、婚姻状况、居留本地年限等因素后，语言能力（说）与新生代农民工的融入意愿存在着统计上的显著差异，因此假设 1.3 成立。

从模型 4 来看，在控制了性别、年龄、婚姻状况、居留本地年限等因素后，熟悉本地习俗与新生代农民工的融入意愿存在着差异，但差异并未达到统计上的显著水平，因此假设 2.1 不成立。

从模型 5 来看，在控制了性别、年龄、婚姻状况、居留本地年限等因素后，接受本地习俗与新生代农民工的融入意愿存在着差异，但差异并未达到统计上的显著水平，因此假设 2.3 不成立。

因此，总体而言，假设 1.1、假设 2.1 和假设 2.3 都不成立，假设 1.3 成立，能讲宁波话的新生代农民工融入意愿更大。

（二）排斥预期

表 3 列出的是社会文化差异对新生代农民工排斥预期的 OLS 回归分析的结果，其中模型 1 检验的是控制变量的影响状况；模型 2、模型 3、模型 4 和模型 5 分别检验的是语言习得（听）、语言能力（说）、熟悉本地习俗和接受本地习俗对宁波市新生代农民工排斥预期的独立影响作用。

表 2 社会文化差异对新生代农民工融入意愿的 OLS 回归分析

影响变量	模型 1		模型 2		模型 3		模型 4		模型 5	
	B	S.E	B	S.E	B	S.E	B	S.E	B	S.E
常数项	26.521	2.117	26.575	2.445	25.657	2.080	26.214	2.191	25.821	2.268
个体特征										
男性[a]	2.444***	.455	2.447***	.461	2.632***	.447	2.464***	.457	2.364***	.464
年龄	-.443***	.094	-.444***	.095	-.490***	.093	-.442***	.094	-.430***	.096
已婚[b]	1.775*	.745	1.780*	.756	2.848***	.791	1.879*	.769	1.835*	.749
居留本地年限	.449***	.108	.447***	.124	.302**	.114	.440***	.110	.425***	.112
社会文化										
语言习得（听）	—	—	-.018	.400	—	—	—	—	—	—
语言能力（说）	—	—	—	—	1.648***	.481	—	—	—	—
熟悉本地习俗	—	—	—	—	—	—	.178	.320	—	—
接受本地习俗	—	—	—	—	—	—	—	—	.203	.236
F 检验值	14.752***		11.746***		14.754***		11.825***		11.936***	
调整后的 R^2	.205		.201		.243		.202		.204	
D.F.	4		5		5		5		5	
N					220					

注：系数为非标准化的回归系数。双尾检验统计显著度：$p<0.05$，$***p<0.001$；a 男性，以女性为参照；b 已婚，以未婚者为参照。

表 3　社会文化差异对新生代农民工排斥预期的 OLS 回归分析

影响变量	模型 1		模型 2		模型 3		模型 4		模型 5	
	B	S.E	B	S.E	B	S.E	B	S.E	B	S.E
常数项	12.642	1.717	13.552	1.713	13.320	1.690	12.638	1.779	13.894	1.828
个体特征										
男性[a]	.964**	.369	.793*	.367	.816*	.363	.964*	.371	1.107**	.374
年龄	.010	.076	.027	.075	.047	.075	.010	.077	-.015	.077
已婚[b]	1.351*	.604	1.077!	.600	.509	.643	1.352*	.624	1.244*	.603
居留本地年限	-.725***	.088	-.585***	.098	-.609***	.093	-.725***	.089	-.681***	.090
社会文化										
语言习得（听）	—	—	-.946**	.318	—	—	—	—	—	—
语言能力（说）	—	—	—	—	-1.294**	.391	—	—	—	—
熟悉本地习俗	—	—	—	—	—	—	.002	.260	—	—
接受本地习俗	—	—	—	—	—	—	—	—	-.363!	.190
F 检验值	18.309***		16.971***		17.532***		14.578***		15.564***	
调整后的 R^2	.244		.272		.279		.241		.254	
D.F.	4		5		5		5		5	
N					220					

注：系数为非标准化的回归系数。双尾检验统计显著度：! $p<0.10$，* $p<0.05$，**$p<0.01$，***$p<0.001$；a 男性，以女性为参照；b 已婚，以未婚者为参照。

从表 3 中可以看出，模型 1 到模型 5 对宁波市新生代农民工排斥预期的解释力分别为 0.244（F = 18.309，$p < 0.001$），0.272（F = 16.971，$p < 0.001$），0.279（F = 17.532，$p<0.001$），0.241（F = 14.578，$p<0.001$）和 0.254（F = 15.564，$p<0.001$），尽管模型的解释力均达到显著水平，但从解释力的提高程度上可以看出，熟悉本地习俗对于新生代农民工的排斥预期没有显著影响。

从模型 2 来看，在控制了性别、年龄、婚姻状况、居留本地年限等因素后，语言习得（听）与新生代农民工的排斥预期存在统计上的显著差异，因此假设 1.2 成立。

从模型 3 来看，在控制了性别、年龄、婚姻状况、居留本地年限等因素后，语言能力（说）与新生代农民工的排斥预期存在统计上的显著差异，因此假设 1.4 成立。

从模型 4 来看，在控制了性别、年龄、婚姻状况、居留本地年限等因素后，熟悉本地习俗与新生代农民工的排斥预期存在着差异，但差异并未达到统计上的显著水平，因此假设 2.2 不成立。

从模型 5 来看，在控制了性别、年龄、婚姻状况、居留本地年限等因素后，接受本地习俗与新生代农民工的排斥预期存在统计上的差异，因此假设 2.4 成立。

因此，总体而言，假设 1.2、假设 1.4 和假设 2.4 成立，假设 2.2 不成立。能听懂、能讲宁波本地方言，接受本地风俗习惯的新生代农民工排斥预期更小。

四　解释与讨论

美国社会学家威廉·费尔丁·奥格本最早提出"文化惰距"概念，用于描述在社会变迁过程中非物质文化变迁滞后于物质文化变迁的现象（威廉·费尔丁·奥格本，1989：85~90）。"文化惰距"理论认为，文化对社会变迁具有重要的影响。传统文化中的习俗、生活方式、生产方式等因子具有一定的惯性，与社会变迁存在一定的不一致性，新的文化因素输入因而遭到抵制，进而延缓了社会变迁；相反地，如果新的文化因素输入较为顺利，旧的文化因素的惯性就会减轻，社会变迁的进程就会加快。

文化认同转换滞后于族群认同是新移民社会适应的基本特征。正如莫斯科维奇（Moscovici S.）所言，"拥有自身的文化含义并且独立于个体经验之外而持续存在的各种预想（preconceptions）、形象（images）和价值（values）所组成的知识体系，这会使在特定时空背景下的社会成员所共享的观念、意象、社会知识和社会共识，是一种具有社会意义的符号或系统"（Moscovici S.，2000：3）。原生地文化作为一种先赋性给予，是人们无法选择的一种强制性社会制度，是人们自觉不自觉的"思维工具"，早已深入每个生活于其中的人，有着强大的习惯力量，新移民很难改变原有的文化习性。因此，不少学者都认为，"和而不同""多元文化"是新移民社会融合的一种常见形态（李明欢，2000）。通过对语言和社会习俗这两个社会文化差异代表典型的考察，我们发现以下内容。

第一，能听懂本地方言无助于增大融入意愿，但有助于减少排斥预期；能讲本地方言则对增大融入意愿和减少排斥预期都有益。

正如著名学者克利福德·格尔茨所言，"人说话的能力是天生的，但说某种语言如英语的能力则是文化的"（程瑜，2006：135）。不同群体之间最明显的文化差异显然就是语言。调查显示，尽管有10%和58.2%的新生代农民工能"完全听懂"和"听懂一些"宁波本地方言，有0.9%和30.9%的新生代农民工"能讲"和"能讲一些"宁波本地方言，但没有一个人愿意在各类场合使用宁波本地方言交谈。这非常典型地体现出新生代农民工愿意维持原有语言习惯（文化习惯）的心理和态度。族群认同的建构论观点认为，"族群边界"实际上是一种"社会边界"。人们或许在身体特征等各个方面均没有差异，但移民（流动人口）还是会认为他们与本地人是不同的，而这种边界感集中体现为"文化差异感"（王毅杰、倪云鸽，2005）。

另外，调查还发现，能听懂本地方言无助于融入意愿的增大，但有助于排斥预期的减少；只有会讲本地方言才对增大融入意愿和减少排斥预期都有裨益。正如列维-斯特劳斯所指出的，"每一个文化都是与其他文化交流以自养。但它应当在交流中加以某种抵抗。如果没有这种抵抗，那么它很快就不再有任何属于它自己的东西可以交流"（河清，1999）。通常认为，听懂本地方言是一个自然熟悉的过程，随着在本地居留时间的增加，与本地人互动的增多，听懂本地方言的能力会有一个逐步提升的过程，但这是一个被动的过程，并能不代表新生代农民工在主观融入意愿方面对本地文化认同，只有主动开口讲本地方言才能体现新移民对本地文化的认同（雷开春，2008：72~84），以及主动参与、融入本地社群的主观意愿。但是调查显示，绝大多数（68.2%）的调查对象都不会讲本地方言。当然，能听懂和能讲本地方言有助于加强与本地居民的沟通，降低与本地居民之间的误解。从本地居民延续和维护本地文化影响的视角看，本地居民也更愿意与能听懂、会讲本地话的外来人口进行交流。

第二，熟悉本地风俗习惯对于新生代农民工的融入意愿和排斥预期都没有显著影响，但接受本地风俗习惯则有助于减少新生代农民工的排斥预期。

调查显示，半数以上的调查对象（54.5%）都不熟悉本地特有的风俗习惯，很熟悉的仅占1.4%，大部分熟悉的占8.6%，熟悉一些的占35.5%。调查还发现，熟悉本地习俗无助于新生代农民工与城市居民社会距离的减小，并且遵守本地特有的习俗行事也无助于提高新生代农民工的融入意愿，但是对减少新生代农民工的排斥预期有帮助。根据原生论的观点，居住时间会自然地影响每个移民（流动人口）的社会记忆，他们无法拒绝，但可以选择在原有文化与新文化之间找到平衡点。"文化上的同化和保持族群性，是两条平行线，没有理由在两者之间进行选择。"（雷开春，2008）正如多元文化融合观所认为的那样，"异质文化共存，不是我吃掉你，你吃掉我，而是你承认我，我承认你，各自承认对方的价值，相互交流、相互融合、求同存异、共处共存，在相互摩擦相互影响中发展"（熊月之，2003）。与语言习得一样，对本地风俗习惯的了解和熟悉，会随着时间的累积，而获得进一步的提高，但这同样是一个被动的过程，与新生代农民工的融入意愿和排斥预期并不存在必然的联系。与说本地方言更容易与本地人接近不同，遵守本地风俗习惯是一种文化仪式上的认同，对于个体在主观意愿上融入本地没有一定的关联，但是遵守本地风俗和价值观，有助于理解本地人的行事，对于减少新生代农民工的排斥预期有一定的帮助。

参考文献

程瑜，2006，《白村生活——广东三峡移民适应性的人类学研究》，民族出版社。
高海燕，2005，《我国农民工自我归类模式的理论研究》，《南方人口》第2期。
郭星华、储卉娟，2004，《从乡村到都市：融入与隔离》，《江海学刊》第3期。
郭星华、杨杰丽，2005，《城市民工群体的自愿性隔离》，《江苏行政学院学报》第1期。
河清，1999，《民族——"我出生"之地》，《读书》第4期。
李明欢，2000，《20世纪西方国际移民理论》，《厦门大学学报》（哲学社会科学版）第4期。
雷开春，2008，《城市新移民的社会认同研究》，上海大学博士学位论文。
林彭、张东霞，2004，《社会关系网络视野中的农民工研究》，《党政干部论坛》第4期。

卢国显，2003，《农民工与北京市民之间社会距离的实证研究》，中国人民大学博士学位论文。

〔德〕齐美尔，2007，《陌生人》，载周晓虹主编《现代社会心理学名著菁华》，社会科学文献出版社。

全国总工会新生代农民工问题课题组，2010，《关于新生代农民工问题的研究报告》，《工人日报》6 月 21 日，第 1 版。

孙九霞，2001，《珠江三角洲外来企业中的族群与族群关系（下）——以深圳中成文具厂为例》，《广西民族学院学报》（哲学社会科学版）第 4 期。

〔法〕塔德，2007，《模仿的规律》，载周晓虹主编《现代社会心理学名著菁华》，社会科学文献出版社。

王春光，2001，《新生代农村流动人口的社会认同与城乡融合的关系》，《社会学研究》第 3 期。

王毅杰、倪云鸽，2005，《流动农民社会认同现状探析》，《苏州大学学报》（哲学社会科学版）第 2 期。

〔美〕威廉·费尔丁·奥格本，1989，《社会变迁：关于文化和先天的本质》，王晓毅译，浙江人民出版社。

谢宇，2006，《社会学方法与定量研究》，社会科学文献出版社。

熊月之，2003，《重视对异质文化共存现象的研究》，《探索与研究》第 4 期。

许传新、许若兰，2007，《新生代农民工与城市居民社会距离实证研究》，《人口与经济》第 5 期。

杨菊华，2009，《从隔离、选择融入到融合：流动人口社会融入问题的理论思考》，《人口研究》第 1 期。

张海辉，2004，《不对称的社会距离》，载郑也夫、沈原、潘绥铭主编《北大清华人大社会学硕士论文选编》，山东人民出版社。

Berger, M. E. van den, 1986, "Language Planning and Language Use in Taiwan: Social Identity, Language Accommodation and Language Choice Behavior," *International Journal of the Sociology of Language*, No. 59.

Bhugra, et. al., 1999, "Cultural Identity and Its Measurement: A Questionnaire for Asians," *International Review of Psychiatry*.

Bogardus, Emory S., 1925, "Social Distance and Its Origin," *Journal of Applied Sociology*, No. 9.

Lee, Motoko Y., Sapp, Stephen G., Ray, Melvin C., 1996, "The Reverse Social Distance Scale," *The Journal of Social Psychology*, Vol. 136, Iss. 1.

Moscovici S., 2000, *Social Representations: Explorations in Social Psychology* (Polity Press).

Park, Robert E., 1950, *Race and Culture* (New York: The Free Press).

Rotheram, M. J., Phinney, J. S., 1987, *Children's Ethnic Socialization: Themes And Implications* (London: Sage Publications).

作者简介

史斌　男

所属博士后流动站：中国社会科学院社会学研究所

合作导师：景天魁

在站时间：2016.7~

现工作单位：宁波市社会科学院社会发展研究所

联系方式：shibin@ningbo.gov.cn

农村留守妇女对生态权益的
认知与维权表现

——基于豫西五村的调研分析[*]

——基于豫西五村的调研分析[*]

李全喜　　王云航

摘　要：为了解农村留守妇女对生态权益的认知与维权实践，在文献梳理的基础上，本文对豫西五村的农村留守妇女进行的实证调研予以说明。调研发现以下内容。在认知方面，农村留守妇女生态意识有所提升，但还缺乏对农村环境的整体认识；维护生态权益的意识较强，但缺乏主动有效举措；获取环境信息的愿望强烈，但缺乏客观有效的信息获取途径；认为生态权益维护的困难主要来自政府、企业、个人三个层面。在维权实践中，向基层农村及政府部门反映问题是农村留守妇女生态权益维护的主要方式，但其应对举措存在消极忍让与被动参与的倾向。农村留守妇女期待多元化、有效性的维权举措。因此，需要进一步创新留守妇女生态教育形式、加强农村基层政权的职能建设、建立健全农村环境制度体系、优化农村生态环境信息获取通道。

关键词：农村生态环境　留守妇女　生态权益　生态维权

* 本文已经发表在《华中农业大学学报》（社会科学版）2016年第4期。

一　研究缘起

当前农村经济取得了长足进步与发展，农民生活水平得到了显著提高。同时农村生态环境问题也日益凸显，出现了"污染问题，农村资源和环境的破坏问题以及包括农产品质量安全在内的衍生问题"（杨丽丽、黄宁，2014）。有学者指出当前农村环境与资源问题已成为制约农村经济发展的关键问题，不仅与农民增收、粮食安全以及农村社会稳定密切相关，其影响还超出农村地区，辐射城市（王晓毅，2015）。其对农村留守妇女的影响也容易引起学界的关注。农村生态环境的恶化严重侵犯了留守妇女的生态权益，直接导致留守妇女的生命健康权、财产权遭到损害。仅就近些年发生的河流湖泊污染来看，流域内的留守妇女都遭受了不同程度的财产损失与健康损害（王晓毅，2015）。在丈夫外出务工后，留守妇女"同时扮演了农业生产者、子女教育者、老人赡养者、人情维系者、社区参与者等多重角色"（梁振华、齐顾波，2013），俨然已经成为农村环境保护的主体，她们参与农村环境保护是其作为农村环境受益者对自我利益的保护（张寒，2010）。并且根据实地调研分析，留守妇女具有"希望""能力""自信"等方面的优势，但可惜的是不仅她们自己对自身优势与资源呈现无意识状态，而且社会也忽视了她们的能力与优势（何志扬，田晚荣，2015）。在我国当前学术和政治话语中，留守等同于弱势和被动，留守妇女弱者的形象在人们心中根深蒂固（Jacka Tamara，2014），留守妇女的主体性建设困难重重。在留守妇女生态权益难以得到保障的情况下，农村生态环境将呈不断恶化趋势，进入一种恶性循环。

生态权益是本文的核心概念。生态权益是公民最基础的权益，是其他权益实现的前提与基础（王锦慧、王文昌，2013）。回顾已有研究，学术界曾多用生态权、环境权来表述公民对自然环境合法权利的行使，"十八大"以来才逐步开始使用生态权益一词。目前学术界对于生态权益一词最完整的阐述是："生态权益就是人在与自然界发生关系的过程中对于自然环境的基本权利以及行使这些权利所带来的各种利益。如占有、利用以及享受自然环境资源的各项权利以及所带来的各种利益。"（方世南，2011）本文认同这一解释，在依据这一核心概念的基础上，希望通过实证分析进一步展现当前农村留守妇女对生态权益相关问题的认知以及在权益维护方面的实践举措，从而挖掘出农村留守妇女生态权益维护中存在的问题，进而提出一些有价值的建设思考，促进农村留守妇女生态权益的维护与农村生态环境的改善。

二　调研过程与样本基本情况

为全面了解留守妇女的生态权益认知与诉求，笔者于 2015 年 6~8 月对河南省三门峡市卢氏县下属的五个行政村进行了概率抽样调查。调研期间共发放 300 份问卷，回收有效问卷 295 份，有效问卷回收率为 98.3%。然后通过 SPSS19.0 数据分析软件进行数据汇总和处理。

在被调查的农村留守妇女中，在年龄分布方面，36~45 岁的较多，占比为 44.1%，26~35 岁的占比为 25.8%。丈夫外出工作时间方面，以 7~9 月与 10~12 月居多，占比分别为 37.6% 与 39.7%。留守妇女中接受初中教育的最多，占总数的 33.2%，接受中专或高中教育的次之，文盲占总数的 8.1%。职业以务农为主的占比 42.4%。根据数据制成调研样本的基本情况表，被调查者的基本信息如表 1 所示。

表 1　样本基本情况

单位：%

内容	选项	百分比
年龄	25 岁以下	1.7
	26~35 岁	25.8
	36~45 岁	44.1
	46~55 岁	25.4
	55 岁以上	3.1
文化程度	没有上过学	8.1
	小学	19.3
	初中	33.2
	中专或高中	32.5
	大专及以上	5.8

内容	选项	百分比
政治面貌	中共党员	8.5
	民主党派	1
	群众	82.7
	其他	5.1
丈夫外出工作月数/年	1~3月	3.1
	4~6月	19.7
	7~9月	37.6
	10~12月	39.7
职业	纯务农	42.4
	兼业	22
	非务农	11.2
	只做家务	19.3

注：本文调查数据均出自问卷统计。在实地调研中，由于部分受访者对于自己不知道或不清楚的问题没有作答，这导致部分问题的选项数据的统计百分比之和少于百分之百。

三　农村留守妇女对生态权益的认知

现阶段，随着城乡一体化的逐步推进，城乡间交流日益密切，新农村建设初见成效，再加之留守妇女的受教育水平有所提高，农村留守妇女对周边生态环境状况的关注度显著提升，对自身生态权益的认知程度增强，且普遍具有生态维权的意愿。但其中存在的问题也不容忽视，例如农村留守妇女的生态权益认知仍缺乏系统性、科学性等。

（一）农村留守妇女的生态意识有所提高，但缺乏对农村生态环境的整体认识

在实地调研中，当问及留守妇女对当地的环境状况的整体了解程度时，49.8%的人选择了"一般"，24.7%的人选择了"比较了解"，19%的人选择了"不太了解"。虽然只有4.4%的人选择了"非常了解"，但选择"根本不了

解"的人也只有 1.4%。数据表明，只有 20.4% 的受访者表示"不太了解"或"根本不了解"当地环境状况，大部分农村留守妇女对当地生态环境状况有一定的了解，这说明，农村留守妇女对生态环境的关注度较高，生态意识较高。并且当问到留守妇女关于在本村附近建立污染企业的态度时，高达 72.2% 的人选择"反对"，24.7% 的人选择"无所谓"，3.1% 的人选择"欢迎"。这些数据说明农村留守妇女的生态意识较高。通过深入思考发现，这主要依赖于以下几个因素。首先是新农村建设初见成效，留守妇女的物质生活水平有了一定的提高，基层政府的环境宣传工作逐步开展。其次是近几年城市环境问题持续升温，社会关注度不断提高。留守妇女通过电视、报纸等媒介逐步了解到生态环境的重要性，开始对周边环境予以关注。最后，留守妇女的丈夫及其他在外务工的亲属在城市中的工作与生活使他们真实感受到城市生态环境的恶化以及由此带来的诸多问题，使他们更加重视家乡的生态环境。

但是，留守妇女的生态意识仍存在一些问题。在进行深入访谈的过程中，部分留守妇女对农村环境状况的认识并不全面。一些受访者难以准确地说出乡镇企业的工业"三废"是指哪几项，对动物粪便污染的认识也存在偏差，更有甚者将农村生态环境简单理解为农村卫生状况……在问卷调研过程中，当问及对"母亲水窖"的了解时，有高达 71.2% 的受访者表示"从来没有听说过"，26.4% 的受访者表示"听说过但不了解情况"，只有 1.4% 的受访者表示"很熟悉"。这说明农村留守妇女对农村生态环境相关问题还缺乏系统性、理论性的整体认识。这样的结果与部分农村留守妇女自身文化水平低、信息了解渠道有限息息相关。

（二）农村留守妇女获取环境信息的愿望强烈，但缺乏客观有效的信息获取途径

调研结果显示，当问及对农村生态环境信息的获取期望时，有高达 51.5% 的农村留守妇女选择"希望"知道更多关于本村环境的信息，只有 7.1% 的农村留守妇女选择"不希望"知道更多关于本村环境的信息，还有 41% 的农村留守妇女选择了"无所谓"。过半受访者表示希望知道更多关于本村环境状况的信息，这体现了农村留守妇女想要了解自己生存环境状况的强烈愿望。

同时，当进一步问及留守妇女了解本村环境状况的最主要途径时，50.8% 的人选择"自己的感觉"，26.1% 的人选择"听别人说"，12.2% 的人选择"媒体报纸"，2.4% 的人选择了"政府告知"，7.5% 的人选择了"村委会通知"，1%的人选择了"其他"途径（如图1所示）。有过半受访者选择的是通过自己的感觉，而不是科学的获取信息的渠道。这说明了农村留守妇女虽然有强烈的获取环境信息的愿望，但她们缺乏获取环境信息的途径。众所周知，农村基层政府本应是留守妇女获取本村环境信息的主要渠道，但是一些地方政府环境信息的不公开使得留守妇女无法获取相关环境信息。这也与当前我国的环境监管体制不完善，农民生态知情权、生态参与权难以得到保障有关。

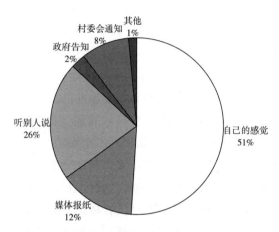

图1 留守妇女了解本村环境状况的主要途径

注：部分饼形图中数据因制图限制，四舍五入至个位数。

（三）农村留守妇女认为生态权益维护困难主要来自政府、企业、个人三个层面

当问及农村留守妇女对在改善农村生态环境中可能遇到的最大困难时候，有32.9%的人选择"当地政府工作没有做到位"、21.4%的人选择"企业原因"、25.1%的人选择"缺乏法律知识"、17.3%的人选择"文化程度低"、3.4%的人选择"其他"。调查结果说明，首先，农村留守妇女虽然对当地政府有极强的依赖性，但并不认可其在环境保护方面所做的工作。农村留守妇女认为基层政府工作不力是环境治理的最大问题。其次，还有一部分农村留守妇女认为企业财大气粗、企业功利主义肆虐是改善当前农村环境的障碍。污染企业之所以目无法纪，除去企业自身的因素外，是因为法律制度不完善，尤其是相关法律的约束力、执行力还不够强。这在一定程度上也反映了一些地方政府部门没有针对污染企业采取合适的政策与措施，在农村生

态环境工作方面甚至存在缺位问题，使得一些农村污染企业为所欲为，侵犯了农民生态权益。最后，相当一部分农村留守妇女认为自己文化水平较低与法律知识匮乏也是改变农村环境的障碍。这说明了农村留守妇女主体意识的觉醒，同时也反映了农村生态环保法律教育工作的缺失。

（四）农村留守妇女期待形式多元、行之有效的生态权益维护措施

当问及最希望对附近污染企业采取的处理方式时，40%的人选择"坚决关闭污染企业"，32.9%的人选择"适当控制，治理污染"，16.3%的人选择"合理的资金作为生态赔偿"，8.8%的人选择"村庄集体生态迁移"。选择关闭污染企业的留守妇女较多，与农村发展初期的情况相比，这说明农村留守妇女对经济发展与生态保护关系的认识发生了改变，不再一味地选择经济发展而牺牲生态环境。同时，选择控制与治理企业污染的人数也较多，这说明一部分农村留守妇女内心的矛盾心情，并不想对污染企业赶尽杀绝，她们对经济发展与生态保护的认识更加客观，认为只要采取合适的措施就可以在经济发展的同时保护生态环境。此外，只有少部分的被调查者选择了"合理的资金作为生态赔偿"。除去农民增收的因素外，农村留守妇女对生态环境的重视程度已经大幅提高，从根本上解决环境污染状况才是更加符合自身利益的选择。

四　农村留守妇女生态权益维护的实践表现

通过对农村留守妇女生态权益认知的分析可以发现，农村留守妇女对生态权益的认知实际上存在一个矛盾心理。她们一方面生态意识有所提高，但缺乏对农村生态环境的整体认识；另一方面获取环境信息的愿望强烈，但缺乏客观有效的信息获取途径。她们虽然认识到生态权益维护困难主要来自政府、企业、个人三个层面，但缺乏形式多元、行之有效的生态权益维护措施。这些认知错综复杂地交织在一起使农村留守妇女生态权益维护实践表现出一些具体表征。比如，她们强烈意识到生态环境的恶化会影响到自己的健康生存与持续发展问题，倾向于把向基层农村及政府反映问题作为主要维权方式，但在面对生态恶化时存在消极忍让与被动参与的做法。

（一）向基层农村及政府部门反映问题是农村留守妇女生态权益维护的主要方式

实地调研中，对于"周围环境污染是否为对自身权利的侵犯"的回答，

77.6%的农村留守妇女选择"是"，10.8%的农村留守妇女选择"否"，11.2%的农村留守妇女选择"说不清"。过半数受访者认为周围环境污染是对自身权利的侵犯，这说明留守妇女的生态权益意识较强，充分认识到周围生态破坏会对自己的生命健康权、生存权与发展权等基本权利造成损害。调研数据如图 2 所示。

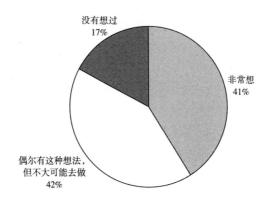

图 2　留守妇女是否愿意付诸行动改变自身生态权益受损状况

这些数据说明，农村留守妇女都普遍有维护自身生态权益的想法，维权意愿较强。这是近些年农村普法教育蓬勃开展的显著成果，当然也离不开城乡交流密切、新闻媒体大力宣传等因素。但是上述数据中有一个不容忽视的问题，就是多数农村留守妇女已经认识到生态破坏是对自身权利的侵犯，也希望改变这种现状，但真正愿意行动的是少数。农村留守妇女之所以存在此种矛盾心理，是因为她们既缺少维权的能力也缺少维权的有效途径。这也反映出深层次的问题：一是当前我国法律体制不完善，尤其是农村地区的环境法律稀缺，难以为留守妇女维权提供法律保障；二是生态环境诉讼的高成本与复杂性，即农村留守妇女难以接受维权收益与成本的不对称的维权结果。

在调查过程中，农村留守妇女认为最有效的改善环境污染状况的方式，排第一位的是"向村委会反映情况"，占调研对象总数的 49.5%；第二位是"向环保部门反映情况"，占调研对象总数的 27.8%；随后依次是"网上发帖"、"找污染者协商解决"、"向法院起诉"以及"上访"，分别占到调研对象总数的 11.0%、7.0%、3.1%、2.0%。调研数据具体分布情况如图 3 所示。

农村留守妇女的选择结果反映了她们在维权方式的选择上具有以下几个特点。一是对农村基层政权依赖性强。在针对环境状况问题的处理上，"向

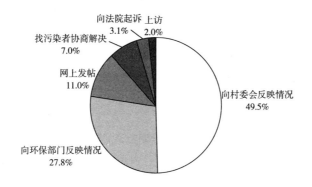

图3　留守妇女认为最有效的维权方式

村委会反映情况"占总数的49.5%；第二位是"向环保部门反映情况"占总数的27.8%，二者加起来高达77.3%。这充分体现了当前农村留守妇女在农村生态环境问题中对农村基层政权的高依赖性。二是诉诸法律途径解决问题的人数较少。只有3.1%的农村留守妇女选择向法院起诉，是所有途径中占比排名倒数第二位的。面对环境污染可能造成的损害，留守妇女的第一选择是向政府及村委会反映问题，寄希望于官方机构，期望他们出面解决问题。而选择与污染者协商解决、向法院起诉等主动、积极措施的人数非常少。此外，这些数据还说明农村留守妇女希望基层政权替自己解决相关问题，而不是自己主动依靠法律进行合法的利益诉求。

（二）农村留守妇女应对生态恶化的举措存在消极忍让与被动参与的倾向

从目前调研来看，农村留守妇女自己面对环境污染时的应对措施仍然以忍让与被动为主。在我们的实地调查中，多数留守妇女认为自己势单力薄，面对环境污染无能为力。家中青壮年男性外出务工，留守的老人与小孩还需要留守妇女照顾，他们无法给予她们支持。并且部分年纪较长的留守妇女受传统观念的影响，认为只要年青一代好就行，面对环境污染能忍则忍；部分年纪较轻的留守妇女则抱着可以与丈夫一起移居城市的想法，对周遭环境污染一味逃避。问卷选取了"水资源"与"土地资源"这两个与留守妇女生活紧密相关的资源，以了解留守妇女对环境状况的态度。我们发现留守妇女对饮用水污染、质量恶化采取的应对措施，排第一位的是"继续寻找其他新水源"，占总数的35.9%；排第二位的是"直接到超市购买饮用水"，占总数的 23.4%；排第三位的是"自己家挖水井"，占总数的 20.7%；排第四位的是"继续饮用不干净的水"，占总数的 16.3%；排第五位的是"其他"，占总数的 2.7%。这样的结果说明留守妇女在面对水污染时，并不打算也不寄希望于污染情况的改善，而是首选寻找其他水源。并且近年来随着农村经济的发展，人们的生活水平普遍提高，有足够的条件购买饮用水，甚至安装净水机，选择"仍然饮用不干净的水"的人数非常少。

面对土地质量恶化对耕种造成的影响，农村留守妇女的应对措施选择分别为：41.4%的人选择"干脆不种地，到城市外出打工"，39%的人选择"没有办法，无能为力"，7.8%的人选择"换种其他农作物"，10.8%的人选择"其他"。与面对水资源污染一样，农村留守妇女的首选仍然是放弃污染区域，并不寄希望于改善土地恶化情况。大部分留守妇女选择"干脆不种地，到城市外出打工"，这反映出在留守妇女心中，她们希望可以与丈夫团聚，一起在城市生活、工作，但同时也说明了留守妇女留在农村也多是无可奈何的选择。留守妇女的这一选择还反映出，在社会转型的过程中，农民家庭对农业的依赖性已渐渐弱化，留守妇女有更多的机会可以选择其他的职业。并且这里还有一个问题值得注意，就是有 10.8%的留守妇女选择了"其他"，除去填写"向有关部门反映情况"之类的答案外，还有部分受访者表示"农村土地不能被污染"，这充分体现了土地这一生存资料对农村留守妇女的重要性，也说明了农村生态环境的治理迫在眉睫。

五　结论与建议

从上述调研情况来看，增强农村留守妇女的生态意识，切实维护农村留守妇女的生态权益，至少需要高度关注以下几个方面。

首先，创新农村留守妇女的生态教育，有效调动留守妇女生态保护的积极性。农村留守妇女是农村生态环境保护的主体力量。增强农村留守妇女的生态意识、培养农村留守妇女的生态思维方式、促进农村留守妇女将生态理念贯穿整个农村实践，有效调动农村留守妇女主动参与农村生态保护是当前农村生态环境问题解决中不能忽视的重要问题。迫切需要进一步创新农村留守妇女生态教育的形式，建立健全农村留守妇女生态利益申诉机制，确保农村留守妇女主观愿意积极参与农村环保，在改善农村生态环境的过程中真正发挥主人翁精神。

其次，加强农村基层政权的职能建设，切实增强农村基层政权的服务职能。调研发现，留守妇女对农村基层政权及相关政府部门认同度较高，认为农村基层政权是农村生态环境保护责无旁贷的主体力量。因此国家要加大对农村基层工作特别是农村环保工作的资金与人员投入，将农村生态环境问题作为基层政权考核的重要内容，切实提高农村基层政权特别是政府相关部门的服务意识，积极有效地破解农村生态环境保护的瓶颈因素，不断满足农村留守妇女的环保诉求。

再次，建立健全农村环境制度体系，为农村留守妇女提供法律援助。从调研来看，农村留守妇女选择法律途径进行生态维权的较少，一方面说明农村留守妇女自身缺乏相应的法律知识，法律维权的意识不够强；另一方面也说明当前我国农村生态环境法律制度体系还有待进一步建立健全。完备、执行有力的制度体系是改善农村生态环境的根本保障，在此基础上，积极加强对农村留守妇女环保法律知识的培训，探索新型的法律援助形式，以为农村留守妇女的生态维权提供实效性的帮助。

最后，优化农村生态环境信息获取通道，确保农村留守妇女的生态知情权与生态参与权。调查结果显示，农村留守妇女虽然有获取环境信息与维护自身生态权益的愿望，但她们缺乏有效的途径，多为自身的主观感受。因此为促进农村生态环境问题的解决，切实保障农村留守妇女的生态权益，需要进一步优化农村生态环境信息获取通道。互联网技术的高速发展为政府部门及时有效、客观主动发布农村生态环境信息提供了有利条件。因此需要政府部门完善农村环境监管体制，加强农村生态环境监管体系建设，注重对农村生态环境信息的收集和汇总，借助互联网及新媒体等手段及时公布环境信息。

参考文献

方世南，2011，《生态权益：马克思恩格斯生态文明思想的一个重大亮点》，《鄱阳湖学刊》第 5 期。

何志扬、田晚荣，2015，《农村留守妇女文化生活的社会工作介入——基于优势视角的实践模式探索》，《西北人口》第 5 期。

梁振华、齐顾波，2013，《村庄虚空化背景下农村留守妇女多元角色分析——基于河南范庄的个案研究》，《西北人口》第 5 期。

王锦慧、王文昌，2013，《农民生态权益法律保护初探》，《人民论坛》第 3 期。

王晓毅，2015，《需要高度关注农村环境问题》，《中国财政》第 9 期。

王晓毅，2014，《农村发展进程中的环境问题》，《江苏行政学院学报》第 2 期。

杨丽丽、黄宁，2014，《农民专业合作社在农村环境治理中的作用探究》，《中国农业资源与区划》第 5 期。

张寒，2010，《新农村建设中农民环境权益保护问题研究》，《中国行政管理》第 1 期。

Jacka Tamara，2014，"Left-behind and Vulnerable? Conceptualizing Development and Older Women's Agency in Rural China," *Asian Studies Review*，No. 2.

作者简介

李全喜　男

所属博士后流动站：中国社会科学院社会学研究所

合作导师：王春光

在站时间：2011. 12~2017. 1

现工作单位：北京邮电大学马克思主义学院

联系方式：liquanxi163126@ 163. com

王云航　女

工作单位：中共河南省委幼儿园

联系方式：yunhang3578@ 163. com

Tables of Contents & Abstracts

Abstract: The problem of poverty is not only a heavy topic of historical significance, but also a complex problem of the times. As regards to the complexity, the causes are multi-faceted and the experience of governance is diversified. This paper put forwards public policy alternatives of systematic governance to deal with poverty by tracing the complex roots of poverty problem and comparing the difference of international management experience. The alternatives include: adjusting the allocation policy, actively expanding the scale of middle class, taking targeted measures and "hematopoietic" in poverty alleviation, diversification of governance, gradual improvement of social security system, construction of extensive urbanization and integration of urban and rural areas, construction of special financial support system and establishing "sharing" social culture.

Keywords: Poverty; Poverty Governance; Poverty Line; Public Policy Alternatives

Abstract: In recent years, the ideaes, goals, and system of charity supervision in China changed a lot and "The charity law of People's Republic of China" (hereinafter referred to as the "charity law") promulgated definitely and further promoted this transformation. There were seven areas about charity supervision transformation as follows. Firstly, the ideas of charity supervision changed from strict control to differential control, then from differential control to fostering and development. Secondly, the goals of charity supervision transited from maintaining order to safeguarding rights. Thirdly, the framework of charity supervision was restructured from three departments of registration management, business executive and relevant departments to two departments of competent department and relevant departments. Fouthly, the system of access supervision transformatted from the dual license to direct registration. Fifthly, the methods of charity supervision changed from rigid supervision to flexible supervision. Sixthly, the presentation of supervision results modified from annual inspection system to annual report system. Seventhly, the focuses of charity supervision shifted from the registration requirements to the internal governance and performance.

Keywords: Differential Control; Dual License; Direct Registration; Rigid Supervision; Flexible Supervision; Annual Inspection System; Annual Report System

Adjustment and Integration: Exploration of China's Rural Pension Security System: About the Survey and Research of M-village in Xinjiang　　*Zhao Qian* / 40

Abstract: With the rapidly process of modernization, there are tremendous changes of economy and society in the country. The traditional family-based rural old-age pension has been unable to cope with these risks alone, and the rural pension crisis. In view of this, the national urban and rural old-age insurance emerged for rural residents' pension to provide a stable financial support is of great significance. So, residents of the current old-age insurance in rural areas, whether once and for all solve the problem of rural endowment. The article takes Xinjiang M village as the field point to analyze the relationship between the current rural social pension and family pension, old-age insurance in rural areas show adaptability in order to provide theoretical guidance and practical experience in localization for the construction of rural pension system.

Keywords: Rural Residents; Pension Insurance; Family Pension; Social Pension; Adaptability

Discourse Mechanism and Collusion Behavior: A Case Study on the Demolition Progress of An Urban Village in Beijing　　*Liu Yiran* / 57

Abstract: This article tries to explain how the government has successfully demolished an urban village without the use of force, using discourse analysis. The author argues that the central government legitimized the demolition project with discourses of urban planning and social development, which has been well implemented and verified by the local government. On the contrary, to protect the homeland, the villagers first appealed to the state with a discourse emphasizing their sentiment of sadness and anxiety, and then challenged the demolition policy through constructing and circulating rumors of the resettlement plan and the compensation for demolition. However, the villagers' demands seemed impotent in front of the superiority of the governmental discourse. Finally, the villagers, connived by the local government, agreed to leave when provided with larger amounts of compensation. Arguably, it is the "indisputability" of state's discourse, rather than its force, that formed the state-villagers collusive relationship.

Keywords: Discourse; Collusion; Demolition; Urban Village

Incomplete Alienability of Property Rights: Continuity and Variability of the Land
Rights Logic since the Modern Times in China   *Wang Qingming* / 78

Abstract: The land institution has undergone drastic changes since the modern times in China, but the land transaction always followed two continuity mechanisms: the multiple subject possession of the land and incomplete transfer of the ownership. Historians emphasis the basic unit of property rights is "family" in China, the land is not general commodity, but inviolable fathers assets. New institutional economists believe that this land ownership structure not only made China lag behind the west in the modern times, also made some trouble to the present economic development, only the individual property rights can make the China jump out of the trap of development. Based on the review of the two kinds of studies, the paper analyzes the social foundation of incomplete property rights, and proposes the main plight of land property rights in present is "the same land but different rights", namely different identities of land owners in the same land have completely different rights.

Keywords: Incomplete Property Rights; Alienability of Property Rights; Land Rights Logic; Different Rights on the Same Land

A Study on the Middle-class Lifestyle in the Context of "Anti-urbanization": Take
Dali's "New Immigrant" as an Example   *Zhang Hui* / 90

Abstract: With the development of urbanization, the problem of "urban disease" has appeared in some places, and more and more middle-class peple have chosen to flee. Based on the background of the development of Dali anti-urbanization, this paper explores the middle-class lifestyle, which is characterized by the pursuit of ecology, culture and life value. This lifestyle can adapt to the needs of the big cities to return to the crowd and can be improved to a certain extent On the effective relief of "urban disease" brought about by various types of environmental pollution, stress, mental stress and other issues. Therefore, this article presented that in the context of a harmonious society, give full play to the role of rural or small towns of the ecological environment and cultural attraction, not only can effectively coordinate the people and nature, people and people, people and society between the various relationships, ease the middle class In the "urban disease" in the development of a variety of problems, but also play a role for the balanced development of the region, promote social harmony.

Keywords: Middle Class; Inverse Urbanization; Lifestyle

Film Communication and Ethnic Cultural Development: A Case Study on Frontier Minority Ethnic Groups Culture　　　　　　　　　　　　*Peng Liuying* / 111

Abstract: In the era of rapid development of information media, it is urgent to maintain the cultural security. The dissemination of the film and television to the culture of minority ethnic groups in the border, not only to face the reality and focus on imaging, but also to achieve the cultural habits of the villager and aesthetic taste, and even the whole thinking mode. Based on the present status of rural media and ethnic village construction as the foundation, from the fault and disappearance of media and local cultural types, analyzes how to combine the local traditions and nationalities, maintain cultural diversity.

Keywords: Film and Television Communication; Ethnic Minorities; Ethnic Villages; Ethnic Development; Cultural Modeling

On the Matter of Shi-You Nuo Gods Becoming into Ancestor Gods as a Example with"*Shuang-Bo-Lang*""*Guan-Gong Ji Dao*"　　　　　　*Huang Qingxi* / 125

Abstract: Past research about Nuo culture adopted a static perspective. The emphasis of study was focused on the source of Nuo culture, appearance characteristics, artistic value, material collection and arrangement, etc. . The features of a kind of Nuo paid less attention. As a result, Past research existed a state that was the lack of Nuo culture-social dialogue, dynamic change and holistic research, which makes the conclusion failed to reflect the special connotation and only generalize about the matter. With the understanding of the local to explain Nuo culture which could explore the true content of a kind of Nuo. The matter of Shi-you Nuo gods becoming into ancestor gods is a excellent example to reflect it.

Keywords: Shi-you Nuo Gods; Matter of Shi-you Nuo Gods Becoming into Ancestor Gods; Special Connotation of Various Nuo

Study on the Origin, Evolution and Contemporary Transformation of "Filial Piety"
　　　　　　　　　　　　　　　　　　　　　　　　Yang Jianhai / 138

Abstract: "Filial piety" is the most prominent feature of Chinese culture. This paper analyzes the origin, evolution and contemporary transformation of "filial piety", based on the historical change of "filial piety" as the vertical axis and the social structure as the abscissa in different times. Filial piety originated from ancestor worship in Shang Dynasty, and the Zhou Dynasty converted the ancestor worship into the order of human relations in order to facilitate the patriarchal rule, Confucius combined the filial piety with the respect, the support and the ritual and finally completed the ethical transformation of filial piety. After the development of "shift filial piety as loyal"in the Han Dynasty, the meaning of"filial piety"has been expanded, and changed from the ethical order of natural affection to the universal morality of political education and religious belief. Since then, filial piety has been respected by the ancient rulers and civil recognition until the late Qing Dynasty and early Republicans. In the face of the impact of modern social changes, the"filial piety", which played a great role in history, had to conform to the changes of the times and transform. This paper argues that filial piety ethics should conform to the changing requirements of the times, from the traditional filial piety to modern filial piety of the individualist society.

Keywords: Filial Piety; Origin; Evolution; Transformation

The Study on Case Intervention of Female Prisoner   *Ai Jing* / 151

Abstract: Female prisoners often face all kinds of difficulties when they are out of jail. Case work is necessary to help them better adapt to society. In this case, worker help director fully mobilize resources, explore her potential to defuse the crisis and improve themselves by using the theory of psychological analysis and the context theory.

Keywords: Case Work; Female Education; Advantage Resources

Research on the Influence Factors of Peasant Workers' Subjective Evaluation
Difference on Intergenerational Mobility of Income Level: Based on the
Analysis of 504 Questionnaires   *Chen Xufeng* / 164

Abstract: The intergenerational mobility of peasant workers' income level has aroused wide concern of the whole society and academic circles. The theme of this thesis is the analysis of factors affecting the income level of peasant workers' subjective evaluation of the intergenerational mobility, and it puts forward the hypothesis that national institutional factors, social structural factors, family ascriptive factors and individual self induced factors will affect the income level of peasant workers' subjective evaluation of the intergenerational mobility. The results of Logistic regression analysis show that, the influence of national institutional factors and social structural factors to the income level of peasant workers' subjective evaluation of the intergenerational mobility are not significant, while the influence of family ascriptive factors and individual self induced factors are basically significant. Finally the paper points out that the operation mechanism must be adapt to national institutional factors, social structural factors, family ascriptive factors and individual self induced factors to promote peasant workers' income level of intergenerational mobility.

Keywords: Peasant Workers; Income Level; Intergenerational Mobility; Four-Dimensional Factors

To Justify Anew for Charity: Write for the Thirty Anniversary of the Publication
about"People's Daily"Editorial of"Justify Anew for Charity" *Liu Wei* / 177

Abstract: Apparently, the official charity is the initiator of public opinion and has numerous disadvantages. But in fact, it is the lack of significance and basic value, also the transformation and differentiation of the public identity that should be the real reason of causing confidence crisis. From the establishment of new China to the Reform and Opening-up, charity enterprise has suffered great exclusion, and even completely disruption. In 1994, The party and the state has justified for charity, and gave legitimacy to it. This behavior not only gave the China charity a second life, but also opened the golden period of the official charity development. However, the restoration and recognition of charity was established in meeting the rigid demand of administrating and maintaining the stability of society. The purpose is for using its management function to meet actual requirements of social transformation. Therefore, in the party and the state's horizon, charity just exists as a kind of implement of social administrating. What being accepted is only the practical value and external function of charity, but no real significance and basic value at all. The lack of these values has buried the foreshadowing of identity crises in the official charity. Therefore, for promoting the transformation of charity enterprise, we have to transform the organizational structure, management structure and operating mechanism. What's more, it's much more important for us to restructure the social identity and basic value in China charity.
Keywords: Justify for Fharity; Administrative Absorption of Society; Official Charity; Social Identity

Research on Social Culture in New-generation of Rural Migrant Workers'Social
Distance *Shi Bin* / 192

Abstract: New-generation rural migrant workers who were born after 1980 re becoming the main force of rural migrant workers. The author learns from Bogardus social distance scale and the reverse social distance scale, and redesigns the social distance scale of new-generation rural migrant workers' perspective. Social culture plays an important role in the new generation of rural migrant workers' social distance. Statistical analysis reveals that: (1) it's useless in understanding local dialect to have higher melting willing, but it's useful to have lower expected exclusion. (2) it's useful in speaking local dialect to have higher melting willing and lower expected exclusion. (3) knowing local custom have no significant effect on melting willing and expected exclusion, but it's useful in accepting local custom to have lower expected exclusion.
Keywords: Social Distance; Social Culture; New-Generation Rural Migrant Workers

Empirical Analysis on Ecological Interests of Cognitive and Practical Behaviors of Rural Left-behind Women   *Li Quanxi, Wang Yunhang* / 207

Abstract: In order to understand the rural left behind women's rights and their understanding of the interests of ecological, this paper gives the empirical research about them in the western Henan five villages on the basis of the other bibliography. The survey finds out that rural left-behind women's ecological awareness has improved, but still lack of overall understanding of the rural environment; they maintain a strong sense of ecological interests, but lack of proactive and effective measures; they believe that the main difficulties comes from three levels such as the government, enterprises and individuals. In the practice of rights protection, reflecting the problem to the village committee is the main way to protect the ecological interests of the left-behind women, but their measures are passive. They look forward to more effective measures. Therefore, we need the further innovation in the form of ecological education of left-behind women, strengthen the building of rural grassroots government functions, improve the institutional system of rural environment, optimizing the ecological environment in rural areas access to information channels

Keywords: Eco-environmental; Left-behind Women; Ecological Interest; Ecological Rights Protection

图书在版编目（CIP）数据

全面建成小康社会，共享民生发展／孙壮志主编
. -- 北京：社会科学文献出版社，2017.12
（中国社会科学院社会学研究所博士后文集）
ISBN 978-7-5201-1126-3

Ⅰ.①全…　Ⅱ.①孙…　Ⅲ.①居民生活-中国-文集
Ⅳ.①D668-53

中国版本图书馆 CIP 数据核字（2017）第 178946 号

·中国社会科学院社会学研究所博士后文集·

全面建成小康社会，共享民生发展

主　　编／孙壮志

出 版 人／谢寿光
项目统筹／杨　阳
责任编辑／杨　阳　佟英磊　王春梅

出　　版／社会科学文献出版社·社会学编辑部（010）59367159
　　　　　地址：北京市北三环中路甲 29 号院华龙大厦　邮编：100029
　　　　　网址：www.ssap.com.cn
发　　行／市场营销中心（010）59367081　59367018
印　　装／北京季蜂印刷有限公司

规　　格／开　本：787mm×1092mm　1/16
　　　　　印　张：14.5　字　数：254 千字
版　　次／2017 年 12 月第 1 版　2017 年 12 月第 1 次印刷
书　　号／ISBN 978-7-5201-1126-3
定　　价／69.00 元

本书如有印装质量问题，请与读者服务中心（010-59367028）联系